http://ajin.to

Energy
Energy
Energy
Energy

MATLAB® 활용

유틸리티 시스템의 최적운용

여영구 · 김래현 공저

SNUT 서울산업대학교
에너지기술인력양성센터
ENERGY TECHNOLOGY EDUCATION CENTER

A-JIN 도서출판 아진

"나의 가는 길은 오직 그가 아시나니 그가 나를 단련하신 후에는
내가 정금같이 나오리라 (욥23 : 10)"

머리말

유틸리티는 공장의 운전에 필요한 에너지원을 말하며 유틸리티 시스템은 유틸리티의 공급에 관련되는 각종 설비를 일컫는다. 공장의 운전에 필요한 전기와 수증기, 공업용수, 그리고 공기 및 각종 가스류들은 유틸리티 시스템을 통하여 공급된다. 그러므로 공장의 운전에서 유틸리티 시스템의 효율적인 관리와 운영은 공장의 안전운전과 경제성에 가장 큰 영향을 미친다. 그러나 이러한 유틸리티 시스템의 중요성에도 불구하고 공장의 경영에서 유틸리티 시스템은 큰 주목을 받지 못하고 있다. 그 이유로서는 유틸리티는 공장에서 생산되는 최종 제품과 같이 눈에 뜨이는 것이 아니기 때문에 어떤 문제가 생기기 전에는 거의 무시당하는 경향이 있기 때문이며 또한 유틸리티 시스템의 체계적인 분석을 위해서는 고도의 수학적 지식과 컴퓨터 활용능력이 요구되기 때문이다. 특히 불경기가 이어지거나 회사의 경영상태가 악화되거나 경우에는 유틸리티 시스템은 투자 우선순위에서 아주 뒤로 밀리는 것이 일반적이다.

모든 공장에서는 에너지가 소비되고 있는데 화학관련 산업분야의 공장에서는 대체적으로 사용되는 에너지의 약 70% 정도가 유틸리티 시스템을 경유하는 것으로 알려져 있다. 그러므로 유틸리티 시스템의 효율적인 운용을 통하여 상당한 에너지 절감, 나아가 조업비용의 절감을 이룰 수 있다. 에너지 소비와 관련된 공장의 운전효율은 공정조업 자체의 효율뿐만 아니라 유틸리티 시스템의 운전 효율에 따라서 크게 좌우된다. 그러므로 유틸리티의 운용에 대한 중요성을 간과하는 것은 상당한 규모의 경제적 손실로 이어질 수 있다.

유틸리티 가운데 대부분의 공장에서 가장 큰 비중을 차지하는 것은 수증기이다. 수증기 수급운용의 효율적인 관리는 공장의 전력 및 용수의 수급에도 직접적인 영향을 미친다. 따라서 이 책에서는 수증기의 수급을 중심으로 하는 유틸리티 공정의 최적 운용에 대해서 살펴보고자 하였다. 수증기와 관련되는 유틸리티 설비로서는 수증기의 생산을 위한 보일러, 보일러에서 생산된 수증기로부터의 전력 생산 및 수증기의 감압을 위한 터빈, 그리고 공장조업 현장에서 요구되는 다양한 압력수준의 수증기를 적절히 분배하기 위한 수증기 분배계통을 들 수 있다. 따라서 이들 유틸리티 설비 각각에 대한 최적 운용방안을 규명할 필요가 있다. 그러나 이들 유틸리티 설비는 매우 복잡하며 공장조업과 직접 연관되어 있기 때문에 간단한 계산기나 수작업에 의한 계산으로는 이들 설비들에 대한 최적 운전조건을 규명할 수 없다. 그러므로 컴퓨터의 도입 활용이 필수적으로 요구되는데 컴퓨터를 통한 계산에서는 각 유틸리티 설비와 이의 운전에 대한 모델이 필요하다.

이 책에서는 공장조업 현장의 엔지니어와 연구소의 유틸리티 관련 연구자들, 그리고 유틸리티 분야를 연구하는 대학원 학생들을 대상으로 하여 수증기 운용을 중심으로 하는 유틸리티 시스템의 모델링, 분석 및 컴퓨터를 활용하는 최적운전기법을 소개하고자 하였다. 최적화 기법과 인공 신경망에 대한 세부적인 사항은 부록에 수록하였으며 편의를 위하여 이 책에서 사용된 프로그램들을 부록에 아울러 수록하였다. 이 책에서 사용된 프로그램 언어는 MATLAB과 C++이며 일부 프로그램들은 Visual Basic에 근거한 GUI로부터 호출되어 사용되고 있다. 유틸리티 시스템의 구성이나 조업 현장에 따라 이 책의 내용이 그대로 적용될 수 없는 경우가 있을 수 있다. 유틸리티 조업현장 및 유틸리티 관련 연구에 있어서 이 책이 도움이 된다면 저자에게는 큰 기쁨이 될 것이다.

2007년 6월 5일

여 영 구

목 차

1

유틸리티 공정의 개요

오늘날 모든 공장들의 운전은 유틸리티 시스템에 의존하고 있다. 유틸리티는 공장의 운전에 필요한 에너지원을 말하며 유틸리티 시스템은 유틸리티의 공급에 관련되는 각종 설비를 일컫는다. 공장의 운전에서 요구되는 전기, 수증기, 공업용수, 그리고 공기 및 각종 가스류들은 유틸리티 시스템을 통하여 공급된다. 그러므로 공장의 운전에서 유틸리티 시스템의 효율적인 관리와 운영은 공장의 안전운전과 경제성에 가장 큰 영향을 미친다.1) 그러나 이러한 유틸리티 시스템의 중요성에도 불구하고 공장의 경영에서 유틸리티 시스템은 큰 주목을 받지 못하고 있다. 유틸리티는 공장에서 생산되는 최종 제품과 같이 눈에 뜨이는 것이 아니기 때문에 어떤 문제가 생기기 전에는 거의 무시당하는 경향이 있다. 특히 불경기가 이어지거나 회사의 경영상태가 악화되거나 경우에는 유틸리티 시스템은 투자 우선순위에서 아주 뒤로 밀리는 것이 일반적이다.

대부분의 화학공장에서 가열 및 냉각에 소요되는 유틸리티는 중앙 집중화된 유틸리티 시스템에 의해 제공된다. 아울러 공장 현장에서의 열병합 발전의 사용이 나날이 증가되고 있는데 이는 운전 현장에서 소요되는 전력도 유틸리티 시스템을 통하여 공급됨을 의미하는 것이다. 따라서 에너지 소비와 관련된 공장의 운전효율은 공정조업 자체의 효율뿐만 아니라 유틸리티 시스템의 운전 효율에 따라서도 좌우됨을 알 수 있다. 그러므로 유틸리티의 운용에 대한 중요성을 간과하는 것은 상당한 규모의 경제적 손실로 이어질 수 있다.2,3) 전기 전자 및 제약 등의 분야에서는 전체 운전비용에서 유틸리티가 차지하는 부분이 비교적 소규모이지만 석유화학, 시멘트, 제지 등의 분야에서는 유틸리비 비용이 전체 운전비용의 상당부분을 차지한다. 화학관련 산업분야의 공장에서는 대체적으로 사용되는 에너지의 약 70% 정도가 유틸리티 시스템을 경유하는 것으로 알려져 있다. 따라서 보일러와 수증기 분배 시스템을 포함하는 유틸리티 시스템의 효율이 80%라 하면 유틸리티 시스템을 경유하는 공장 에너지의 14%가 손실되는 셈이 된다. 그러므로 유틸리티 시스템의 효율적인 운용을 통하여 상당한 에너지 절감, 나아가 조업비용의 절감을 이룰 수 있다.

유틸리티 가운데 대부분의 공장에서 가장 큰 비중을 차지하는 것은 수증기이다. 수증기 수급운용의 효율적인 관리는 공장의 전력 및 용수의 수급에도 직접적인 영향을 미친다. 따라서 이 책에서는 수증기의 수급을 중심으로 하는 유틸리티 공정의 최적 운용에 대해서 살펴보고자 한다. 수증기와 관련되는 유틸리티 설비로서는 수증기의 생산을 위한 보일러, 보일러에서 생산된 수증기로부터의 전력 생산 및 수증기의 감압을 위한 터빈, 그리고 공장 조업 현장에서 요구되는 다양한 압력수준의 수증기를 적절히 분배하기 위한 수증기 분배 계통을 들 수 있다. 따라서 이들 유틸리티 설비 각각에 대한 최적 운용방안을 규명할 필요가 있다. 그러나 이들 유틸리티 설비는 매우 복잡하며 공장조업과 직접 연관되어 있기 때문에 간단한 계산기나 수작업에 의한 계산으로는 이들 설비들에 대한 최적 운전조건을 규명할 수 없다. 그러므로 컴퓨터의 도입 활용이 필수적으로 요구되는데 컴퓨터를 통한 계산에서는 각 유틸리티 설비와 이의 운전에 대한 모델이 필요하다. 보일러, 터빈 및 수증기 분배계통과 같은 주요 유틸리티 설비의 모델링에 대해서는 이후에 자세하게 소개될 것이다. 여기에서는 먼저 유틸리티의 효율 및 유틸리티 시스템 설계에 대한 일반적인 사항들을 살펴보기로 한다.

1-1 유틸리티의 효율

가. 수증기

수증기를 생산하는 보일러 공정에서 효율은 일반적으로 유입되는 열에 대한 유출되는 열의 비로 정의된다. 여기에서 유출되는 열은 유입되는 열로부터 모든 손실열들의 합을 뺀 양이다.

***열이 손실되는 주요 요인은 다음과 같다2,4):**

·배기가스에 함유된 현열(sensible heat)
·배기가스에 함유된 잠열(latent heat)
·불완전 연소
·표면복사에 의한 손실
·보일러 블로우다운(blowdown)

표 1-1은 보일러 공정에서의 일반적인 손실 및 효율을 요약한 것이다. 이 표에 보인 값들은 보일러 자체에 대한 것으로서 수증기 분배에 따른 손실은 포함되지 않는다.

표 1-1. 보일러 공정에서의 손실 및 효율

손실 (%)	사용연료		
	오일	석탄	가스
현열	11	12	9
잠열	7	5	11
불완전 연소	낮음	3	무시가능
표면복사	4	5	4
보일러 blowdown	3	3	3
총 손실 (%)	25	28	27
효율 (%)	75	72	73

배기가스 중의 현열은 배기가스를 이루는 성분들의 비열, 질량유속 및 온도(외부 온도와의 차)를 모두 곱한 것들의 합과 같다. 배기가스는 질소, 산소, 이산화탄소, 수증기, 이황화산소, 그리고 일산화탄소나 메탄과 같은 소량의 불완전 연소 생성물들로 구성된다. 따라서 현열은 다음과 같이 이들 각 성분에 대한 비열, 질량유속 및 온도의 곱의 합으로 주어진다.

$$Q_s = \sum (mC_pT)$$

위에서 Q_s는 현열, m과 C_p는 각각 각 성분의 질량유속 및 비열이며 T는 외부온도와 가스온도와의 차이이다. T는 보일러 내부의 열전달 조건에 따라 달라지며 배기가스의 조성과 질량은 보일러의 운전에 따라 좌우된다. 실제에 있어서는 버너의 불완전한 운전을 극복하기 위하여 연료의 연소에 이론적으로 요구되는 양 이상의 과량의 공기가 사용되는데 이로 인하여 배기가스 중의 질소 및 산소의 양이 증가하게 되고 따라서 현열 손실이 커지게 된다.

모든 화석연료는 수소를 함유하고 있는데 연료가 연소될 때 연료중의 수소는 산소와 반응하여 물을 형성한다. 이때 생성된 물은 수증기의 형태로 존재하며 증발 잠열을 지니는데 이 수증기가 응축되지 않으면 함유된 증발 잠열은 굴뚝을 통하여 배출된다. 이에 따른 주요 연료들에 대한 열손실은 앞의 **표 1-1**에 보인 바와 같다.

연료의 불완전 연소는 흔히 연료와 공기가 적절히 혼합되지 않거나 공기에 대한 연료의 화학당량 비율이 광범위에 걸쳐 변할 때 유발된다. 버너에서의 불충분한 혼합은 공기를 과량으로 유지함으로써 극복할 수 있다.

또한 보일러의 겉면을 통하여 외부로 열이 손실되는데 대부분의 보일러 표면은 거의 일정한 온도에서 수증기와 물을 함유하는 단열된 통(shell)으로 간주할 수 있다. 따라서 손실되는 열의 양은 수증기 부하와는 무관하게 거의 일정하다. 보일러를 완전히 가동할 경우 표면에서의 열손실은 보일러 연료의 약 1% 정도이나 낮은 부하의 운전에서는 연료의 5% 정도에 이르기도 한다.

보일러 내부에서의 스케일 형성을 억제하기 위해 보일러에서 사용되는 모든 물은 여러 단계에 걸쳐 처리된다. 보일러 공급수 내에 용해되거나 현탁된 고체물질의 농도가 어느 수준 이상으로 높아지지 않도록 하는 것도 중요하다. 이를 위하여 보일러 내부의 물의 일부를 새로운 공급수로 대체시킨다(보일러 blowdown). 보일러 내의 뜨거운 물의 손실은 보일러의 총괄적인 효율을 감소시킬 것임은 자명하다. 통상적인 blowdown에 의한 손실은 **표 1-1**에 보인 바와 같이 보일러 효율을 3% 정도 감소시킨다.

나. 효율의 향상

앞에서 살펴본 바와 같이 보일러 공정의 운전에서 열손실은 배출되는 배기가스에 함유된 열이 대부분을 차지한다. 따라서 economizer(절약장치)를 사용하여 유입되는 보일러 공급수를 예열시킴으로써 이용 가능한 열의 일부를 회수하여 효율의 향상을 도모하는 것이 일반적인 경향이다. Economizer는 보통 배기가스 관로 내에 삽입된 열 교환기이다. 배출부에서 회수되는 열의 양은 배기가스에 의한 부식 가능성에 따라서 제약을 받는데 배기가스가 이슬점 이하로 냉각되면 가스가 응축됨으로써 부식성이 있는 묽은 산 용액이 형성된다.

높은 열효율을 이루기 위해서는 연소 공기의 양은 연료의 완전연소에 필요한 양으로 유지되어야 한다. 그러나 대부분의 보일러 시스템에서는 비효율적인 연소가 이루어지므로 과량의 공기가 요구된다. 그러나 공기의 유량이 너무 크면 이미 앞에서 언급한 바와 같이 배출부를 통한 열손실이 증가한다. 한편 공기의 유량이 너무 작으면 연료의 일부가 연소되지 않은 상태로 남아있게 되는데 이는 보일러의 고온부분(보일러 후반부분)에 심각한 문제를 야기 시키며 미연소 기화연료의 배출에 의한 환경오염 문제를 유발시킨다.

수증기 응축액을 가능한 한 모두 보일러 공정으로 재순환시키는 것은 효율을 극대화시키기 위한 또 하나의 방법이다. 이렇게 하면 보충수와 수처리제의 사용이 절감되고 따라서 blowdown 손실이 감소된다.

배기가스로부터 열을 회수하여 유입되는 연소공기를 예열시키는 것도 효율을 향상시키는 또 하나의 방법이다. 이 방법으로 인하여 얻어질 수 있는 가능한 에너지 절감수준은 운전상황에 따라 달라지지만 실제적으로 5% 까지의 향상이 가능하다.

다. 수증기 분배

대부분의 공장에서 보일러로부터 생산된 수증기는 수증기 전달 네트워크를 통하여 최종 수요처로 공급된다. 이러한 수증기 분배 시스템에서의 손실은 60%에 이르기도 하는데 이로 인하여 최종 사용처에서의 실제 효율은 대략 50-55% 범위로서 보일러 부분에서의 효율보다 월등히 낮아진다. 수증기 트랩(trap)의 유지관리, 그리고 수증기 분배 시스템의 감시에 의해 수증기가 운전 현장에서의 수요량과 일치되게 소비되고 있는지를 확인함으로써 상당한 비용절감 및 효율향상 효과를 볼 수 있다.

라. 열 병합 발전

열 병합 발전에서는 공장에서 회수된 열을 이용하여 전력을 생산한다. 열 병합 발전 시스템에 대한 대표적인 효율은 **표 1-2**에 보인 바와 같다.

표 1-2. 열 병합 발전 플랜트의 효율

플랜트 형태	규격	총괄 효율	
		미연소	후연소
가스 터빈	< 100 MW	65 %	70-73 %
	2-10 MW	65-70 %	70-73 %
중유 디젤엔진	0.65-10 MW	65 %	75 %
이중연료 디젤엔진	0.65-6.4 MW	60-70 %	71-80 %
스파크 인화 엔진	0.1-2 MW	72-78 %	-
증기 터빈	0.1-10 MW	76-78 %	-
복합 사이클 플랜트	> 100 MW	-	73-80 %

폐열을 사용하지 않는 경우 화석연료로부터 전력을 생산할 때의 효율은 34% 정도이며 공급된 에너지의 66%는 폐열로 손실된다. 전력의 분배에 있어서도 손실이 초래되는데 통상 전력분배에 있어서의 효율은 90% 정도이다. 열 병합 발전을 도입하는 경우 이용 가능한 열은 회수되어 사용되며 분배 손실도 감소되므로 총괄 효율은 70-85% 범위에 이른다.

마. 유틸리티 흐름의 감시

공장이나 유틸리티 시스템의 운전에서 에너지 효율을 높이기 위해서는 공정 내에서의 에너지 흐름을 잘 조절하고 운용하여야 한다. 이를 위해서는 에너지 흐름을 규칙적으로 감시하고 분석할 필요가 있다. 특히 제품 생산량이나 기상조건 등이 에너지 소비에 어떤 영향을 미치는지 명확하게 규명하여야 한다.

***에너지 흐름의 감시는 다음과 같은 다섯 가지 단계로 구분할 수 있다.**

(1)**사용 에너지의 측정** : 각 장치에서 사용된 에너지 및 연료 양을 가급적 정확하게 측정한다.

(2)**출력변수의 측정** : 에너지를 소비함으로써 어떤 것이 얼마만큼 얻어졌는지를 측정한다. 이 때 선정되는 출력변수들은 에너지 소비에 주된 영향을 미치는 것들이어야 한다.

(3)**출력변수와 사용 에너지의 연관** : 사용된 에너지와 적절히 선정된 출력변수는 서로 밀접하게 연관되어 있다. 이러한 상호 연관관계로부터 주어진 수준의 출력변수에 대하여 소요되는 에너지양을 나타내는 어떤 기준을 이끌어 낼 수 있다.

(4)**에너지 성능의 보고** : 에너지 성능은 에너지 사용에 책임이 있는 계층에게 규칙적으로 보고되어야 한다.

(5)**적절한 조치의 강구** : 에너지 성능을 분석하여 보면 상당한 변동을 보임을 알 수 있다. 이러한 변동들에 대한 원인을 규명하여 에너지 성능을 향상시키기 위한 적절한 조치를 마련하여 이행한다.

공정 산업에 있어서 효율적인 유틸리티 운전의 핵심은 수증기 흐름의 감시이다. 이전에는 수증기 비용은 전체 생산비용의 일부 작은 부분을 차지하는 데에 지나지 않았기 때문에 화학공장을 제외한 다른 분야의 공장에서는 수증기 흐름을 측정할 필요가 거의 없었다. 그러나 1973년의 제 1차 오일파동 이후 연료가격이 급등하게 되면서 산업계에서는 에너지 비용의 산정과 에너지 보존 및 에너지 흐름의 감시 시스템에 대한 관심이 고조되기 시작하였다. 수증기 흐름을 감시함으로써 공장 전체, 혹은 일부에 대한 에너지 공급비용 및 수증기 생산과 이용에 대한 효율을 규명할 수 있다.

바. 유틸리티 통합

펀치(pinch) 기법과 같은 공정통합 방법의 적용으로 공정산업에서 공정 효율은 괄목할 만한 향상을 이루어 오고 있다. 주어진 공정에서 실질적인 최소 에너지 요구량을 구하기 위해서는 데이디를 확보하고 최소 에너지 요구량을 설정한 다음 이의 충족을 위해 공정 조건을 변화시키며 에너지 비용 및 투자비용을 감안한 최적화 과정을 거쳐야 한다. 통상적인 제어 시스템을 이용하여 모든 공정에서의 수요가 충족되도록 유틸리티 시스템을 운전할 수 있다. 그러나 컴퓨터를 활용하는 최적화 시스템을 이용하면 최적의 공장 운전조건 선정을 통하여 상당한 에너지 비용 절감을 이룰 수 있다. 다양한 수학적 모델과 최적화 기법들을 이용하여 가능한 최소의 운전비용으로 공정의 수요를 충족시킬 수 있는 조업전략을 결정할 수 있다.

1-2 유틸리티의 설계

유틸리티 시스템의 구성을 위해서는 먼저 공정에 대한 정보가 충분히 확보되어야 한다. 공정 내에서의 유틸리티 수지 및 소요되는 유틸리티 장치 각각에 대한 사항들은 공정마다 달라진다. 여기에서는 유틸리티 설계 및 유틸리티 설비에 대한 일반적인 사항들을 살펴보기로 한다.

가. 유틸리티 공정의 설계

유틸리티의 설계는 공장에서 요구되는 유틸리티의 종류, 양, 질 등에 대한 정보를 토대로 하여 유틸리티 수지를 산정하고 유통도를 구성하는 것으로부터 시작된다. 이어서 유틸리티 설비를 선정하고 각각에 대한 유통도를 작성하며 상세설계를 수행하는 단계를 거친다. **그림 1-1**은 유틸리티 설계단계를 간략히 도시한 것이다. 유틸리티 설계에 있어서는 대개 기본설계를 종료한 단계에서 전문 설비제작자에 장치구입 및 제작을 의뢰하는 것이 보통이다.

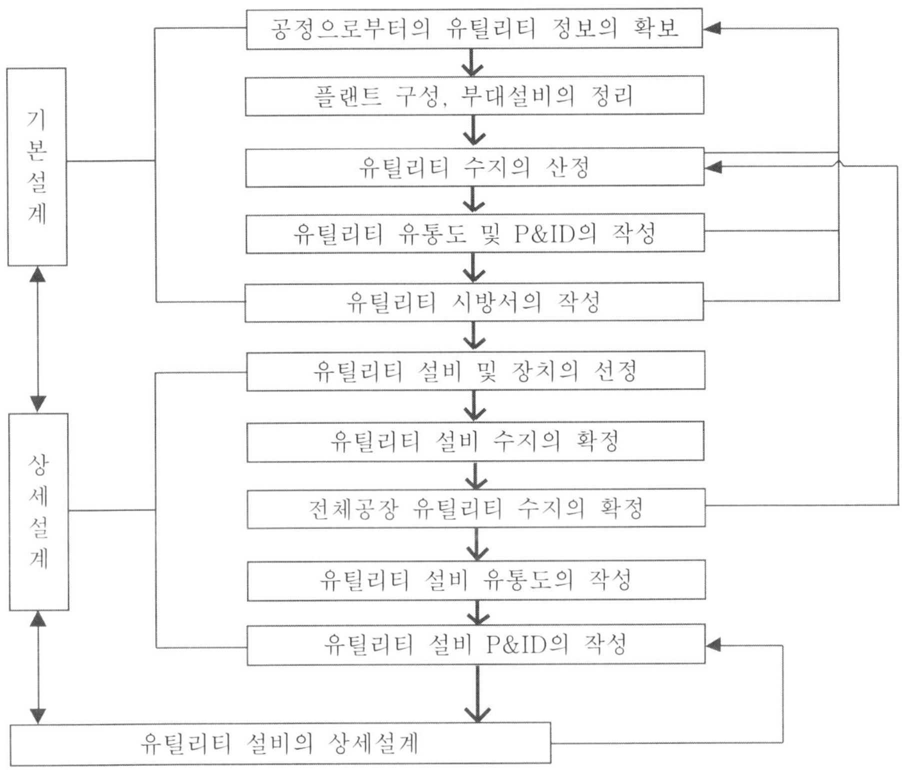

그림 1-1. 유틸리티 설계단계

나. 유틸리티의 종류와 사용

일반적인 공장에서 가장 기본적인 유틸리티로서 용수, 수증기, 전력, 그리고 계장용 공기의 4가지를 들 수 있다. 용수에는 공정에서 소요되는 공업용수 이외에도 장치의 세정 및 세척수, 보일러 공급수, 냉각수 및 음료수 등이 모두 포함된다. 전력에는 전동기 구동을 위한 동력, 그리고 계장 및 조명을 위한 전력이 모두 포함된다. 위의 4가지 외에도 불활성 기체, 냉각용 냉매 등이 유틸리티에 포함된다. **표 1-3**은 공장에서 소요되는 유틸리티를 정리한 것이다.

표 1-3. 유틸리티의 종류와 사용

구 분	동력용					복수	용 수					계장		보온, 공조				조명용전력	불활성기체	냉매	연료		비 고
	전기	증기 고압	증기 중압	연료 가스	연료 기름		냉각수	공업용수	순수	고순수	음료수	전기	공기	중압증기	저압증기	온수	냉각수				가스	기름	
원수취입,펌프,기타	○						△					○						○					
1차/2차 수처리설비	○											○	○					○					
순수 처리설비	○		○						◎		◎	○	○				◎	○	○				
고순수 처리설비	○		○							◎		○	○					○	○				
보일러 설비				○				○			◎	○	○				◎	○					
탈기기												○	○		○								
급수펌프	□	○					○					○	○					○					배압터빈 구동
송풍기	○						○					○	○					○					
에어히터	○												○										공기구동모터병용
가스터빈 발전설비	□			○			○	○				○	○					○					
냉각수 펌프 및 팬	○		□			□	△	△				○	○					○					
냉동설비	○						○					○	○					○	○				
제품창고	○						○	○			○	○	○		○		○	○		□			
불활성기체 발생설비	○			○			○	○				○	○		○			○					
공장 사무소	○										○						○	○			○		
연구실	○							○		○	○		○		○		○	○	○		○		
식 당	○							○			○				○			○			○		

(○ : 상시사용, ◎ : 공통사용, □ : 예비기용, △ : 자체 수지)

다. 수증기와 물 수지

일반적으로 보일러에서는 고온 고압의 수증기를 발생시킨 다음 이를 일차적으로 고압가스 압축기나 대형 펌프, 혹은 증기터빈 발전기 등의 구동용으로 공급한다. 이들 장치로부터 추기된 수증기는 보다 저압으로 감압되거나 소형터빈의 구동원, 혹은 공정에서의 가열원으로 이용된다. 수증기 응축수 또한 저온급수의 가열원으로 이용한 다음 보일러의 보급수로 재순환시킴으로써 합리적인 수증기 운용이 이루어지게 된다.

평상시의 운전에서는 공정 외부로부터 수증기를 공급받지 않고 자체적인 재순환 및 회수를 통하여 수증기 수요가 충족되도록 한 공정일지라도 공장의 start-up 시에는 운전에 소요되는 수증기를 외부로부터 공급해 주어야 한다. 이 경우 필요한 수증기를 공급해 주는 start-up 보일러가 필요하게 되는데 공정의 평상시 운전시에 start-up 보일러를 정지시켜 둔다면 그만큼 비능률적이고 비용이 증가될 것이다. 따라서 평상시의 운전시에도 start-up 보일러를 가동하여 증기 터빈 발전기를 구동시켜 전력을 생산함으로써 유틸리티 설비의 활용을 극대화시켜준다.

수증기 수지에 있어서는 단순히 수증기뿐만 아니라 보일러 급수 및 응축수의 활용 여부, 복수터빈용 응축기에 사용되는 냉각수 등도 고려하여야 한다. 간헐적으로 사용되는 유틸리티에 대해서는 사용되는 시간 및 사용량의 변동범위 등에 따라 상세한 장치선정 조건을 규명하여야 한다.

라. 유틸리티 플랜트 설계시의 고려사항

(1)**프로젝트의 개요** : 프로젝트의 일반적인 조건들을 명료하게 규정하여 둔다. 이에 수반되는 자료나 도면등도 확보하여 둔다.

(2)**법규 검토** : 국내 법규나 규격 및 회사의 규격 등에 적합한지를 검토한다. 아울러 환경이나 안전과 관련되는 국제 표준규격이나 국제조례 등에 위배되지 않는지의 여부를 조사한다.

(3)**기상 및 입지조건** : 계절 및 월별 기온, 습도, 풍량, 강우량, 지진계수 등을 검토한다. 아울러 표고, 기압, 지하수위, 동결깊이 등을 조사 분석한다.

(4)유틸리티 공급조건

가) 냉각수 : 물의 공급압력, 수질 및 온도, 환류압력 및 온도, 공급 가능량 등

나) 공정용수 : 공급압력 및 온도, 수질, 공급 가능량 등

다) 보일러 용수 : 수질, 압력, 온도 및 공급 가능량

라) 수증기 : 압력(긴급상황에서의 최고 및 최저 조건을 명시), 온도, 공급량 등

마) 공기 : 압력, 노점, 공급량 등

바) 불활성 기체 : 종류, 압력, 온도, 노점, 공급량 등

마. 연료

유틸리티 설계에 있어서 사용될 연료의 종류와 성상을 결정하는 것은 공장의 경제성에 큰 영향을 미치는 대단히 중요한 문제이다. 다양한 연료 자체에 대한 특성의 검토와 경제성에 미치는 영향의 분석은 상당히 광범위한 문제로서 별도로 심도있게 다루어 져야 할 사항이다. 여기에서는 공장에서 사용될 연료의 종류를 결정하는 데에 고려해야 할 사항들을 간략히 살펴보기로 한다.

(1) 연료의 선정

연료의 선정에 있어서는 연료의 공급, 저장, 연소 배출물 및 이들이 환경에 미치는 영향, 그리고 경제적/정치적 인자들을 고려해야 한다. 연료의 형태에 있어서는 현장에서 얻어지는 연소 가능한 것들로서 석유화학 공장으로부터의 폐 탄화수소 가스류, 부산물로 얻어지는 오일, 제품 원료물질, 상업적 가치가 떨어지는 생산물 등이 있고, 별도로 얻어지는 연료로서 천연가스, 석탄, 액체연료, 해당지역에서 얻어지는 고체 폐기물, 폐기물 처리장에서 얻어지는 메탄 등이 있다. 또한 전력 역시 열을 공급할 수 있고 구동력으로 사용될 수 있으므로 연료로 간주되어야 할 것이다. 때로는 시운전 및 예비용 연료로서 디젤이나 액화 석유가스(liquefied petroleum gas, LPG) 등이 요구되기도 한다.

연료의 공급은 육상운송이나 기차, 혹은 선박에 의해서 이루어지는데 연료의 저장에 있어서는 공장의 수요량 및 저장에 따른 연료의 질 저하 문제 들을 고려하여 저장 용량을 결정하여야 한다.

(2) 기체연료

기체연료는 공장 자체에서 생성되거나 육상 및 철도로 운송되는 탱커, 혹은 파이프라인 등을 통하여 공장 외부로부터 공급된다. 기체연료는 수증기와 같은 중간 전달매체를 이용하지 않고 복사나 대류를 통한 직접적인 열전달이 수반되어야 하는 직접연소의 경우에 큰 잇점을 갖는다. 직접가열의 경우 열효율은 80% 이상에 이를 수 있다. 연소생성물을 이슬점 이하로 냉각시킬 수 있다면 열효율은 좀 더 높아질 것이다.

(3) 액체연료

액체연료는 다양한 등급으로 나뉘어지는데 주된 기준은 점도이다. 점도가 낮은 연료는 점도가 높은 덜 정제된 연료에 비하여 가격이 좀 더 높다. 무거운 등급(즉 높은 점도)의 연료는 점도를 낮추어 주기 위해 사용 전에 가열해 주는 것이 필요하다.

ASTM(American Society for Testing and Materials, 미국 재료시험 협회) 규정 D396에 따르면 연료는 다음의 **표 1-4**에 보인 바와 같이 다섯 가지 등급으로 구분된다.

표 1-4. 액체연료 등급

등 급	연 료	점 도
No. 1	소규모 증발형 버너를 위한 케로젠과 같은 증류유	40℃에서 1.5-2.5 cSt
No. 2	범용 가열 및 유사목적을 위한 증류유	40℃에서 최대 4.2 cSt
No. 4	예열장치가 없는 가열장치를 위한 오일	40℃에서 5.8-26 cSt
No. 5	예열장치가 있는 가열장치를 위한 잔류 유분형 오일	100℃에서 5.2-12.5 cSt
No. 6	예열장치가 있으며 고점도 및 침전물이 있는 오일도 허용되는 가열장치를 위한 오일	100℃에서 14-42 cSt

(주 : 1 cSt = 10^{-6} m^2/sec)

(4) 연료의 발열량 및 조성

연료의 발열량(heating value, HV)은 에너지 비용의 산정 및 경제성 평가에 중요하게 이용된다. 미국에서는 보통 고발열량(higher heating value, HHV)이 이용되며 유럽 및 기타 많은 국가들에서는 저발열량(lower heating value, LHV)이 이용된다. 연료의 발열량과 연료 가격은 연료장치 비용을 정하는 데에 이용된다. 각 연료 등급에 따른 연료의 에너지 함량은 다음 **표 1-5**에 보인 바와 같다. 비교를 위하여 액체연료가 아닌 천연가스 및 석탄을 포함시켰다. **표 1-5**의 자료는 하나의 보기에 불과하며 절대적인 값은 아니다.

표 1-5. 대표적인 연료의 에너지 함량

등 급	대표적인 공급단위	에너지 함량		연료 밀도
		공급단위당 Btu	Btu/lb_m	(공급단위당 lb_m)
천연가스	10^3 ft^3	987,124	23,000	42.92
No. 1	갤런	134,510	19,810	6.79
No. 2	갤런	139,874	19,400	7.21
No. 4	갤런	146,731	18,860	7.78
No. 5	갤런	146,891	18,760	7.83
No. 6	갤런	145,485	18,300	7.95
석탄	톤	27,000,000	13,500	2,000.00

국내의 경우 수증기의 생산을 위한 보일러 공정에서는 주로 벙커-C유와 석탄이 사용된다. 이들 연료의 조성은 **표 1-6**에 보인 바와 같다.

표 1-6. 주요 보일러 연료의 조성

Element (wt. %)	역청탄	Petroleum coke	벙커-C유
C	63.4%	77.74%	85.75%
H_2	4.0%	3.43%	12.0%
O_2	4.6%	1.08%	0.30%
N_2	1.5%	1.09%	0.28%
S	1.3%	6.21%	1.65%
회분(Ash)	13.2%	0.45%	0.02%
수분(Moist)	12.0%	10.0%	0%
저발열량(LHV)	25,431 [kJ/kg]	31,369 [kJ/kg]	41,580 [kJ/l]

2

보일러 공정의 모델링

보일러는 연료를 연소하여 얻은 열이나 다른 열원으로부터의 열을 이용하여 밀폐용기 내의 물로부터 수증기를 발생하는 장치이다. 수증기를 이용하는 증기기관은 18세기 초부터 활용되기 시작하였으나 보일러가 제대로 실용화된 것은 19세기 초부터이다. 보일러는 유틸리티 플랜트에서 가장 큰 비중을 차지한다. **그림 2-1**은 보일러의 대략적인 구조를 보인 것이다.

보일러는 크게 탈기기(deaerator), 고압급수 가열기(HPH, High-Pressure Heater)(오일 보일러의 경우), 절탄기(economizer)(석탄 보일러의 경우), 공기식 공기예열기(GAH, Gas-Air Heater), 증기식 공기예열기(SAH, Steam-Air Heater), 1차 및 2차 과열기(석탄 보일러의 경우 3차 과열기까지 있다), 보일러 드럼, 중유 가열기(오일 보일러의 경우)그리고 플래쉬 탱크로 구성되어 있다. 보일러 급수는 정수 및 중화공정과 같은 사전처리를 거쳐 탈기기로 유입된다. 보일러 급수의 사전처리에 의해 보일러 내부가 부식하거나 내부면에 노폐물이 축적되는 것을 막을 수 있다. 탈기기에서는 수증기를 유입시켜 보일러 급수와 접촉하도록 한다. 보일러 급수가 수증기와 접촉하여 가열되면 급수 내부에 용해되어 있는 기체가 제거된다. 이러한 과정을 거치지 않으면 보일러 급수에 용해되어 있는 기체가 보일러 내부에서 팽창하게 되어 보일러가 폭발할 가능성이 있기 때문이다.

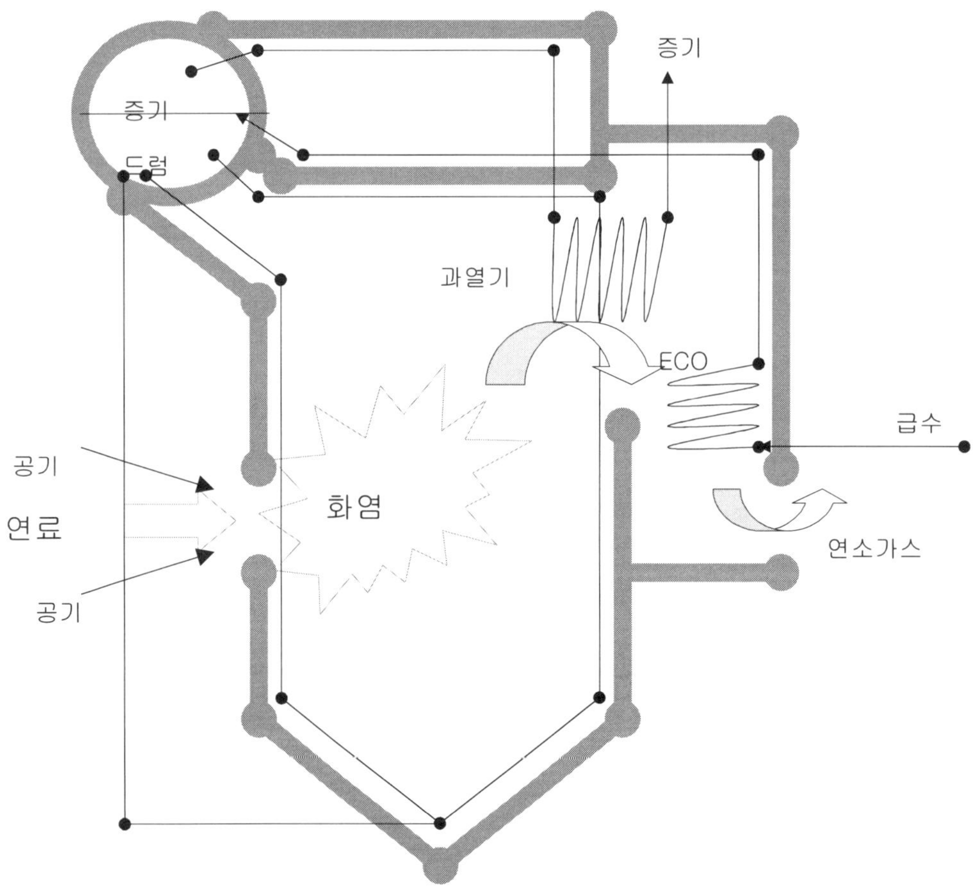

그림 2-1. 보일러의 개략적인 구조

기체가 제거된 보일러 급수는 급수 펌프를 통해 보일러의 절탄기로 유입된다. 절탄기는 보일러 연소로에서 연소된 가스가 배출되는 부분에 위치하여 급수를 예열시킨다. 이렇게 예열된 급수는 보일러 드럼으로 유입되어 수증기와 물로 분리된다. 보일러 드럼에서 물이 수증기로 되는 속도보다 급수가 드럼으로 들어오는 속도가 더 빠르면 과열기로 물이 나가기 때문에 드럼에 물이 넘치지 않도록 플래쉬 탱크로 일정량의 급수가 빠져나와 순수 급수를 예열하는데 쓰이게 된다. 드럼에서 나온 수증기는 과열기로 이동하여 1차, 2차 및 3차 과열기를 통과하면서 최종적으로 초고압 증기(예를 들면 510℃, 114 kg/cm^2g)가 된다. 물은 보일러 연소로 벽면의 관을 통해 이동하면서 가열되어 수증기로 되고 수증기는 부력에 의해 보일러 드럼으로 다시 올라오게 된다.

오일 보일러는 유동층 보일러인 석탄 보일러에 비하여 매우 단순한 구조로 조작이 상대적으로 간편하다. 석탄 보일러에는 석탄의 이동에 필요한 트레일러 및 미분탄 연소기와 유동층 보일러 내부의 매개물질, 석회석 등을 회수, 회귀시키는 장치가 추가되어 있다. 또한 석탄 보일러는 공기를 계속적으로 불어넣어 주어서 매개물질이 부유하도록 해야 하므로 내부 부품의 고장이 잦은 단점을 가지고 있다. 보일러의 설계 및 운전에 있어서는 소요 수증기 발생량, 수증기 압력, 수증기 온도, 보일러 급수 온도, 공기온도, 사용연료 및 기타 운전 및 설치조건들에 대한 검토가 필요하다.

2-1 연소가스의 분석

가. 배기가스 분석자료를 이용한 계산과정

보일러의 운전에서는 다양한 연료가 사용된다. 근래에는 환경오염 발생의 억제와 공장운전 효율의 향상을 위하여 공정의 운전과정에서 발생되는 가연성 공정가스, 폐가스, 혹은 폐기물이 연료로서 이용되기도 한다. 석탄을 연료로 이용하는 경우 가스화 연소나 코우크스 생산과정에서 형성되는 COG, 혹은 BOG의 형태로 이용하며 탄화수소를 연료로 이용하는 경우 중유, LPG, SNG, LNG, 메탄올 등으로 이용한다. 다양한 연료의 발열량과 조성 및 연소가스의 성분들은 다음 **표 2-1**에 보인 바와 같다.

공장의 형태와 종류에 관계없이 연료의 사용을 최적으로 유지하기 위해서는 연소로 및 보일러의 성능을 최상으로 유지시키는 것이 중요하다. 지금까지는 가열기나 보일러의 효율은 배기가스의 온도와 조성과는 직접적인 관계없이 산정되어 왔다. 가열기의 성능을 추정하는 데에는 일반적으로 Betz 차트가 이용된다. Betz 차트를 이용하는 데에 필요한 데이터로는 배기가스 분석치, 연료의 수소/탄소 비율, 배가스 온도, 그리고 외부온도 들이다. 그러나 fuel 오일이나 fuel 가스와 같은 복합적인 연료를 사용하는 가열기의 경우 Betz 차트의 이용에 어려움이 따른다. 또한 Betz 차트를 이용하기 위해서는 일일이 눈금을 읽어야 하므로 불편함은 물론 정확성과 신뢰도에 문제가 생길 수 있다. 따라서 컴퓨터를 이용하는 계산에 의한 방법을 활용하는 것이 보다 효율적이다. 이에 따라 가열기 성능을 결정하기 위한 배기가스 분석방법을 알아 보기로 한다. 이 방법에서 필요로 하는 데이터는 SO_2를 포함하는 배기가스 분석치, 배기가스 온도, 외부 온도, 상대습도, 연소공기 온도, 연료온도 등이다. 이제 분자식이 $C_xH_yS_z$인 복합 탄화수소 연료를 연소할 경우의 배기가스에 대한 분석을 행하여 보기로 한다.

***각 성분의 연소 반응식은 다음과 같다 :**

$$C + O_2 \rightarrow CO_2$$

$$H_2 + \frac{1}{2}O_2 \rightarrow H_2O$$

$$S + O_2 \rightarrow SO_2$$

1 kg의 연료에 대한 연소가스의 분석과정은 **표 2-2** 및 **표 2-3**에 보인 바와 같다. **표 2-2**에는 주어진 연료중의 각 성분량 및 연소에 소요되는 이론 공기량과 a %의 과량공기를 주입하는 경우의 소요 공기량 계산과정이 나타나 있으며 **표 2-3**에는 a %의 과량공기가 이용될 경우의 배기가스 성분량 및 몰 비를 구하는 과정이 제시되어 있다.

배기가스의 총 양을 결정하기 위해서는 배기가스를 이루는 각 성분의 양에 연소공기에 함유되어 있는 수분양과 연료에 주입된 수증기 양을 더해 주어야 한다. 연료중에 주입되는 수증기의 양은 사용되는 연료의 양에 따라 달라지는데 보통 fuel 오일 1톤당 25 kg의 수증기가 소요된다. 따라서 연소되는 연료 1 kg 당 연료중에 주입되는 수증기 양은 0.025*(복합연료중의 fuel 오일 함유비율(무게분율)) 로부터 얻어진다. **표 2-4**는 연소공기 중의 수분함량 계산과정을 요약한 것이다.

표2-1. 보일러용 연료 및 배기가스의 조정

구 분		중 유	가스오일+ fuel 오일	가스오일	천연가스	FCC장치 CO가스	BF가스
발열량(kcal/kg)		10,200 ~10,700	11,800	8,080	12,921	177 kcal/Nm^3	800 kcal/Nm^3
가스밀도(kg/m^3)					0.837		
사용온도(℃)		60		상온	20	560	30~40
사용압력(kg/cm^2)		5		1.5~3.0	1.5		300~500 mmHg
연료의 조성 (부피%)	H_2		19	48			1.6
	N_2				0.05	65.8	56.0
	O_2					0.5	
	CO_2					12.7	17.3
	CO					7.3	25.1
	CH_4		65	26	88.83		
	C_nH_m		16	26	11.12		
	C/H	88/11					
	기타					H_2O 13.7	
연소가스 조성 (부피%)	CO_2	19.99	11.10	8.11	14.56		
	SO_2	0.03					
	N_2	70.79	70.44	71.09	72.27		
	O_2	1.02	2.6	1.72	1.43		
	H_2O	8.18	15.87	19.08	11.74		
	CO [ppm]	0~1,000			0~1,000		

표 2-2. $C_xH_yS_z$ 연료의 연소 소요 공기성분량 (연료 1 kg을 기준, 과량공기 = a %)

구 분	성 분	계 산 식
연료 성분량	C (kg)	$\frac{12x}{12x+y+32z}$
	H (kg)	$\frac{y}{12x+y+32z}$
	S (kg)	$\frac{32z}{12x+y+32z}$
	C/H 비율	$\frac{12x}{y}$
이론 소요량	O_2 (kg)	$\frac{32x+8y+32z}{12x+y+32z}$
	N_2 (kg)	$\frac{77}{23} \cdot \frac{32x+8y+32z}{12x+y+32z} = 3.3478\left(\frac{32x+8y+32z}{12x+y+32z}\right)$
	공기 (kg)	$4.3478\left(\frac{32x+8y+32z}{12x+y+32z}\right)$
과량공기에 따른 소요량 (과량공기=a %)	과량공기 E_a (kg)	$E_a = 4.3478\left(\frac{32x+8y+32z}{12x+y+32z}\right) \cdot \frac{a}{100}$
	과량 O_2 (kg)	$\frac{23}{100} \cdot E_a = \frac{a}{100}\left(\frac{32x+8y+32z}{12x+y+32z}\right)$
	과량 N_2 (kg)	$\frac{77}{100} \cdot E_a = 3.3478\left(\frac{a}{100}\right)\left(\frac{32x+8y+32z}{12x+y+32z}\right)$

배기가스의 열 함량을 계산하기 위해서는 배기가스 온도 T_{st}와 외부온도 T_a, 배기가스의 조성, 그리고 배기가스를 구성하는 성분기체들의 열용량 계수를 알 필요가 있다. 온도 T에서의 기체의 열 함량 H는 다음 식과 같이 나타낼 수 있다.

$$H = A + B^* \ T + C^*$$

배기가스를 이루는 주요 성분기체들에 대한 계수 A, B 및 C는 **표 2-5**에 보인 바와 같다.

표 2-3. $C_xH_yS_z$ 연료의 연소가스 분석과정 (연료 1 kg을 기준, 과량공기 = a %)

구 분	성 분	계 산 식
생성 가스량	CO_2 (kg)	$\frac{44x}{12x+y+32z}$
	SO_2 (kg)	$\frac{64z}{12x+y+32z}$
	H_2O (kg)	$\frac{9y}{12x+y+32z}$
배기가스 성분	O_2 (kgmol)	$\frac{1}{32}\cdot\frac{a}{100}\cdot\left(\frac{32x+8y+32z}{12x+y+32z}\right)$
	N_2 (kgmol)	$0.11956\left(1+\frac{a}{100}\right)\left(\frac{32x+8y+32z}{12x+y+32z}\right)$
	SO_2 (kgmol)	$\frac{z}{12x+y+32z}$
	CO_2 (kgmol)	$\frac{x}{12x+y+32z}$
	H_2O (kgmol)	$\frac{y}{2(12x+y+32z)}$
배기가스 몰 비	$\frac{O_2}{N_2}$	$\frac{a/(32)(100)}{0.11956(1+a/100)}=\frac{0.2614\left(\frac{a}{100}\right)}{1+\frac{a}{100}}$
	$\frac{O_2}{CO_2}$	$\frac{0.25(4x+y+4z)}{x}\cdot\left(\frac{a}{100}\right)$
	$\frac{N_2}{CO_2}$	$0.95648\left(\frac{4x+y+4z}{x}\right)\left(1+\frac{a}{100}\right)$
	$\frac{SO_2}{CO_2}$	$\frac{z}{x}$

표 2-4. 연소공기중의 수분함량 계산과정

변 수	계 산 식
소요 data	상대습도(RH, %), 외부공기온도(T_a, ℃), 외부압력(P_a, kg/cm ²)
상온에서의 포화증기압 (P_s, kg/cm ²)	$P_s = exp\left(11.960884 - \frac{3970.5981}{T_a + 232.92492}\right)$
배기가스 중의 증기압 (P_{wf}, kg/cm ²)	$P_{wf} = \frac{P_s * RH}{100}$
연소공기 중의 수분 (kg 수분/kg 연소공기)	$\frac{0.622 * P_{wf}}{P_a - P_{wf}}$
연소 공기량 (kg 공기/kg 연료)	$4.3478\left(1 + \frac{a}{100}\right)\left(\frac{32x + 8y + 32z}{12x + y + 32z}\right)$
연료1kg당 연소공기중의 수분량 (kg 수분/kg 연료)	$2.7043\left(1 + \frac{a}{100}\right)\left(\frac{P_{wf}}{P_a - P_{wf}}\right)\left(\frac{32x + 8y + 32z}{12x + y + 32z}\right)$

표 2-5. 주요 기체성분의 열 함량 계수

기체성분	A	B	C
O_2	-0.34466	0.221724	-0.000020517
H_2O(수증기)	-1.93001	0.447642	-0.000021898
N_2	-0.65665	0.254098	-0.000016624
CO_2	0.09688	0.158843	-0.000033712
SO_2	0.41442	0.118071	0.000014712

배기가스에 함유된 열은 외부로 손실되는 열로서

$$\sum (\text{배기가스 온도에서의 } H) - \sum (\text{기준온도에서의 } H)$$

의 관계로 주어진다. 배기가스를 통하여 손실되는 총 열량 Q_{sl}은 배기가스의 열 함량 (배기가스 1 kg당 열 함유량)에 연소되는 연료 1 kg당 생성된 배기가스 양을 곱하여 얻을 수 있다. 한편 복사에 의한 열 손실 Q_{rl}은 운전 데이터로부터 추정할 수 있는데 일반적으로 연소열의 4% 정도로 간주한다.

유입되는 연료에 함유된 잠열(H_f) 및 연소연료 1 kg당 주입되는 수증기의 잠열(H_m), 그리고 연소공기에 함유된 잠열(H_a)은 앞의 배기가스의 경우와 유사하게 계산할 수 있다. H_a의 경우 상대습도(RH)와 외부공기온도(T_a)에 대한 데이터가 필요하다.

열효율 η는 유입된 열에 대한 흡수된 열의 비로 정의된다. 열효율은 연료의 저발열량(Lower Heating Value, LHV), 혹은 고발열량(Higher Heating Value, HHV)을 이용하여 다음과 같이 나타낼 수 있다.

$$\eta(gross) = \frac{(LHV + H_a + H_f + H_m) - (Q_{rl} + Q_{sl})}{HHV + H_a + H_f + H_m} \times 100$$

$$\eta(net) = \frac{(LHV + H_a + H_f + H_m) - (Q_{rl} + Q_{sl})}{LHV + H_a + H_f + H_m} \times 100$$

배출되는 배기가스의 이슬점(dew point) T_D는 연소되는 연료의 황 함유량을 사용하여 추정할 수 있는데 다음과 같은 관계를 이용하여 계산할 수 있다.

$$T_D = -0.095611x_S^6 + 2.12707x_S^5 - 18.5274x_S^4 + 80.4878x_S^3 - 182.399x_S^2 + 206.388x_S + 42.4074$$

위의 식에서 x_S는 연료 중의 황 함유량(무게%)이며 T_D는 섭씨온도로 표시된다.

나. 계산과정 적용사례

앞의 표들에 보인 계산과정을 토대로 하는 컴퓨터 프로그램을 이용하여 배기가스를 분석하는 예를 들어 보기로 한다.

배기가스 분석결과 산소 3.6415%, CO_2 12.7068%, SO_2 0.055% (부피%, dry basis)를 얻었다고 하자. 상대습도는 50%, 외부온도는 25℃이며 외부압력은 1.033 kg/cm ^{2}이다. **그림 2-2**는 이들 데이터의 입력화면을 보인 것이며 그림 2-3은 배기가스 분석자료를 이용한 계산결과를 보인 것이다. MatLab을 이용하면 편리하게 계산 프로그램을 작성할 수 있다. MatLab에서 얻은 계산 결과는 용이하게 그림 2-3과 같이 Visual Basic으로 구성한 GUI(Graphical User Interface)에 나타나도록 할 수 있다. 리스트 2-1은 앞의 표 들에 제시된 계산과정들을 수행하는 MatLab 프로그램이다. 배기가스 분석자료를 이용한 계산 결과 연료 분자식 $C_XH_yS_z$에서 x, y, z는 각각 231, 396, 1이며 이 연료 1 kg 당 생성되는 배기가스 양은 18.4662 kg 임을 알 수 있다.

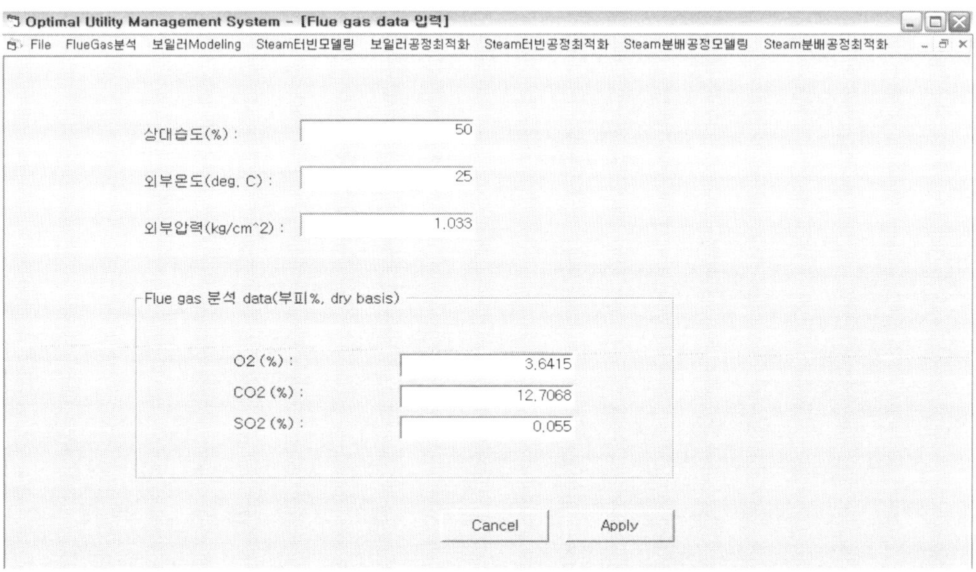

그림 2-2. 배기가스 분석자료 입력화면

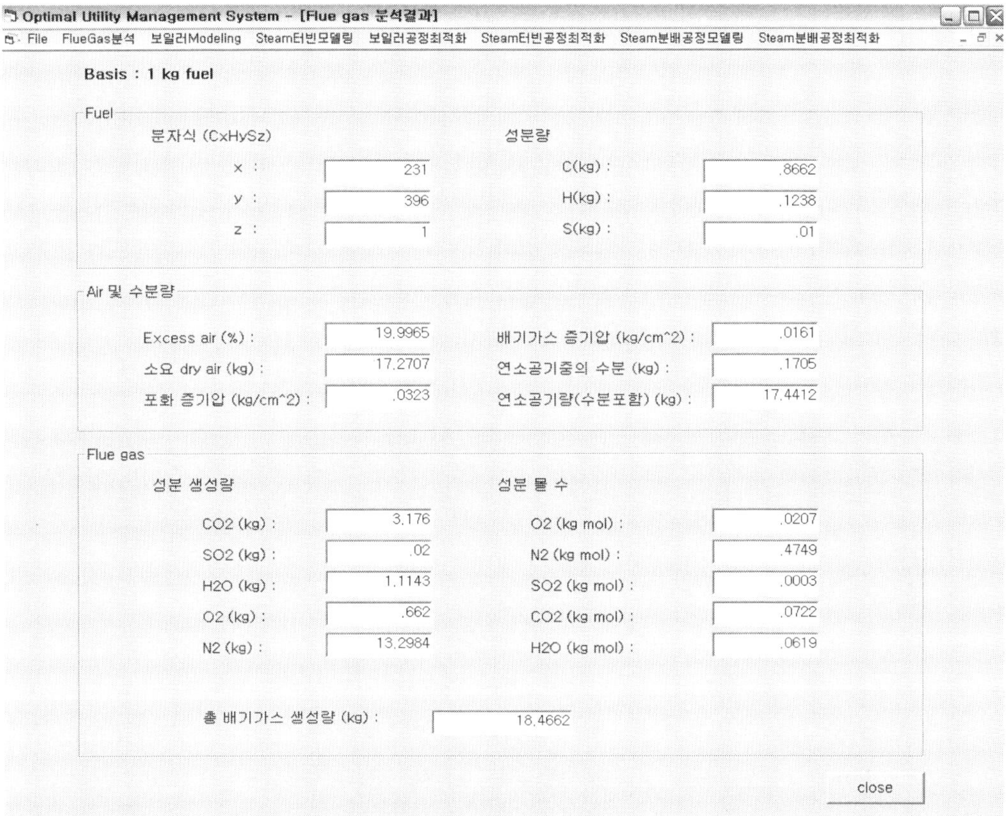

그림 2-3. 계산결과 화면

리스트 2-1. 배기가스 분석계산 MatLab 프로그램

```
function w = FlueAnal(din)
% (c) Yeong-Koo Yeo
% January 2, 2005

% Assign input variables
RH = din(1);
Ta = din(2);
```

```
Pa = din(3);
dO2 = din(4);
dCO2 = din(5);
dSO2 = din(6);

% Excess air(%)
dN2 = 100 - dO2 - dCO2 - dSO2;
a = 100 * ( dO2 / dN2 ) / (0.2614 - ( dO2 / dN2 ));

% Fuel formula (CxHySz)
vx = 1;
vy = 4 * ( 100*(dO2/dCO2)/a - 1 - dSO2/dCO2 );
vz = dSO2/dCO2;
v = min([vx, vy, vz]);
x =  vx / v ;
y =  vy / v ;
z =  vz / v ;

%-------------------------
% Basis : 1 kg fuel
%-------------------------
% Fuel 중의 각 성분량 (kg/kg fuel)
mC = 12*x / (12*x +  y +  32*z);
mH = y / (12*x +  y +  32*z);
mS = 32*z / (12*x +  y +  32*z);

% Flue gas 성분량 (kg)
mCO2 = 44*x / (12*x +  y +  32*z);
mSO2 = 64*z / (12*x +  y +  32*z);
```

```
mH2O = 9*y / (12*x + y + 32*z);
mO2 = a * (32*x + 8*y + 32*z) / (12*x + y + 32*z) / 100;
mN2 = 3.3478 * ( 1 + a/100 ) * (32*x + 8*y + 32*z) / (12*x + y + 32*z);

% Dry air 및 수분량
dAir = 4.3478 * ( 1 + a/100 ) * (32*x + 8*y + 32*z) / (12*x + y + 32*z);
Ps = exp( 11.960884 - 3970.5981/(Ta + 232.92492) );
Pwf = Ps * RH / 100;
mwa = 2.7043 * (1 + a/100) * (Pwf/(Pa - Pwf)) * (32*x + 8*y + 32*z) /...
        (12*x + y + 32*z);
mAir = dAir + mwa;
msf = 0.025;      % atomizing steam : fixed
mStackH2O = mH2O + mwa + msf;

% 총 배기가스양
mStack = mCO2 + mSO2 + mStackH2O + mO2 + mN2

% 배기가스 성분 몰 수
molO2 = a * (32*x + 8*y + 32*z)/32/100/(12*x + y + 32*z);
molN2 = 0.11956 * (1 + a/100) * (32*x + 8*y + 32*z)/(12*x + y + 32*z);
molSO2 = z / (12*x + y + 32*z);
molCO2 = x / (12*x + y + 32*z);molH2O = (y/2) / (12*x + y + 32*z);

% Assign output variables
w(1) = x;           w(2) = y;
w(3) = z;           w(4) = mC;
w(5) = mH;          w(6) = mS;
w(7) = a;           w(8) = dAir;
w(9) = Ps;          w(10) = Pwf;
```

```
w(11) = mwa;          w(12) = mAir;
w(13) = mCO2;         w(14) = mSO2;
w(15) = mH2O;         w(16) = mO2;
w(17) = mN2;
w(18) = molO2;
w(19) = molN2;
w(20) = molSO2;
w(21) = molCO2;
w(22) = molH2O;
w(23) = mStack;
```

2-2 석탄 보일러의 모델링

가. 보일러의 선형 및 매개변수 모델

보일러에서는 전체 유틸리티 플랜트에서 이용되는 에너지의 대부분이 사용되고 있다. 에너지 소비량을 줄이고 수익성을 높이기 위해서는 보일러 공정에 대한 최적의 운전 시스템을 개발하여 활용하는 것이 매우 중요하다. 보일러의 최적운전 시스템 개발에 있어서는 보일러의 모델링을 근거로 한 운전조건을 선택하여 시뮬레이션을 통하여 수행하는 것이 가장 효과적인 방법이다. 보일러에 사용되는 기본적인 연료로서는 석탄과 오일이 가장 보편적이다. 보일러 공정의 모델링에 대한 지금까지의 경향을 보면 대부분 오일을 연료로 사용하는 보일러를 대상으로 하는 것이 일반적인 추세였다. 따라서 오일 보일러의 모델링에 대해서는 많은 개발결과들이 축적되어 있으며 정상상태 조업에 대해서는 물론이고 동적 조업상태의 모델링에 대해서도 다양한 결과들을 찾아볼 수 있다. 반면에 석탄 보일러는 복잡한 비선형성으로 인하여 그 중요성에도 불구하고 모델링에 있어서 많은 관심을 받지 못하고 있다. 유동층 보일러의 경우 내부의 동적 특성이 매우 복잡하기 때문에 정확한 모델을 구하기가 매우 어렵다.

석탄 보일러 공정의 조업특성 전반에 대하여 세밀한 모델을 구하는 것은 거의 불가능하며 이것이 가능하다 하더라도 실제 운전에 있어서 정밀한 모델의 활용에 따르는 경제적 효과가 기대하는 만큼 클 것인지는 의문이다. 석탄 보일러의 모델링에 있어서는 효율을 매개변수로 하는 모델을 구성함으로써 실제 운전에 손쉽게 활용할 수 있는 효율적인 모델을 얻을 수 있다. 흔히 공정의 효율은 일정하다고 간주하기도 하지만 효율은 운전조건에 따라 변화하는 변수이다. 효율을 매개변수로 이용함으로써 보일러에서 중요한 변수인 증기 생산량과 연료량을 용이하게 예측할 수 있다. 보일러에서 소비하는 에너지는 대부분 연료의 연소열과 자체에서 사용하는 수증기로부터 비롯된다. 따라서 연료석탄의 공급량과 보일러 공급수의 변화로부터 보일러에서 생산되는 증기의 생산량을 알아낼 수 있다. 가장 이상적인 상태는 공급수로 들어간 양 만큼의 수증기가 생산되는 경우라 할 것이지만 실제에 있어서는 이들 두 값이 언제나 차이를 보인다.

석탄 보일러 공정의 일반적인 모델식은 **표 2-7**에 보인 바와 같다. 표 2-6은 이들 식에 사용된 기호들을 요약한 것이다. 보일러 내부의 접촉면적, 두께, 소재 등이 부분마다 모두 다르기 때문에 보일러의 몸체에서 손실되는 에너지의 양은 정확히 알 수 없다. 모델식의 구성에 있어서는 보일러의 소재는 탄소강이고 형상은 원통이며 손실되는 열량은 공급되는 석탄연료의 유량에 비례한다고 가정하였다. 수증기 생산량의 계산에 있어서는 보통 연료로서 역청탄과 코크를 섞어 쓰기 때문에 석탄연료의 연소열을 정확히 알 수 없다. 따라서 두 연료의 연소열의 평균을 취하여 H_c를 28000 kJ/kg으로 가정하였다. 아울러 증기식 공기 가열기에 공급되는 열량 H_{SAH}는 공기가 증기식 공기 가열기를 통과하면서 얻은 열량을 구하여 알 수 있다. 석탄 보일러로부터의 배기가스는 N_2, CO_2, H_2O, SiO_2, $CaSO_4$, CaO, C, 그리고 ash (Al_2O_3, Fe_2O_3, Si_2O) 들로 이루어져 있다. 이 배기가스의 엔탈피 계산과정은 **표 2-8**에 보인 바와 같다.

표 2-6. 모델식에 사용된 기호

Q : 보일러에 공급된 열량

q_c : 공급되는 연료석탄의 유량

H_c : 석탄의 연소열

H_{SAH} : 증기식 공기 가열기에 공급된 열

k : 보일러 몸체의 열전도도

A : 보일러의 표면적

L : 보일러 몸체의 강판 두께

하첨자
a : 공기
c : 석탄
g : 배기가스

표 2-7. 석탄 보일러의 기본 모델식

<table>
<tr><th colspan="2">구 분</th><th>모 델 식</th></tr>
<tr><td colspan="2">물질수지</td><td>$\frac{d}{dt}\left[\rho_s V_{st} + \rho_w V_{wt}\right] = q_f - q_s - q_b$</td></tr>
<tr><td colspan="2">에너지수지</td><td>$\frac{d}{dt}\left[\rho_s u_s V_{st} + \rho_w u_w V_{wt} + m_t C_p t_m\right] = Q + q_f h_f - q_s h_s - q_b h_b$</td></tr>
<tr><td colspan="2">보일러 효율식</td><td>$\eta = \frac{q_s h_s - q_f h_f}{Q}$</td></tr>
<tr><td colspan="2">보일러에 가해진 열량</td><td>$Q = q_c H_c + H_{SAH}$</td></tr>
<tr><td rowspan="2">정상상태 수지식</td><td>물질수지</td><td>$(1-\eta)Q = q_g h_g - q_a h_a + q_b h_b + Q_{loss}$</td></tr>
<tr><td>에너지수지</td><td>$Q_{loss} = -kA\frac{T_a - T_m}{L}$</td></tr>
<tr><td colspan="2">수증기 생산량</td><td>$q_s = \frac{0.92 q_c H_c + H_{SAH} + q_f\left(h_f - h_b\right) - q_g h_g + q_a h_a}{h_s - h_b}$</td></tr>
</table>

표 2-8. 배기가스 엔탈피 계산과정

구 분		모 델 식
조성별 유량	Basis : 석탄 1ton/hr	C : 640 kg/hr → 53.33 kmol/hr H_2 : 40 kg/hr → 20 kmol/hr O_2 : 46 kg/hr → 1.438 kmol/hr N_2 : 15 kg/hr → 0.536 kmol/hr H_2O : 120 kg/hr → 6.66 kmol/hr Ash : 139 kg/hr → 139 kg/hr
	Basis : 공기 1ton/hr	N_2 : $\frac{0.78\times28}{28.93}\times1000\text{kg/hr}$ → 26.96 kmol/hr O_2 : $\frac{0.21\times28}{28.93}\times1000\ \text{kg/hr}$ → 7.26 kmol/hr Ar : $\frac{0.009\times28}{28.93}\times1000\ \text{kg/hr}$ → 0.31 kmol/hr CO_2 : $\frac{0.0003\times28}{28.93}\times1000\ \text{kg/hr}$ → 0.01 kmol/hr
배기가스 유량		$q_g=(53.33\times x_c+0.01\times x_a)\times44+(26.66\times x_c)\times18+(0.536\times x_c+26.96\times x_a)\times28+(7.26\times x_a-61.892\times x_c)+(0.31\times x_a)\times40+139\times x_c$ $=999x_c+1000.04x_a$
배기가스의 조성		CO_2 : $\frac{4.4(53.33x_c+0.01x_a)}{x_c+x_a}\%$ H_2O : $\frac{1.8(20x_c+6.66x_c)}{x_c+x_a}\%$ N_2 : $\frac{2.8(0.536x_c+26.96x_a)}{x_c+x_a}\%$ O_2 : $\frac{3.2(7.26x_a-61.892x_c)}{x_c+x_a}\%$ Ar : $\frac{4.0(0.31\times x_a)}{x_c+x_a}\%$ Ash : $\frac{13.9x_c}{x_c+x_a}\%$
배기가스 엔탈피		$h_g=\begin{pmatrix}0.734C_P^{N_2}+0.147C_P^{CO_2}+0.0979C_P^{H_2O}+\\0.003C_P^{CaSO_4}+0.0042C_P^{Al_2O_3}+0.0084C_P^{SiO_2}+\\0.0014C_P^{Fe_2O_3}+0.002C_P^{CaO}+0.002C_P^{C}\end{pmatrix}(T_g-T_{ref})$

표 2-9. 주요 성분의 열용량 계수

Chemical species	phase	T_{max}	10^3A	10^3B	$10^{-4}D$
N_2	Gas	2000	973.9	0.176	+0.118
CO_2	Gas	2000	1031.1	0.197	-2.18
H_2O	Gas	2000	1602.7	0.67	+0.56
SiO_2	Solid	848	760.9	0.609	-1.688
$CaSO_4$	Solid	1373	571.94	0.68	-0.48
CaO	Solid	1173	750	0.363	-2.307
C	Solid	1373	935.55	0.916	-4.091
Air	Gas	2000	955.25	0.164	-0.0455

$C_p[kJ/kg \cdot K] = A + BT + DT^{-2}$

배기가스의 엔탈피 계산에 이용되는 각 성분의 열용량 계수는 **표 2-9**에 보인 바와 같다. **표 2-10**은 모델링의 계산에 사용된 보일러의 제원을 요약한 것이며 **표 2-11**은 대표적인 석탄 보일러의 운전 데이터를 보인 것이다.

표 2-10. 모델링의 계산에 사용된 보일러의 제원

	Data		Data
표면적	1885m2	두께	1m
높이	30m	직경	10m
탄소강의 열전도도	45w/m·K	내부온도	220℃
		외부온도	40℃

표 2-11. 대표적인 석탄 보일러의 운전 데이터

Data	q_c [ton/hr]	H_{SAH} [kJ/kg]	q_f	h_f	q_g	h_g	q_a	h_a	q_b	h_b	h_s	Boiler Load
1	24.55	0	202.0	512	278.2	196.15	250.49	24.97	2	1461.35	3386.9	100%
2	19.51	4313.3	161.6	512	223.2	184.35	201.06	24.97	1.6	1451.73	3386.9	80%
3	12.38	5485.8	101	512	142.9	166.73	128.92	24.97	1.0	1435.28	3386.9	50%
4	8.1	6372.7	66.66	52	137.8	173.76	128.92	24.97	0.66	1445.69	3386.9	33%

그림 2-4는 **표 2-11**에 보인 운전자료와 앞의 보일러 선형모델식으로부터 계산된 결과를 비교하여 본 것이며 **그림 2-5**는 선형 모델식으로부터 계산된 수증기 생산량의 추세를 실제 운전데이터와 비교해 본 것이다.

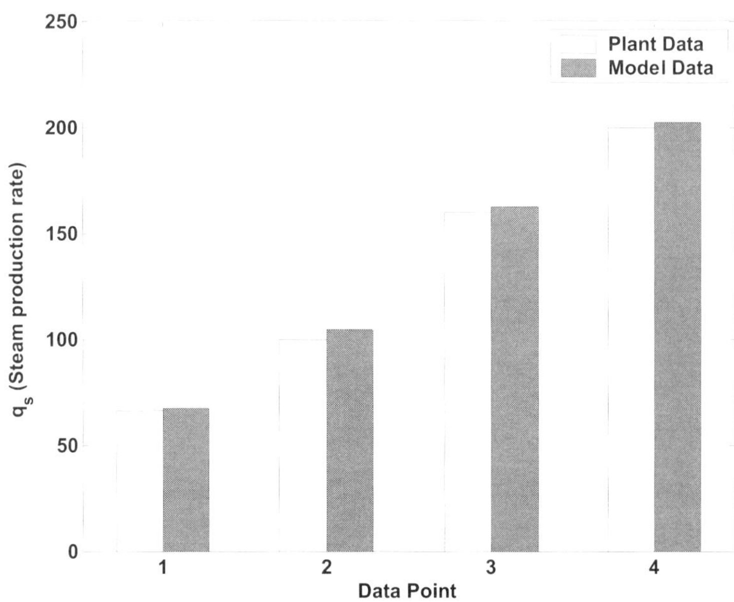

그림 2-4. 보일러 선형모델식의 계산결과

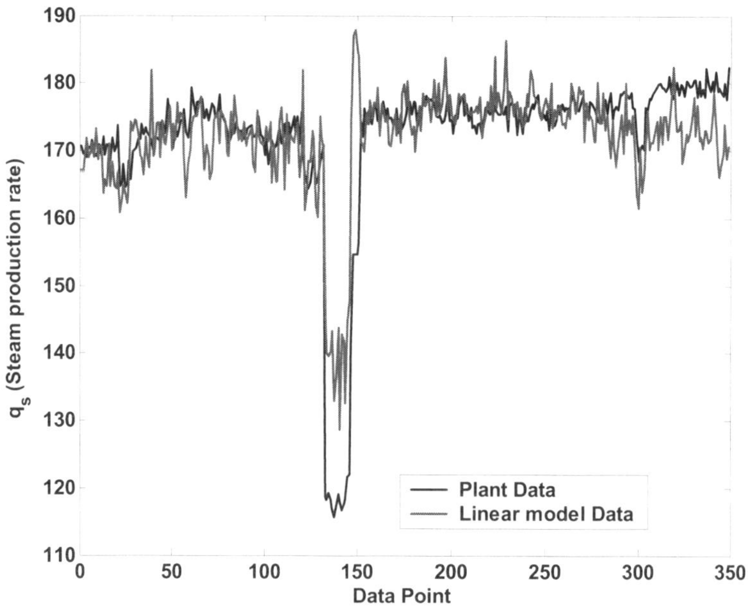

그림 2-5. 선형 모델식으로부터 계산된 수증기 생산량의 추세

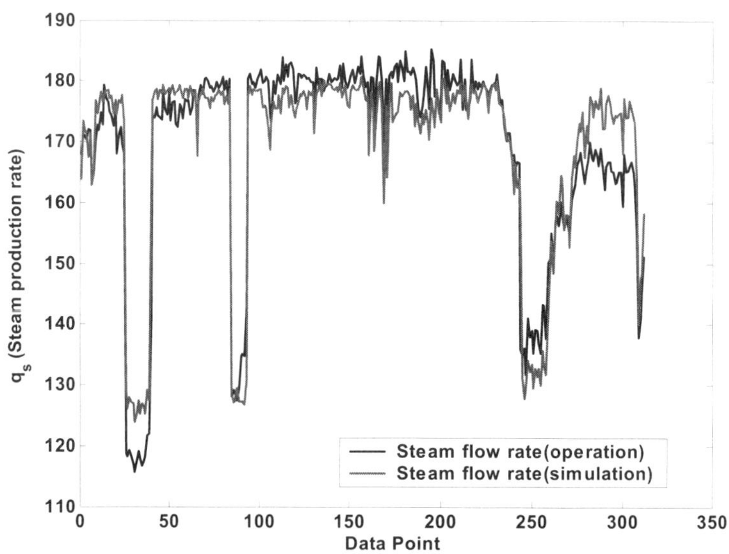

그림 2-6. 효율 매개변수 모델로부터 계산된 수증기 생산량의 추세

한편 효율을 매개변수로 이용함으로써 보일러에서의 증기 생산량과 연료량을 용이하게 예측할 수 있음은 이미 앞에서 언급한 바와 같다. 효율을 매개변수로 사용하여 수증기 유량을 예측하기 위한 모델링 과정은 **표 2-12**에 보인 바와 같으며 이를 이용한 계산결과는 **그림 2-6**에 보인 바와 같다.

2-12. 효율 매개변수 모델 구현과정

구 분	모 델 식
효율식	$\eta = a + b \times q_c + c \times q_c^2 + d \times q_c^3$
변수의 정의	$\boldsymbol{\eta} = [\eta_1, \eta_2, K, \eta_n] \in {}^{n}$, $p = [a\ b\ c\ d]$, $q = \begin{bmatrix} 1 \\ q_c \\ q_c^2 \\ q_c^3 \end{bmatrix}$
계수 벡터	$p = \boldsymbol{\eta} \times (\mathbf{q}^T \mathbf{q})^{-1} \mathbf{q}^T$
효율 다항식	$\eta = 17.468 - 2.6303 q_c + 0.13691 q_c^2 - 0.0023503 q_c^3$
수증기 생산량	$q_s = \dfrac{\eta (q_c H_c + H_{SAH}) + q_f h_f}{h_s}$

효율을 매개변수로 이용하여 석탄 보일러를 계산하는 시스템의 입출력 화면은 **그림 2-7**과 같다. 입력 데이터로서 연료 석탄의 유량, 보일러 공급수 유량, 보일러에서 생성된 고압 수증기의 온도 및 압력, 그리고 economizer 입구부분의 압력이 요구된다. 계산되는 변수는 보일러의 효율 및 생성되는 고압 수증기의 유량이다.

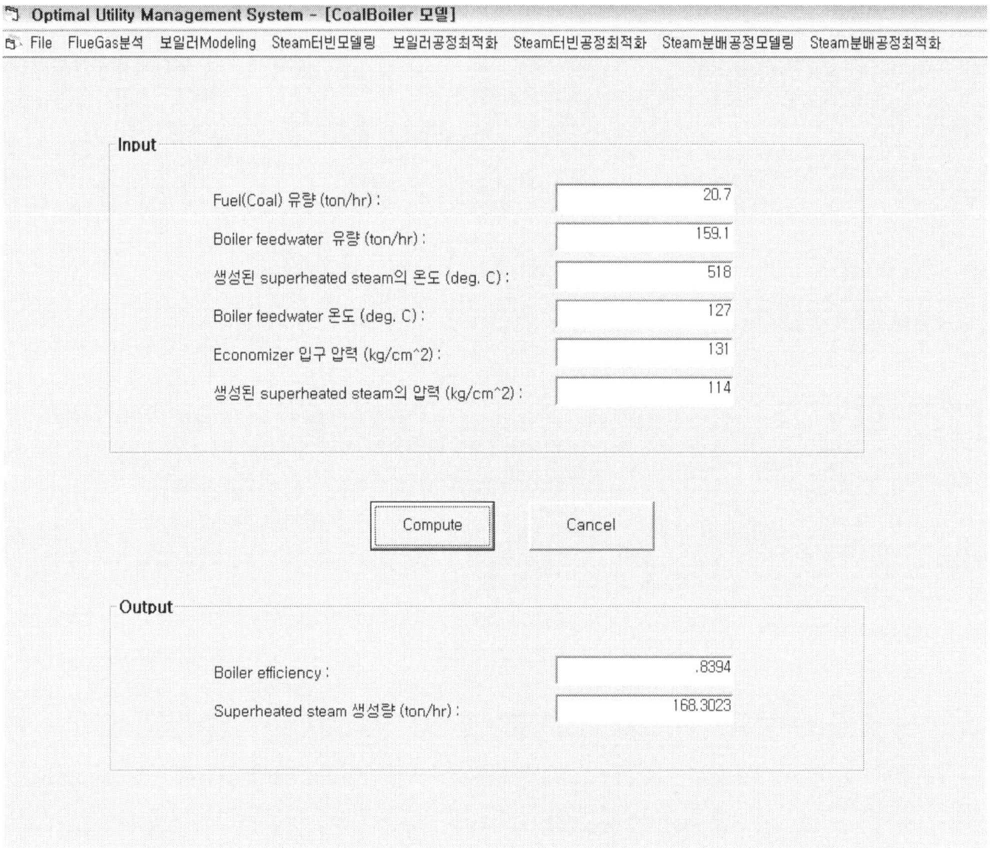

그림 2-7. 석탄 보일러 계산 입출력 화면

나. 신경회로망을 이용한 보일러 모델링

신경 생리학자 McCulloch와 수학자 Pitts가 발표한 "신경계의 활동에 내재하는 개념들의 논리적 분석"이라는 논문을 발표한 이래 인공신경회로망의 개발 및 응용에 대한 연구가 급속하게 발전하기 시작했다. 컴퓨터 기술의 발달과 함께 인공신경회로망 기술은 다양한 분야에서 많은 진전을 이루게 되었다. Rosenblatt은 최초의 신경회로망인 퍼셉트론을 발표하여 학계 및 산업계에 큰 반향을 불러 일으켰으나 그의 고교동창이며 기호처리 인공지능의 대가인 Minsky가 1969년에 그의 제자인 Papert와 함께 퍼셉트론의 한계를 수학적으로 증명한 "Perceptron"을 저술 하면서 신경회로망 기술은 암흑기를 맞이하게 되었다. 그 이유는 퍼셉트론이 XOR 문제와 같은 단순한 비선형 논리연산을 해결할 수 없기 때문이었다. 그러나 이후 1980년대 중반에 단층 퍼셉트론의 단점을 극복한 다층 퍼셉트론(Multi-layer perceptron)이 Rumelhart에 의하여 일반화된 델타 규칙으로서 제안됨으로써 신경회로망 기술이 다시 발전할 수 있었던 계기가 되었다. 이어서 McClelland와 Rumelhart 등은 "Parallel Distributed Processing"이란 저서에서 역전파(back-propagation) 학습 방법을 소개함으로써 신경망은 새로운 전기를 맞이하게 되었다. 인공신경회로망은 지금도 계속적으로 그에 대한 새로운 이론이 발표되고 그 응용분야도 점차 늘어나고 있다. 그 궁극적인 목표는 컴퓨터의 발달과 함께 인간처럼 계산할 수 있고, 판단할 수 있으며, 인식할 수 있는 인공지능 컴퓨터의 구현이라고 할 것이다.

공정의 모델링에 이용되는 인공신경회로망의 구조는 다층 신경회로망(Multi-layer perceptron) 형태의 구조가 일반적이다. 인공신경회로망의 구조를 black box 모델이라고 간주하면 이 black box의 내부는 실제 모델의 동특성과는 무관하며 0에서 1 사이의 값을 갖는 가중치, 각 층(layer)을 이루는 뉴론(neuron) 및 전달 함수(transfer function)로 구성된다. 각 뉴론들은 다른 층의 뉴론들과 가중치로 상호 연결되어 있으며 병렬로 동작한다. 각 뉴론은 모든 입력의 가중치 합을 계산한 후 전달함수를 통하여 출력을 내보낸다. 이 출력은 다시 다른 은닉층(hidden layer) 뉴론의 입력값으로 들어가고 결국 출력층 뉴론의 출력값이 전체 신경회로망의 결과로 나오게 된다. 여기서 은닉층이란 입력층과 출력층 사이의 층을 의미한다. 결국 입력과 가중치가 곱해져 모두 합해진 값에 바이어스가 더해지고 이것이 전달함수를 거치면 최종 출력이 된다. 신경회로망은 이 가중치를 갱신하면서 학습을 하게 된다.

신경회로망에서는 활성함수로서 흔히 역치함수(threshold function), 선형함수(linear function), 그리고 시그모이드 함수(sigmoid function)의 세 가지 형태를 사용한다. **그림 2-8**은 널리 이용되는 오류 역전파 신경망 회로의 구조를 보인 것이다. 학습 알고리즘으로서 오류 역전파 알고리즘(Error back propagation algorithm)은 신경회로망에 가장 일반적인 방법으로서 최하향법(Steepest descent method)을 이용한 일반화된 델타규칙(Generalized delta rule)이 적용된다. 입력층의 뉴런이 입력 패턴을 받아 각 가중치에 의해 출력을 내면 이것은 다시 은닉층의 뉴런으로 전달이 되고, 은닉층의 뉴런의 출력이 출력층의 입력으로 전달되어 출력값을 내보내게 되는데 이 출력값과 목표값으로부터 평균제곱 오차를 계산하고 이의 최소화에 의해 가중치 값이 조정되도록 한다. 이 평균제곱오차를 최소화하기 위해 선형구조의 바이어스와 가중치를 조정하는데 이러한 최소평균제곱 알고리즘은 오류 역전파 알고리즘의 하나로서 최소화 방법으로 최하향법을 이용되는데 다음과 같이 정의되는 비용함수를 최소화하는 방향으로 가중치가 조정되도록 한다.

$$E(n) = \frac{1}{2}\sum_{j=1}^{n} e_j^{\,2}(n) = \frac{1}{2}\sum_{j=1}^{n}\left(d_j(n) - y_j(n)\right)^2$$

인공신경회로망을 이용한 보일러의 모델을 구성하기 위해서는 우선 모델을 학습시키기 위한 학습 데이터(training data)가 있어야 한다. 학습 데이터는 보일러의 동특성을 잘 나타낼 수 있어야 할 뿐 아니라 운전범위 안에서 다양한 경우에 대한 데이터가 존재해야 한다. 보일러의 동특성을 나타내는 변수로서는 보일러 급수와 연료유량을 택할 수 있다. 아울러 엔탈피를 고려하여 급수의 온도와 증기의 온도를 훈련데이터로 선정할 수 있다. 즉 학습 데이터는 훈련 입력변수(연료유량, 급수 유량, 급수온도, 증기온도)와 기대출력(desired output)으로 구성된다. 구성된 신경회로망 모델은 2개의 은닉층과 하나의 출력층으로 되어 있으며 은닉층의 뉴런은 5~40개 사이로 하였다. 출력층은 1개의 뉴런으로 구성되어 있으며 은닉층의 활성함수는 출력 범위가 -1에서 1까지인 탄젠트 시그모이드 함수를 사용하였다. 은닉층에 활성함수로서 선형함수를 사용하게 되면 구배가 영이 될 확률이 높아지는데 구배가 영이 되면 신경회로망의 학습은 더 이상 진행되지 못한다. 그러나 출력층의 활성함수로는 선형함수를 사용하는 경우가 많다.

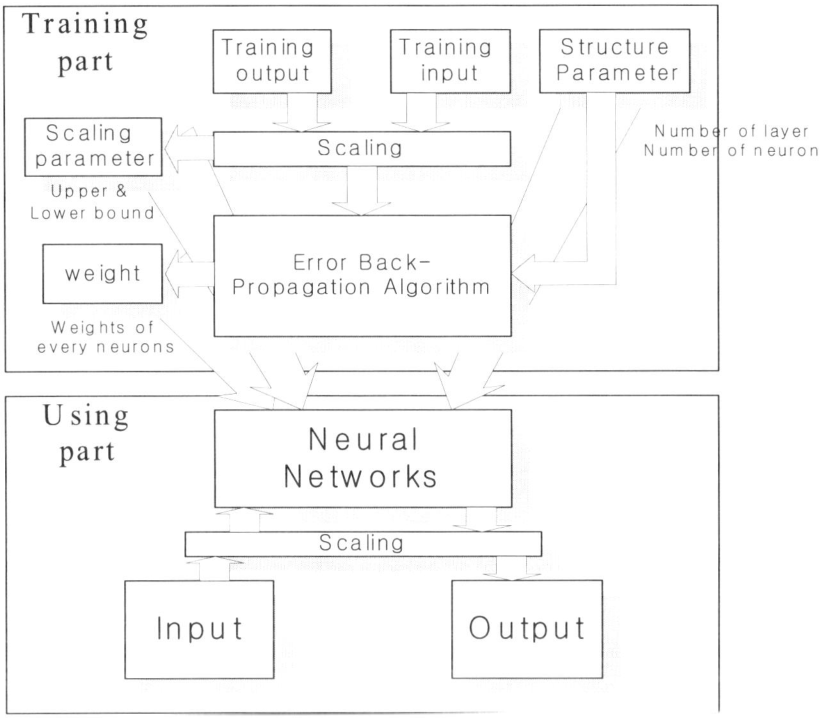

그림 2-8. 널리 이용되는 오류 역전파 신경망 회로의 구조

학습 종료조건은 MSE 값이 0.001보다 작거나 반복 학습이 10000번을 넘을 때에 종료되도록 하였다. 신경회로망의 구조로서 전체 데이터에 대한 MSE값이 가장 적은 모델을 시행오차 방법에 의하여 구하는 것은 매우 비효율적이다. 자동적으로 모델의 구조를 찾아 주는 방법이 제시되었으나 이것은 유전자 알고리즘과 신경회로망을 접목시킨 방법으로서 시간이 매우 많이 소요될 뿐만 아니라 뉴런수가 많아지면 그 복잡한 구조로 인하여 수렴을 완전히 보장하지 못하게 된다.

석탄 보일러의 신경회로망 모델로서 학습 데이터 300여 개를 이용하여 최적의 신경회로망 모델을 규명하였다. 이 모델에서 은닉층은 2개 층으로 되어 있는데 첫째 층의 뉴런수는 10, 둘째 층의 뉴런수는 5, 그리고 출력층의 뉴런수는 1로 하였다. 은닉층 활성함수는 탄젠트 시그모이드 함수를 이용하였고 출력층 함수는 선형함수로 하였다. 계산하여 본 결과 이 모델의 MSE는 4.1514이고 최대 오차는 8.6617로 나타났다. **그림 2-9**는 이 신경회로망 모델과 보일러의 매개변수 모델을 실제 데이터에 대하여 비교하여 본 것이다. 모델의 계산 결과 인공신경망 모델로부터 얻은 결과와 매개변수 모델로부터 얻은 결과는 큰 차이를 보이지 않고 있으며 실제 운전데이터를 잘 나타내고 있다. 실제 활용에 있어서는 **그림 2-7**에 보인 매개변수 모델을 이용함으로써 편리하고 용이하게 효율과 수증기 생산량을 구할 수 있다.

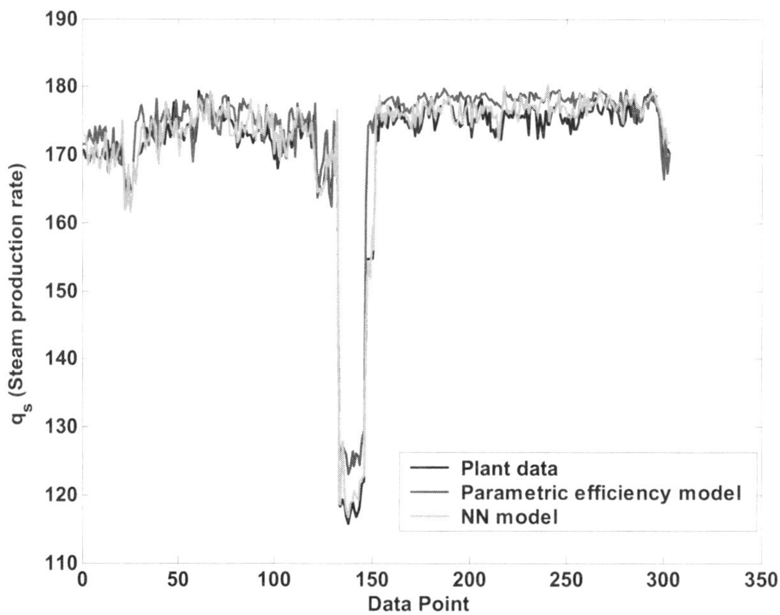

그림 2-9. 신경회로망 모델과 매개변수 모델의 비교

3

Steam 터빈 공정의 모델링

보일러에서 생산되는 수증기는 수증기 헤더(header)를 통해 수증기를 필요로 하는 단위 공정이나 기타 수요처로 유입되는데 요구되는 수증기의 양과 질은 계절과 기후 조건, 그리고 공장의 운전상황에 따라 빈번하게 변하는 것이 일반적이다. 따라서 공장의 안정적, 경제적 운전을 위해서는 수증기의 변동량과 소요 등급을 정확히 파악하여 분배 공급해 주는 것이 필수적이다. 수증기의 안정적 공급을 위해서 엔지니어는 수증기 분배공정에 수반되는 각 유틸리티 단위 장치의 운전상태를 정확히 파악하여 변화된 요구량에 대응하도록 하고 수증기 헤더의 온도와 압력이 일정하게 유지하도록 수증기 분배공정의 각 단위 장치를 조절하여야 한다. 그러나 고압급수 가열기(HPH), 증기식 공기 예열기(SAH), 그리고 탈기기 등에서 주로 소비되는 자체 소모 수증기로 인한 보일러의 부하 증가량 계산과 터빈 발전기의 열분석에는 많은 시간과 노력이 소요되므로 수증기 분배 및 공급조업을 신속 정확하게 할 수 있는 시스템을 확보하여 운용하는 것이 필요하다.

3-1 수증기 분배설비

가. 수증기 헤더(Steam header)

수증기 헤더는 수증기 발생 장치에서 생산한 수증기를 각각의 단위 공정이나 수요처로 공급해 주는 역할을 하며 헤더의 압력에 따라 초고압, 고압, 중압, 저압 수증기 헤더로 구분할 수 있다. 가장 대표적인 수증기 헤더의 온도와 압력 조건은 **표 3-1**에 나타나 있다.

표 3-1. 각 수증기 헤더의 온도와 압력

	초고압 수증기 헤더	고압 수증기 헤더	중압 수증기 헤더	저압 수증기 헤더
온도 (℃)	520	380	285	200
압력(atm)	120	40	16	4

표 3-1에 보인 네 개의 헤더는 일반적으로 터빈 발전기와 유틸리티 터빈, 그리고 감압 설비로 연결되어 있으며 비상사태를 위해 대기 방출 운전을 하도록 되어 있다.

보일러에서 생산된 초고압 수증기는 먼저 초고압 수증기 헤더로 이송되는데 그 중 일부는 각각의 공정으로 이송되고 나머지는 터빈 발전기에 공급되어 중압 수증기 헤더와 저압 수증기 헤더로 추기되기도 하며 감압 설비를 거쳐 고압 수증기 헤더로 공급되기도 한다. 감압 설비를 거친 고압 수증기는 유틸리티 펌프를 구동하는 터빈으로 공급되어 중압 수증기 헤더나 저압 수증기 헤더로 추기되기도 하며 나머지는 감압 설비를 거쳐 중압 수증기 헤더로 공급된다. 유틸리티 터빈과 터빈 발전기의 고압단, 그리고 감압 설비로부터 공급된 중압 수증기는 연료 펌프를 구동하기 위한 터빈, 고압 급수 가열기, 증기식 공기 예열기, 그리고 수증기 분무 장치에서 사용되고 나머지는 감압 설비를 거쳐 저압 수증기 헤더로 공급된다. 터빈 발전기의 저압단, 감압 설비, 훌래쉬(flash) 탱크, 그리고 유틸리티 터빈으로부터 공급된 저압 수증기는 탈기기와 증기식 연료 예열기 및 각각의 공정으로 공급된다. 수증기 분배 공정의 대략적인 공정도는 **그림 3-1**에 나타나 있다.

나. 터빈 발전기

한가지의 에너지원을 이용하여 열 에너지와 전기 에너지를 동시에 생산하는 에너지 생산공정으로서 열병합 발전은 두 가지 형태의 에너지를 필요로 할 때 사용되거나 열 에너지의 사용처가 발전 시스템과 가까이 위치할 때 이용된다. 열기관과 같은 역할을 하는 발전기는 열을 주위에 방출하게 되고 방출된 열은 다시 에너지로 사용된다. 방출된 열의 양은 열원을 생산할 때 사용되는 연료 사용량에 영향을 주지 못하므로 열병합 발전을 사용하지 않았을 때보다 연료비 절감을 기대할 수 있다.

고압 수증기로부터 전기 에너지를 얻는 수증기-터빈 시스템에서 터빈 발전기의 발전량은 다음과 같은 간단한 에너지 수지로부터 구할 수 있다.

$$E = \sum_i \eta_i \left(\Delta \dot{m}_i \cdot \Delta h_i \right)$$

터빈으로부터의 추기량을 변화시킴으로써 발전량을 변화시킬 수 있다. 터빈 발전기의 효율 η는 수증기의 추기량과 소모량, 발전량 및 추기되는 수증기의 온도와 압력에 대한 비선형 함수이므로 이들 사이의 관계를 규명하여 터빈 발전기를 운전하는 것은 매우 어려운 일이다. 따라서 대부분 설계값과 조업자의 경험에 의존하고 있다. 터빈 발전기의 고압단은 중압 수증기 헤더로 추기되는데 이 때 추기되는 수증기는 중압 수증기 헤더의 온도와 압력조건을 충족시키기 위해 감압 설비를 거쳐 중압 수증기 헤더로 유입된다. 터빈 발전기의 저압단은 저압 수증기 헤더로 추기되는데 고압단의 경우와 마찬가지로 감압 설비를 거쳐 저압 수증기 헤더로 유입된다.

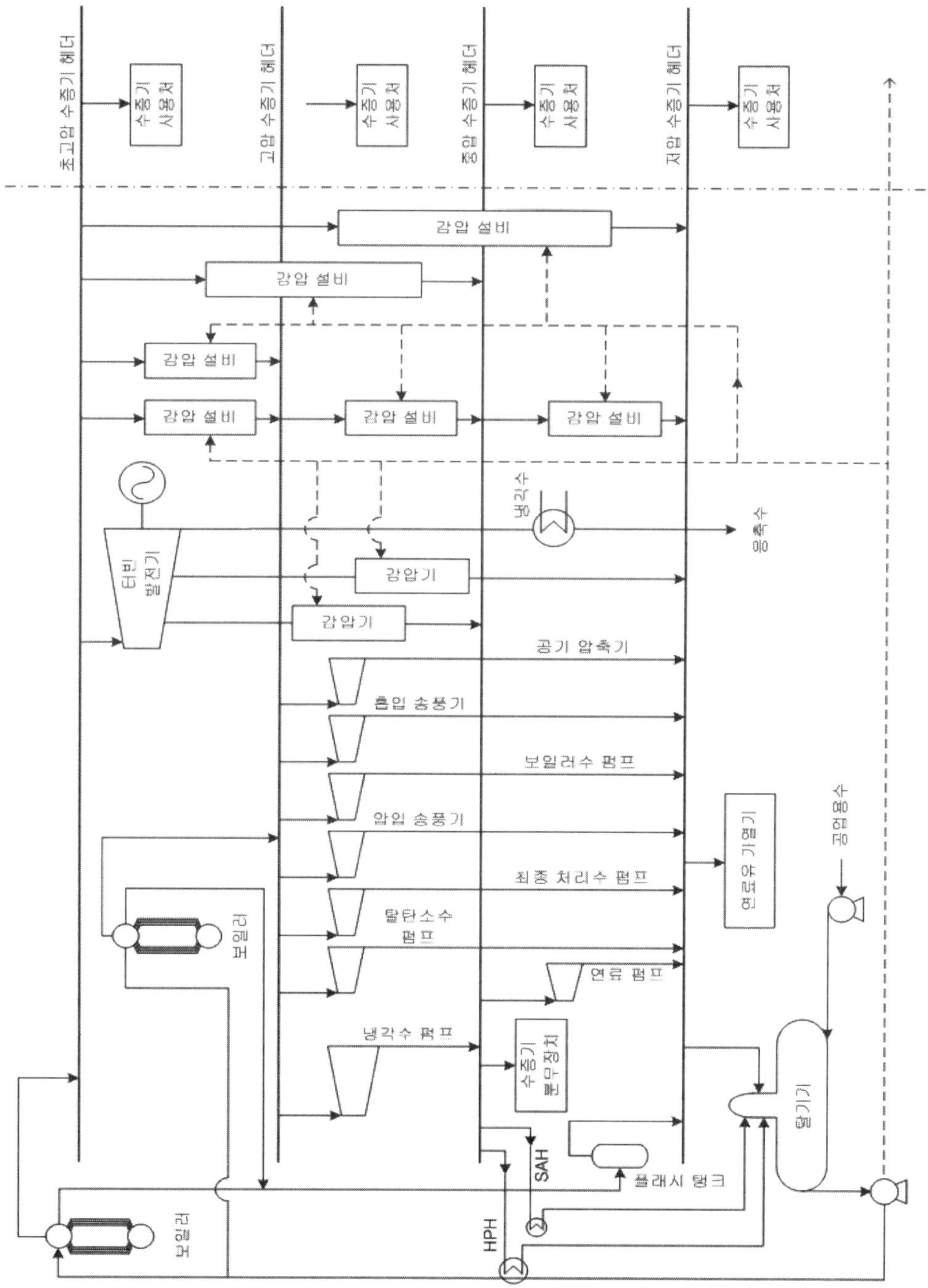

그림 3-1. 수증기 분배 공정의 공정도

다. 유틸리티 펌프

유틸리티 펌프는 수증기 발생 장치에서 사용되는 보일러 수나 공기, 그리고 연료 등을 이송하는 한편 수증기 분배에도 사용되는 중요한 장치이다. 펌프의 구동원은 모터와 터빈으로 구분할 수 있는데 펌프 구동원을 변경하여 각 등급의 수증기의 공급과 수요를 변화시킬 수 있으므로 수증기 분배에 있어서 중요한 방법이 된다.

라. 감압 설비

감압 설비는 고온 고압의 수증기를 저온 저압의 수증기로 만드는데 사용된다. 감압 설비는 운전이 간단하고 복잡한 조업 지식이 필요 없으므로 수증기 헤더의 압력을 조절하는데 중요하게 사용되는 장치이다. 일반적인 수증기 분배 공정에는 다수의 감압 설비가 설치되어 있다.

3-2 수증기 터빈의 효율

가. 터빈의 분류

유틸리티 플랜트에서 터빈으로부터의 배기를 배압 터빈으로 할 것인가, 아니면 복수기로 응축시키는 복수 터빈으로 할 것인가의 여부는 수증기를 사용하는 공정에서 필요한 증기량, 그리고 송풍기나 펌프 등에서의 소요 동력량에 따른 밸런스로부터 결정할 수 있다. 수증기 터빈은 그 운전방식이나 기능등에 따라 **표 3-2**에 보인 것과 같이 분류해 볼 수 있다.

표 3-2. 증기 터빈의 분류

분류		특징
운전방식에 따른 분류	충동터빈	수증기는 노즐에서 팽창. 증기의 충동력에 의해 임펠러가 회전
	반동터빈	송풍기, 압축기, 펌프 등의 구동용 터빈으로 많이 사용
기능에 따른 분류	복수터빈	터빈 배출증기를 복수기(응축기)에서 응축시킴으로써 증기를 초저압까지 팽창
	배압터빈	동력과 공정용 증기를 동시에 얻고자 할 경우 이용
	추기터빈	공정 소요 증기량이 동력에 비해 적거나 변동이 심한 경우에 사용
	혼합터빈	두 종류 이상의 압력을 지닌 증기를 하나의 터빈에 도입
실린더 수에 의한 분류	단기통	대부분의 경우. single flow
	2기통	메탄올이나 암모니아 압축기의 경우에 간혹 사용

나. 터빈의 등엔트로피 효율

보일러 효율, 연료비용, 그리고 전력비용은 열 병합 시스템의 분석에 핵심적인 요소들이다. 수증기 터빈이 수반되는 시스템은 당연히 터빈의 효율에 의해 큰 영향을 받는다. 수증기 터빈의 효율은 일반적으로 등엔트로피(isentropic) 효율로 나타낸다. 터빈 효율과 보일러 효율 사이의 중요한 차이는 터빈 효율이 열 에너지로부터 기계적 에너지를 얼마나 잘 이끌어 내는가를 나타내어 준다는 점에 있다. 이에 비해 보일러 효율은 얼마만큼의 에너지가 유용하지 못한 목적으로 보일러로부터 손실되었는가를 나타낸다. 터빈의 비효율성은 비록 일부 유용성은 상실되었을지라도 시스템으로부터 손실된 것이 아니며 수증기에 잔류하고 있는 것이다. 등엔트로피 효율은 이상적인 등엔트로피 터빈에 대한 실제 터빈의 축일의 비교이다. 터빈의 등엔트로피 효율 η_{is}는 다음 식과 같이 주어진다.

$$\eta_{is} = \frac{(\text{실제 일})}{(\text{등엔트로피 일})} = \frac{\dot{W}_{actual}}{\dot{W}_{isentrop}} = \frac{\dot{m}_{steam}(h_i - h_o)_{actual}}{\dot{m}_{steam}(h_i - h_o)_{isentrop}}$$

h는 터빈에 대한 유입 및 유출 수증기의 엔탈피를 나타낸다. 위의 관계는 운동 및 포텐셜 에너지와 열전달은 무시할 수 있다는 가정을 바탕으로 한다. 이러한 가정은 일반적인 수증기 터빈에 적용할 수 있다. 유출부의 등엔트로피 조건은 실제 터빈 운전에서와 동일한 압력에서 유지된다고 가정한다. 등엔트로피라는 용어는 일정한 엔트로피를 의미하므로 유입조건(유입부의 엔트로피)을 알면 유출부의 엔트로피는 아는 값이 된다.

등엔트로피 유출조건에서 유출압력과 엔트로피만 알면 열역학적 물성들을 얻을 수 있다. 등엔트로피 일은 터빈으로부터 얻을 수 있는 최대의 출력이다. 등엔트로피 효율은 대부분의 효율들과 마찬가지로 %로 표시되는데 산업용 수증기 터빈의 등엔트로피 효율은 25% 정도로부터 80% 범위에 이른다. 등엔트로피 효율은 수증기 터빈 시스템의 경제성 평가에 중요한 영향을 미친다. 수증기 터빈의 성능은 흔히 수증기 속도로도 나타낸다. 수증기 속도는 터빈으로부터 정해진 양의 축일을 이끌어 내는 데에 소요되는 수증기 흐름의 양을 의미한다. 수증기 속도의 단위는 lbm/kWH 이다. 수증기가 효율적으로 사용되도록 하기 위하여 항상 터빈의 효율을 감지하여야 한다.

포화증기를 배출하지 않는 터빈은 터빈의 유입부와 유출부에서 측정된 온도와 압력값들로부터 분석할 수 있다. 이들 측정값들로부터 터빈의 유입 및 유출부에 대한 실제 엔탈피를 구할 수 있으며 이들을 이용하여 위의 식으로부터 등엔트로피 효율을 얻을 수 있다. 터빈으로부터 포화증기가 배출되는 경우에는 효율 측정이 어렵다. 포화증기의 온도와 압력은 서로 무관하지 않으므로 포화증기의 온도와 압력의 측정으로부터 수증기 엔탈피를 구할 수는 없다. 포화증기를 배출하는 수증기 터빈이 발전기와 결합되어 있으면 생성된 출력을 측정할 수 있으나 터빈이 다른 공정구동 요소와 결합되어 있으면 출력의 결정이 어렵게 된다. 터빈의 효율을 저하시키는 요인들은 여러 가지가 있으나 흔히 터빈의 설계결함, 터빈의 부하, 터빈 날개에의 실리카의 축적, 그리고 터빈 날개의 부식 및 손상에 기인하는 경우가 많다.

다. 수증기 압력의 영향

수증기 사이클의 열역학적 효율은 보일러 압력이 증가함에 따라 증가한다. 이는 축 동력을 얻기 위해 수증기 터빈을 사용하는 시스템의 경우에도 마찬가지이다. 그러나 시스템이 열과 동력이 결합된 열병합 시스템이 아닌 경우에는 수증기 압력을 증가시키는 것이 최선의 방법은 아니다. 실제로 만일 보일러가 열전달만을 위한 목적으로 수증기를 공급한다면 수증기 압력을 낮추어 줌으로써 시스템 효율이 증가될 수 있다. 수증기 압력을 낮추면 수증기 시스템은 여러 측면에서 영향을 받는다.

보일러 효율은 생성되는 수증기 압력을 낮춤으로써 증가될 수 있다. 수증기 압력이 감소됨에 따라 보일러 내의 물의 끓는점이 낮아진다. 이로 인하여 보일러 내로의 열전달이 증가하게 되고 따라서 보일러 효율이 증가하게 된다. 물론 이러한 경우에도 제약조건들이 존재한다. 수증기 생성압력을 저하시키면 보일러에서 생성되는 수증기의 밀도가 감소된다. 이로 인하여 보일러에서의 유체의 이송속도가 커지는데 이는 수증기 시스템에 치명적일 수 있다. 또한 배기가스 통로의 부식을 피하기 위하여 배기가스 온도의 하한값이 벗어나지 않도록 유지되어야 한다.

그러나 한편으로는 수증기 압력이 낮아지면 새어나가는 수증기의 유량이 작아지므로 수증기 압력을 낮춤으로써 시스템의 손실을 줄일 수 있다. 예를 들면 수증기 압력이 8.8기압에서 6.8기압으로 감소하면 새어나가는 수증기의 유량은 25% 이상 줄어들 것이다. 또한 수증기 압력이 감소하면 포화 수증기 시스템의 경우 배관으로부터의 열전달 손실이 줄어든다. 앞에서와 같이 수증기 압력이 8.8기압에서 6.8기압으로 감소하는 경우 단열된 배관 표면으로부터의 열전달 손실은 5% 이상 줄어든다.

3-3 수증기 터빈의 모델링

일반적인 수증기 터빈공정에서 보일러로부터 공급되는 수증기는 터빈의 고압부분으로 유입된다. 고압단계를 지난 수증기는 직접 중간압력 단계로 유입되거나 보일러로 재순환되어 일정압력에서 다시 가열된 후에 중간압력단계로 유입된다. 중간압력 단계를 지난 수증기는 저압부분으로 유입된 후에 복수기(condenser)로 유출된다. 이 때 각 압력단계로부터 공장의 단위공정에서 필요로 하는 수증기를 추기하여 공급하여 준다. 수증기 터빈의 모델링에 있어서는 먼저 과열 수증기는 이상기체이며 각 압력단계로 유입되는 수증기의 운동에너지는 무시할 수 있는 것으로 간주한다. 여기에서는 포화 수증기가 이용되는 4MPa 정도의 중간압력단계를 중심으로 하여 살펴보기로 한다.

가. 엔탈피와 엔트로피 사이의 관계

과열 수증기 및 포화 수증기의 엔탈피와 엔트로피는 수증기 표로부터 찾아볼 수 있다. 그러나 수증기 표를 구현하는 소프트웨어가 없다면 모델링 과정에 상당한 번거로움이 초래될 것이다. 한 가지 대안은 엔탈피와 엔트로피 사이를 나타내어 주는 근사적인 관계식들을 구하여 이용하는 것이다. 이들 관계는 열역학적 관계식들로부터 쉽게 유도될 수 있다. **표 3-3**은 엔탈피와 엔트로피 사이의 근사식들을 요약한 것이다. 표의 식에서 h_g, s_g는 각각 주어진 압력에서 포화수증기의 비엔탈피 및 비엔트로피이다.

표 3-3. 엔탈피와 엔트로피 사이의 근사식

Steam 영역	엔탈피(J/kg)	엔트로피(J/(kg-K)
Superheated steam	$h = h_g + C_p T_{sat}\left[\exp\left(\dfrac{s-s_g}{C_p}\right)-1\right]$	$s = s_g + C_p \ln\left(1+\dfrac{h-h_g}{C_p T_{sat}}\right)$
Wet-steam	$h = xh_g + (1-x)h_f$	$s = xs_g + (1-x)s_f$

나. 포화증기의 근사식

4 MPa, 250 ℃정도의 중간압력단계 포화수증기 및 물에 대해서 몇 가지의 유용한 근사식들이 알려져 있다. **표 3-4**는 이들 근사식들을 요약한 것이다.

표 3-4. 중간압력단계 포화수증기 및 물의 근사식

물성치	근 사 식
포화온도(℃) (p : pascal)	$T_s = \dfrac{-3858.3568}{\ln 10^{-5}p - 11.734649} - 229.21651$
수증기 엔트로피 (J/(kg-K))	$s_g = 9157.7 - 24.9496\,T_s + 0.08105556\,T_s^{\mathbf{2}} - 0.00012192501\,T_s^3$
물 엔트로피 (J/(kg-K))	$s_f = -0.2 + 15.1224\,T_s - 0.023580247\,T_s^{\,2} + 0.000031115684\,T_s^3$
수증기 엔탈피 (J/kg)	$h_g = 2.5016 * 10^6 + 1.772778 * 10^3\,T_s + 1.11111\,T_s^{\,2} - 0.013786\,T_s^3$
평균정압비열 (J/(kg-K))	$C_p = 2000 + 0.00015p$

다. 수증기 터빈의 모델식

수증기 터빈 모델식은 이상기체 관계식, 노즐 방정식, 팽창식(polytropic 팽창), 등엔트로피 팽창에 따른 엔탈피 변화, 총괄 효율식, 그리고 터빈으로부터 얻어진 동력 계산식들로 구성된다. 터빈 모델식은 **표 3-5**에 요약하였다.

표 3-5. 터빈 모델식

구 분	모 델 식
질량수지	$\frac{d}{dt}(V\rho) = w_i - w_{ohp}$
흐름 dynamics	$\frac{dw_{ohp}}{dt} = \frac{w_i - w_{ohp}}{\tau_{hp}}$
열 수지	$\frac{d}{dt}(V\rho h_o) = w_i h_i - w_{ohp} h_o$
이상기체 관계식	$\rho = \frac{18P_o}{R_p(T_o + 273.15)}$
노즐 방정식	$r_{hp}^{\frac{2}{m}} - r_{hp}^{\frac{m+1}{m}} = \frac{w_{uhp}^2}{A_{hp}\rho P_o}\left(\frac{m-1}{2\eta_{\infty hp} m}\right)$ $r_{hp} = \frac{P_{ohp}}{P_o}$, $m = \frac{\gamma}{\gamma - \eta_{\infty hp}(\gamma - 1)}$, $\gamma = \frac{C_p}{C_v}$
팽창 온도비	$\frac{T_{ohp}}{T_o} = \left(\frac{P_{ohp}}{P_o}\right)^{\eta_{\infty hp}(\frac{\gamma-1}{\gamma})}$
엔탈피 변화 (등엔트로피 팽창)	$\Delta h_{hp} = C_p T_o (r_{hp}^{R/C_p} - 1)$
총괄 효율	$\eta_{hp} = \frac{1 - r_{hp}^{\eta_{\infty hp}(\frac{\gamma-1}{\gamma})}}{1 - r_{hp}^{(\frac{\gamma-1}{\gamma})}}$
동력 생성량	$P_{hp} = \eta_{hp} \Delta h_{hp}$
유출수증기 엔탈피	$h_{ou} = h_o + C_p(T_{ou} - T_o)$

표 3-6은 **표 3-5**에 사용된 부호들이다.

표 3-6. 모델식 사용부호

A_{hp} : 노즐 유출부 단면적 (m^2)
h_i : 유입 수증기 엔탈피 (J/kg)
V : 수증기 chest 부피 (m^3)
ρ : chest로부터의 유출 수증기의 밀도 (kg/m^3)
w_i : 유입 수증기 유량 (kg/s)
w_{ohp} : 고압부로부터의 유출 수증기 유량 (kg/s)
τ_{hp} : 고압부분 시간상수 (s)
h_o : 유출 수증기 엔탈피 (J/kg)
P_o : 수증기 유출압력 (Pascal)
R_p : 기체상수 (= 8314.4 m^3Pa/(kg-mol-K))
T_o : 유출증기 온도 (℃)
$\eta_{\infty hp}$: 고압부의 polytropic 효율
T_{ohp} : 고압부로부터의 유출증기 온도 (℃)

라. 수증기 모델식의 적용

중압범위에서 엔탈피나 엔트로피와 같은 수증기의 물성은 앞에 소개한 근사식으로 추정이 가능하지만 넓은 압력 및 온도범위에서는 수증기표의 사용이 불가피하다. 그러나 모델식 계산에서 일일이 수증기표를 찾는 것은 아무런 의미가 없으므로 여기에서는 수증기표를 계산하는 소프트웨어를 이용하였다. 이 소프트웨어는 모델식에 별도 모듈로 포함되어 있다. 유틸리티 공정의 다른 부분의 모데링에서와 마찬가지로 여기에서도 모델식의 프로그램은 MatLab을 사용하였으며 사용자 인터페이스는 Visual Basic으로 구현하여 인터페이스에서 MatLab 파일을 불러 계산이 이루어 지도록 하였다. **그림 3-2**는 필요한 데이터 입력화면이며 **그림 3-3**은 계산결과를 제시하여 주는 화면이다.

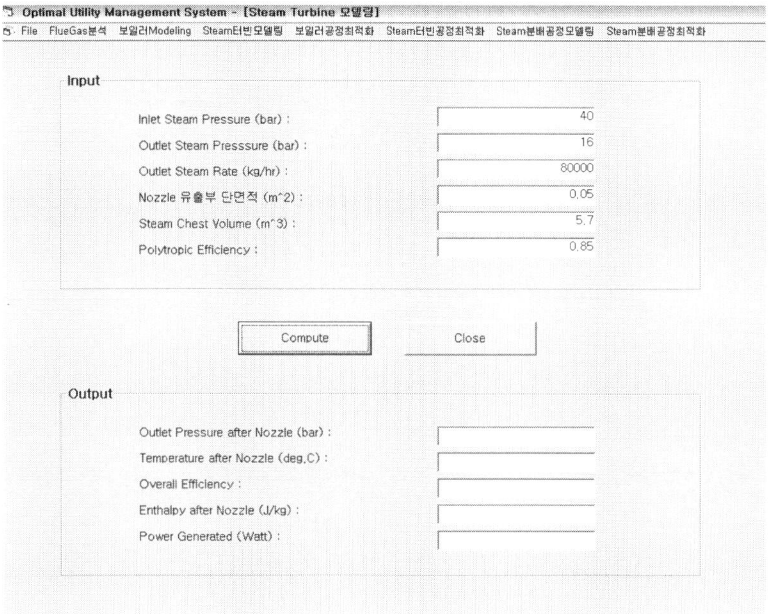

그림 3-2. 데이터 입력화면

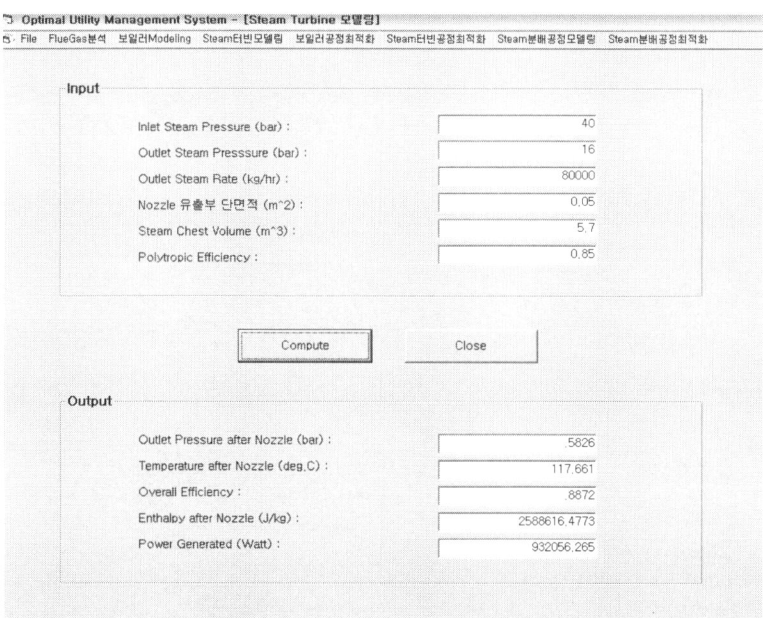

그림 3-3. 계산결과 화면

3-4 배압(Backpressure) 터빈의 운전

수증기 시스댐을 분석할 때 빈번히 아기되는 문제는 지압 수증기 수요를 충당하기 위해서 고압 수증기를 감압 밸브를 통과시킬 것인가, 아니면 수증기 터빈을 통과시킬 것인가를 결정하는 문제이다. 수증기 터빈의 사용이 경제적으로 유리한지의 여부를 결정하기 위해서는 전력비용, 연료비용, 수증기 터빈 효율, 수증기 물성치, 그리고 보일러 효율에 대한 데이터가 필요하다. 이제 전기모터와 수증기 터빈 모두에 의해서 구동될 수 있는 펌프가 있다고 하고 **다음과 같은 두 가지 운전방법을 고려하여 보기로 한다.**

(방법 1) : 수증기 터빈을 사용하여 펌프를 구동하고 저압 수증기를 공급한다.
(방법 2) : 전기모터를 사용하여 펌프를 구동하고 저압 수증기는 감압밸브를 이용하여 공급한다.

가. 모터/터빈 공정

보일러에서 생산된 고압 증기는 수증기 터빈이나 감압 밸브로 공급된다. 이들 장치로부터 얻어지는 저압 수증기는 수요처로 공급된다. 이 공정은 **그림 3-4**에 보인 바와 같다. 연료단가는 ₩8.13/(10^6J) 이고 전력단가는 ₩72/kWh 이며 보일러에서는 4.14 MPa(약 40.8기압), 400℃의 수증기가 생성된다고 가정한다. 터빈 및 감압 밸브로부터는 1.38 MPa (약 13.6기압)의 수증기가 배출되며 수증기 사용처로부터 보일러로 재순환되는 응축수는 82℃, 상압의 과냉액체라고 간주한다. **표 3-7**은 이 공정의 운전조건을 요약한 것이다.

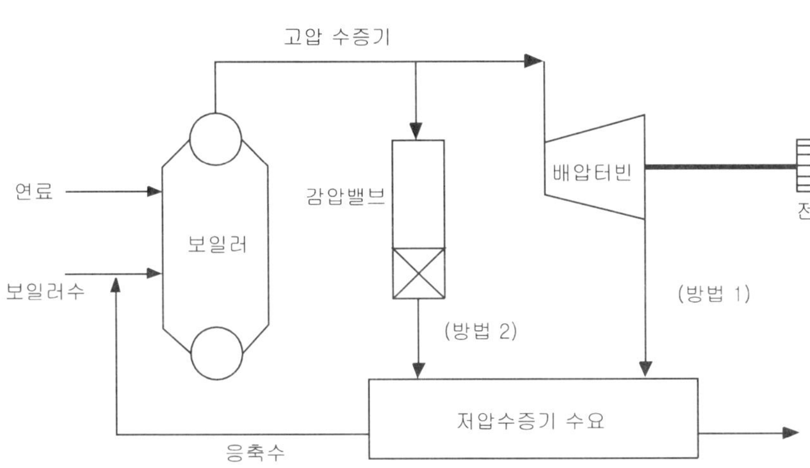

그림 3-4. 모터/터빈 공정

표 3-7. 모터/터빈 공정의 운전조건

구 분		운전조건
보일러 효율		0.85
수증기 생산량		13,608 kg/hr
연간 운전시간		8,000 hr/yr
생성수증기	온도	400 ℃
	압력	4.14 MPa
	엔탈피	3207.5 kJ/kg
배출증기	온도	327 ℃
	압력	1.38MPa
	엔탈피	3098.0 kJ/kg
보일러 급수	온도	82 ℃
	엔탈피	344.04 kJ/kg
연료단가		0.00813 원/kJ
전력단가		72 원/kWh

나. 터빈을 사용하는 경우

보일러로부터 터빈으로 유입되는 수증기 유량(즉 보일러에서의 수증기 생산량)은 13,608 kg/hr 라고 간주한다. 이 경우 운전비용은 보일러에서의 연료 소모량으로부터 다음과 같이 계산할 수 있다.

$$\begin{aligned} \dot{C}_{fuel} &= c_{fuel} \cdot \frac{\dot{m}_{steam}(h_{steam} - h_{water})}{\eta_{boiler}} \cdot T \\ &= (0.00813\text{원}/kJ) \cdot \frac{13{,}608kg/hr(3207.5kJ/kg - 344.04kJ/kg)}{0.85} \cdot (8{,}000hr/yr) \\ &= 2{,}981{,}583{,}856\text{원}/yr \end{aligned}$$

공정 펌프의 구동을 위한 전력이 요구되지 않으므로 위에서 얻은 운전비용은 시스템의 총 운전비용이 된다. 구입 전력의 양은 터빈에서 얻은 축 에너지의 양과 같을 것이므로 터빈에 대한 분석이 필요하다. 터빈의 등엔트로피 효율은 다음과 같이 계산된다.

$$\eta_{isen} = \frac{(h_{in} - h_{exit})_{actual}}{(h_{in} - h_{exit})_{isen}} = \frac{3207.5 - 3098}{3207.5 - 2933.8} = 0.40$$

즉 터빈의 등엔트로피 효율은 40% 이다. 터빈으로부터의 축에너지 출력은

$$\begin{aligned} \dot{W}_{shaft} &= \dot{m}_{steam}(h_{in} - h_{out}) \\ &= (13608kg/hr) \cdot (3207.5kJ/kg - 3098kJ/kg) \\ &= 1{,}490{,}076kJ/hr = 413\text{kW} \end{aligned}$$

다. 전기모터를 사용하는 경우

펌프에서 요구되는 축일은 터빈출력 413kW와 같다고 가정한다. 모터의 비효율성으로 인하여 모터에서 요구되는 전력의 양은 이보다 많을 것이다. 모터의 효율은 모터 제작사로부터 얻을 수 있다. 편의상 모터 효율 η_{motor}를 90%라고 가정하자. 요구

되는 전력량의 구입에 소요되는 비용은 다음과 같이 계산할 수 있다.

$$\dot{C}_e = \frac{c_e \dot{W}_e T}{\eta_{motor}}$$
$$= \frac{(72\text{원}/kWh)(413kW)(8000hr/yr)}{0.9} = 264,320,000\text{원}/yr$$

터빈을 이용하는 경우 전력구입은 피할 수 있는 것이므로 위의 금액은 수증기 터빈의 운전과 연관된 잠재적 절감액으로 간주된다. 그러나 대부분의 수증기 시스템들에서는 저압 수증기를 소요 열전달 부하에 공급하여 주고 있다. 터빈에서는 일정부분의 수증기 에너지를 축 에너지로 전환시키므로 감압부를 이탈하는 수증기의 엔탈피는 터빈으로부터 유출되는 수증기의 엔탈피보다 클 것이다. 감압밸브의 열역학적 특성상 감압공정은 등엔탈피 공정이다. 따라서 감압밸브로부터 유출되는 수증기의 온도는 약 378 ℃이며 엔탈피는 3207.5 kJ/kg이다. 그러므로 감압밸브를 이용하면 저압 수증기 수요처에서 필요한 수증기의 양은 감소될 것이다. 소요 수증기의 실제 양은 두 운전조건 사이의 에너지 수지를 비교함으로써 결정할 수 있다. 수증기 터빈 운전중에 저압 수증기 수요처로 공급되는 에너지의 양은 다음과 같다.

$$\dot{Q} = \dot{m}_{steam}(h_{tb} - h_{cond})$$
$$= (13608kg/hr)(3098kJ/kg - 344.04kJ/kg) = 37,475,888kJ/hr$$

이러한 에너지 흐름은 두 운전모드에서 모두 동일해야 하므로 감압밸브를 통하는 수증기의 유량은 다음으로부터 얻을 수 있다.

$$\dot{m}_{steam} = \frac{\dot{Q}}{(h_{in} - h_{cond})}$$
$$= \frac{37,475,888kJ/hr}{3207.5kJ/hr - 344.04kJ/hr} = 13,087\,\text{kg/hr}$$

소요 수증기 양이 줄어들었으므로 보일러에 주입되는 연료의 양이 감소할 것이다. 보일러에서 요구되는 연료비용은 다음과 같이 얻을 수 있다.

$$\begin{aligned}\dot{C}_{fuel} &= c_{fuel} \cdot \frac{\dot{m}_{steam}(h_{steam} - h_{water})}{\eta_{boiler}} \cdot T \\ &= (0.00813\text{원}/kJ) \cdot \frac{(13087kg/hr)(3207.5kJ/hr - 344.04kJ/hr)}{0.85} \cdot (8000hr/yr) \\ &= 2,867,430,036\text{원}/yr\end{aligned}$$

감압부 운전과 연관되는 총 비용은 보일러 연료비용과 전기요금의 합이므로

$$\dot{C}_{dep} = \dot{C}_e + \dot{C}_{fuel} = 2,867,430,036\text{원}/yr + 264,320,000\text{원}/yr = 3,131,750,036\text{원}/yr$$

이 된다. 따라서 전기모터를 사용하는 경우의 운전비용과 터빈을 이용하는 경우의 운전비용의 차이는

$$\begin{aligned}\Delta C &= \dot{C}_{dep} - \dot{C}_{turbine} \\ &= 3,131,750,036 - 2,981,583,856 = 150,166,180\text{원}/yr\end{aligned}$$

즉 수증기 터빈을 이용하는 운전의 경우 감압밸브를 사용하는 경우보다 연료 및 전력에서 연간 약 1억 5천만원의 절감을 이룰 수 있음을 알 수 있다.

비용 절감에 영향을 미치는 인자로서 앞의 분석에서 고려되지 않은 것은 수증기 터빈에 요구되는 보수유지관리이다. 수증기 터빈의 유지관리는 주로 수증기의 조건에 따라 좌우된다. 터빈의 유지관리에 소요되는 비용은 전체 운전비용의 분석에서 반드시 고려되어야 한다.

수증기 터빈의 효율은 수증기 터빈공정의 경제성에 핵심적인 영향을 미친다. 일반적으로 수증기 터빈의 성능을 감시하는 것은 어려운 일이 아니다. 터빈의 수증기 유입부 및 유출부에서의 수증기 압력과 온도를 조사함으로써 과열 수증기를 배출하는 수증기 터빈을 분석할 수 있다. 온도와 압력의 측정이 어느 정도 정확하다면 등엔트로피 효율을 정할 수 있다. 주기적으로 효율을 구하고 이전의 운전조건과 비교하여 봄으로써 보수관리가 필요한지의 여부를 결정한다. 만일 터빈의 수증기 유출부에서

의 조건이 포화 수증기 상태라면 성능을 구하는 것이 더 어려워진다. 수증기 감압장치가 이용되는 경우 터빈 공정의 분석과정은 앞에서와 유사하다. 수증기 수요처에 공급되는 열 에너지의 양은 수증기 감압장치로부터의 수증기의 유량과 수증기의 온도 및 압력에 의하여 결정된다.

터빈에 의하여 구동되는 공정장치의 선정에도 주의를 기울일 필요가 있다. 터빈이 펌프나 컴프레서와 같은 공정장치와 연결되어 있다면 터빈을 통하는 수증기 흐름은 저압 수증기 수요에 따라 조절될 수 없다. 또한 이 경우 감압설비를 통한 수증기 흐름의 축소나 제거가 거의 불가능하다. 그러나 터빈이 발전기와 연결되어 있고 공정 외부로부터의 선택적인 전력 확보가 가능하다면 터빈을 통한 수증기 유량은 저압 수증기 수요에 따라 조절될 수 있다.

3-5 응축(Condensing) 터빈의 운전

열병합 시스템에서는 전력수요(축 에너지)와 수증기 수요(열 에너지) 사이에 연속적으로 균형이 이루어져야 한다. 때로는 저압 수증기를 수요처에 공급하는 수증기 터빈으로부터 얻을 수 있는 것 이상의 축 에너지가 요구되는 경우도 있다. 응축 수증기 터빈은 대기압보다 낮은 압력의 응축기로 수증기를 배출하는 터빈이다. 여기에서 응축기는 대기압 이하의 압력(거의 진공)으로 운전된다. 이러한 형태의 터빈은 근본적으로 배압 터빈과 아무런 차이가 없다. 응축 터빈은 100% 응축액을 배출하지는 않는다. 응축 터빈에서 배출되는 응축수의 실제 양은 아주 작다. 증기의 질량 유량은 액체와 증기가 혼합된 유체의 질량유량의 90% 이상이다.

배압 터빈이 응축 터빈과 조합되어 운전되는 시스템에서는 유량의 균형을 유연하게 맞추어 나갈 수 있다. 이러한 배열구조로부터는 저압 터빈으로부터의 배출을 통하여 소요되는 열 에너지 수요를 충당할 수 있고 아울러 배압터빈과 응축터빈의 결합된 출력으로부터 축 에너지 수요를 충당할 수 있다. **그림 3-5**는 이러한 배압-응축 터빈 결합구조(추출응축 터빈 구조)를 보인 것이다.

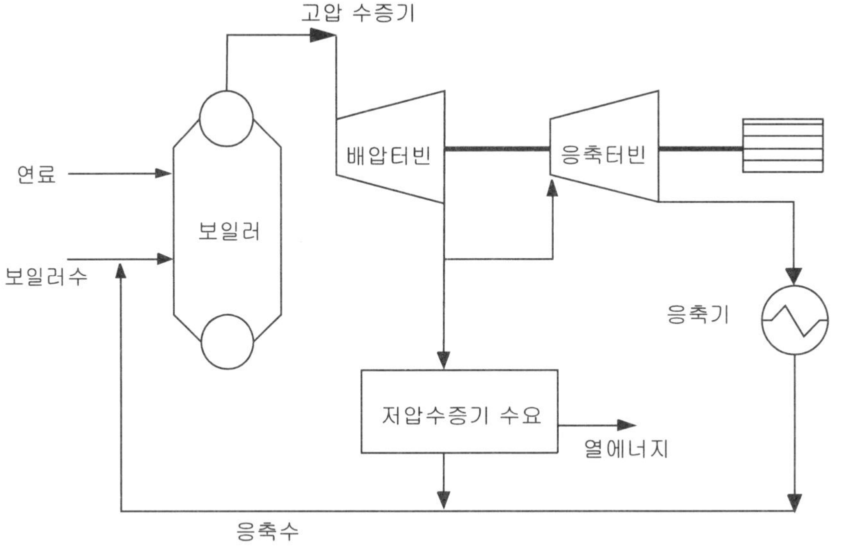

그림 3-5. 추출응축 터빈공정

대기압 이하의 압력으로 운전되는 응축기로 수증기를 배출하는 수증기 터빈 시스템에서는 수증기 양의 조절이 잘 이루어진다. 그러나 경제성은 전력비용, 연료비용, 보일러 효율, 그리고 터빈 효율에 따라 크게 좌우된다. 이들 가운데 터빈의 효율이 가장 영향이 큰 요소이다.

배압 터빈으로부터의 배출 수증기가 특정 목적으로 이용되는 경우 응축 수증기 터빈 시스템의 운전은 경제성에 있어서 배압 터빈에 미치지 못한다. 응축 증기 터빈으로부터 배출되는 수증기에 잔존하는 열 에너지는 특정 목적에 이용되지 못하고 외부로 방출되어 버리며 열 오염을 야기하기도 한다. 응축 터빈으로부터의 축 동력 비용은 터빈으로부터 추출된 수증기 에너지와 응축기로 배출된 수증기 에너지를 합한 비용이 된다.

3-6 모터/터빈 공정의 운전

앞의 3-4절에서 살펴보았던 모터/터빈 공정에서 터빈을 통하여 이루어지는 저압 수증기의 수요변동에 따른 조절과정을 자세히 분석하여 보기로 한다. 앞에서 우리는 수증기 터빈을 이용하는 운전의 경우 감압밸브를 사용하는 경우보다 연료 및 전력에서 상당한 절감을 이룰 수 있음을 알았다. 그러나 실제 공정에서는 소요 수증기의 양이 수시로 변동하며 전력의 수급 또한 변동하기 때문에 단순히 감압설비를 제외한 수증기 터빈만으로 소요 수증기 에너지를 적절하게 공급하는 것은 거의 불가능하다. 수증기 터빈과 감압설비를 적절히 운전함으로써 소요 수증기 에너지를 필요에 따라 충당할 수 있다.

수증기는 우리가 알고 있는 바와 같이 온도와 압력에 따라 초고압, 고압, 중압 그리고 저압 수증기로 나뉜다. 이러한 네 가지 등급의 수증기는 감압 설비와 터빈 발전기, 그리고 유틸리티 펌프를 구동하는 터빈으로 연결된 수증기 헤더(header)를 통해 각각의 공정으로 공급된다. 그러나 일반적으로 이러한 네 가지 등급의 수증기를 동시에 모두 생산하지는 않고 많은 양의 초고압 수증기와 약간의 고압 수증기만 생산하며 낮은 등급의 수증기는 감압 설비, 터빈 발전기 및 유틸리티 터빈을 통해 만들어진다. 그러므로 공장에서 저압 수증기 요구량의 변동을 충족시키기 위해 공정장치를 조절하는 경우 다른 등급의 수증기 헤더에 영향을 주게 된다. 따라서 수증기 터빈을 통한 수증기의 분배운전은 항상 저압 수증기 헤더에서 시작하여 중압, 고압, 초고압 순서로 수행되어야 하며 보일러에서의 자기 수증기 소모량, 발전량과 모터와의 관계 및 터빈 발전기의 성능을 세밀하게 고려해야 주어야 한다.

가. 자기소모 수증기

보일러에서 수증기를 생산하기 위해서는 공기나 연료를 일정온도 수준까지 가열해 주어야 하며 보일러 급수는 탈기시킨 후 주입하여야 하는데 이때 사용되는 수증기는 보일러 공정에서의 자기 소모 수증기이며 그 양은 자기 수증기 소모량이라 칭한다.

그림 3-6에 보인 것과 같은 수증기 터빈에서의 간단한 수증기 분배 공정을 생각해 보기로 하자. 이 공정은 두 가지 등급의 수증기 헤더, 즉 고압과 중압 수증기 헤더를 가지고 있으며 보일러에서는 고압 수증기만을 생산한다고 간주한다. 전력의 생산은 고압 수증기를 사용하는 1단 추기 복수 터빈에서 이루어지며 하나의 감압 설비를 가지고 있다. 수증기 수요처에서는 중압 수증기만을 소모하며 자기 수증기 소모량은 수증기 생산량의 $\frac{1}{4}$이라고 가정하자.

지금 보일러에서 생산하는 수증기가 120 t/h이고 터빈 발전기는 80 t/h의 수증기를 소모하여 60 t/h의 중압 수증기와 20 t/h의 응축수를 추기시키고 감압 설비는 40 t/h의 수증기를 방출한다고 가정한다. 이 경우 자기 수증기 소모량은 앞에서의 가정에 의해 30 t/h이다. 각각의 헤더에 대한 물질수지를 세워 보면 수요와 공급이 일치함을 알 수 있다.

이제 중압 수증기의 요구량이 10 t/h 증가하였다고 가정하고 감압 설비에 의한 수증기 분배를 생각해 보자. 저압 수증기 헤더의 물질 수지에 의해 감압 설비의 유출량은 50 t/h로 증가시켜야 하는데 감압 설비의 유출량 증가는 고압 수증기 헤더에 영향을 미치므로 고압 수증기 헤더 압력을 일정하게 유지하기 위해서는 보일러의 수증기 생산량을 130 t/h으로 증가시켜야 한다. 그러나 자기 수증기 소모량은 앞의 가정에 의해 32.5 t/h으로 증가시켜야 하므로 중압 수증기 헤더의 압력은 다시 감소하게 되어 중압 수증기 헤더부터 다시 시작하여 보일러의 부하가 수렴할 때까지 위의 계산을 반복해야만 한다. 이러한 계산을 반복하면 보일러 부하는 133.3 t/h으로서 10 t/h 이상 증가했음을 알 수 있고 감압 설비의 유출량은 53.3 t/h, 그리고 자기 수증기 소모량은 33.3 t/h로 증가했음을 알 수 있다. 이러한 반복 계산으로 인하여 현장에서 조업자가 자기 소모 수증기에 의한 보일러의 부하를 예측하는 것이 매우 어렵다.

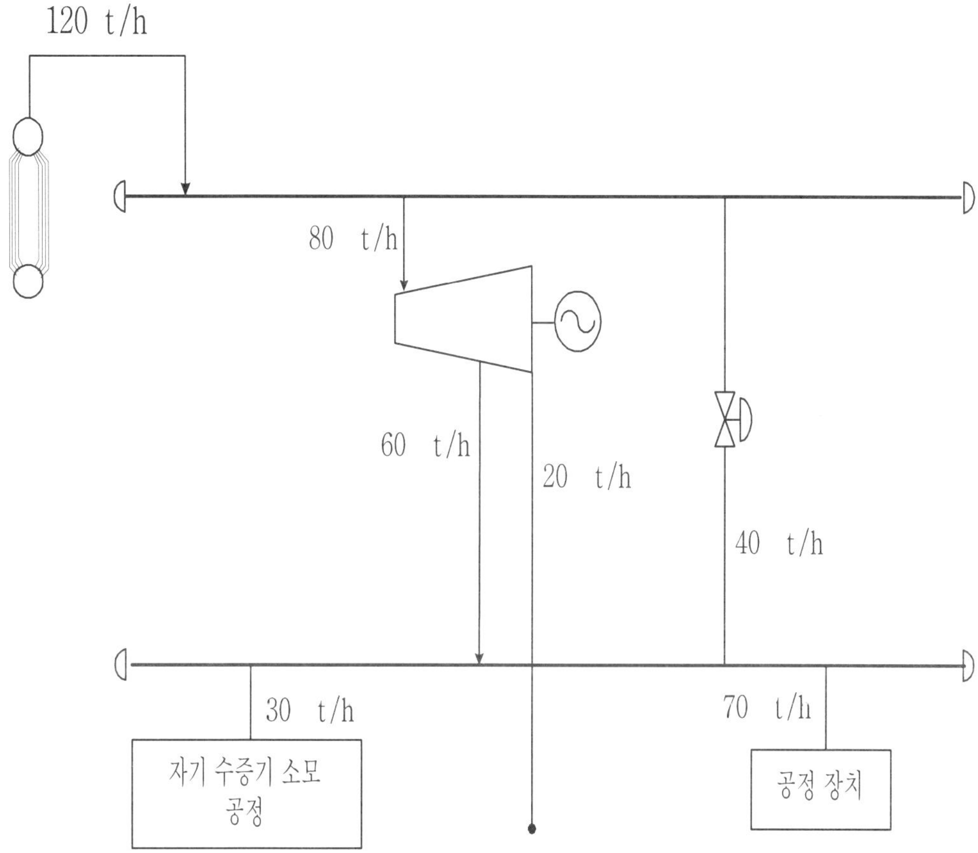

그림 3-6. 간단한 자기 수증기 소모 공정

나. 유틸리티 펌프의 구동원 변경에 의한 수증기 분배

그림 3-7과 같은 간단한 수증기 분배 공정을 생각해 보자. 이 공정은 두 가지 등급의 수증기 헤더, 고압 수증기와 중압 수증기 헤더를 가지고 있으며 보일러에서는 고압 수증기만을 생산한다. 수증의 수요처는 중압 수증기만을 소비하며 이들 헤더는 두 대의 유틸리티 펌프와 감압 설비로 연결되어 있다. 이 공정에는 모두 세대

의 유틸리티 펌프가 있는데 이들 가운데 두 펌프의 구동원은 터빈이고 나머지 하나의 구동원은 모터이다.

지금 보일러에서 110 t/h의 수증기를 생산하고 있으며 30 t/h은 감압 설비를 통해 중압 수증기 헤더로 유출되고 나머지 80 t/h는 두 대의 터빈에서 사용하고 있으며 모터는 정지되어 있다고 가정한다. 수증기의 수요처는 110 t/h의 수증기를 소비하고 있을 때 다음 두 가지 경우에 대하여 터빈 및 감압 설비를 통한 수증기 분배를 생각해 보자.

경우 Ⅰ) 수증기 요구량 변동

수증기 수요처에서 수증기의 요구량이 30 t/h 감소하였을 때 수증기 분배를 고려해 보기로 한다. 감압 설비의 최소 유출량이 10 t/h이고 최대량이 70 t/h이라고 가정하면 감압 설비의 유출량을 최소량까지 감소시켜도 30 t/h을 감소시키지 못한다. 지금 운전되는 터빈이 두 대이므로 한 대를 정지시키고 정지되어 있는 모터를 가동시켜 보자. 이때 모터의 가동으로 인해 전력의 소모가 증가하게 된다. 중압 수증기 헤더의 물질 수지를 세워 보면 수증기의 공급 감소로 중압 수증기 헤더의 압력이 떨어짐을 알 수 있다. 감압 설비 유출량의 최대량이 70 t/h이므로 유출량을 40 t/h로 증가시키면 중압 수증기 헤더의 압력을 일정하게 유지할 수 있다. 고압 수증기 헤더는 수요량이 감소하여 압력이 증가하므로 보일러에서 생산되는 수증기를 80 t/h로 감소시키면 고압 수증기 헤더의 압력을 일정하게 유지할 수 있다.

경우 Ⅱ) 유틸리티 터빈의 고장

수증기 요구량은 일정하지만 유틸리티 터빈의 고장으로 터빈에 의해 더 이상 중압 수증기 헤더로 수증기를 공급하지 못할 때에는 정지되어 있는 모터를 가동하여 펌프를 운전해야만 한다. 지금 운전되는 터빈을 정지시키고 정지된 모터를 가동시키면 중압 수증기 헤더의 압력은 감소하고 전력 소모는 증가한다. 감압 설비의 최대 유출량이 70 t/h이므로 터빈 고장으로 인한 수증기 공급 감소는 감압 설비의 유출량을 증가시켜서 보충할 수 있다.

다. 터빈 발전기와 모터와의 관계

그림 3-8에 보인 바와 같은 간단한 수증기 분배 공정을 생각해 보기로 하자. 이 공정에는 고압, 중압, 그리고 저압 수증기 헤더가 있으며 보일러는 고압 수증기만을 생산한다. 발전은 1단 추기 복수(응축) 터빈을 이용하며 두 대의 감압 설비를 가지고 있다. 중압 수증기 헤더에서 저압 수증기 헤더로 추기되는 두 대의 터빈이 있으며 한 대의 모터가 있다. 터빈 발전기에서 추기되는 수증기와 물의 온도 및 압력은 수증기의 추기량과 발전량에 관계없이 일정하고 터빈 발전기의 효율은 100%로 가정한다. 응축수의 진공도는 0.88 atm이다.

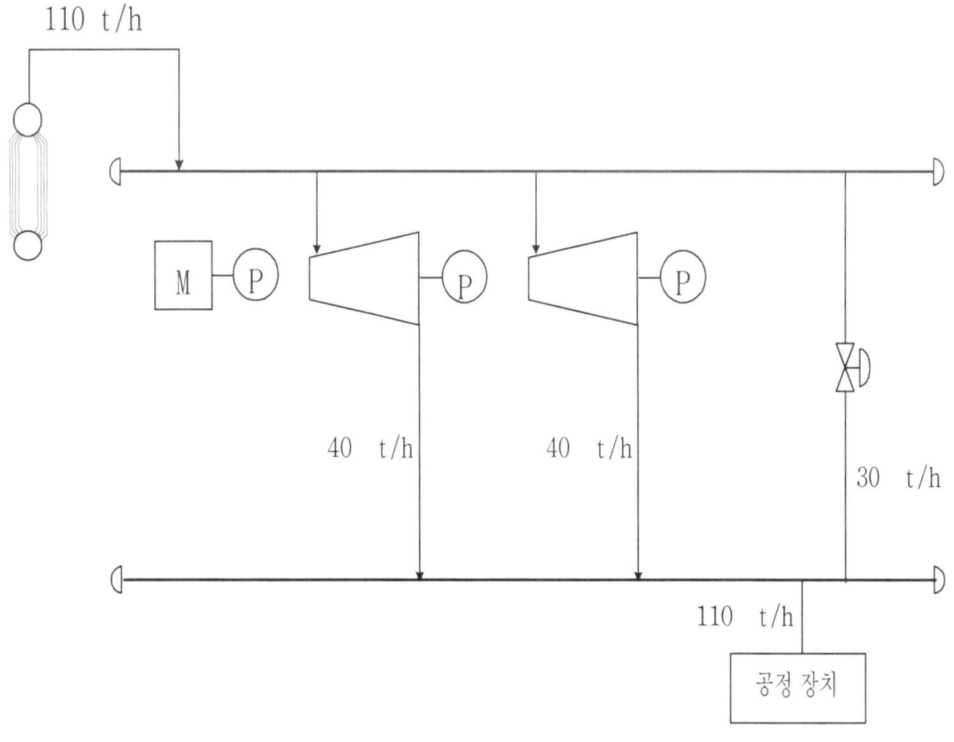

그림 3-7. 유틸리티 펌프의 구동원 변경에 의한 수증기 분배의 예

지금 보일러에서는 90 t/h의 수증기를 생산하여 이중 80 t/h는 터빈 발전기에서 소비되며 10 t/h는 감압 설비를 통해 중압 수증기 헤더로 유입된다고 간주한. 터빈 발전기는 80 t/h의 고압 수증기를 사용하고 50 t/h의 중압 수증기와 30 t/h의 응축수를 추기시킨다. 터빈 발전기의 발전량은 에너지 수지에 의해 다음과 같이 구할 수 있다.

$$
\begin{aligned}
E &= \sum_i \eta_i \left(\Delta \dot{m}_i \cdot \Delta h_i \right) \\
&= 80 * (h_{HS} - h_{MS}) + 30 * (h_{MS} - h_{SC}) \\
&= 25\,\mathrm{MW}
\end{aligned}
$$

터빈 발전기와 고압 수증기 헤더로부터 공급된 중압 수증기 가운데 40 t/h은 두 대의 유틸리티 터빈에서 소모되며 나머지 20 t/h의 중압 수증기는 감압 설비를 통해 저압 수증기 헤더로 유출된다. 모터는 정지되어 있으며 이 모터는 2MW의 전력을 소모한다고 가정하자. 공급된 저압 수증기는 공정 장치에서 60 t/h가 소모된다. 저압 수증기 요구량이 40 t/h 감소하였을 때 수증기 분배를 실행하여 보자.

모든 감압 설비의 최소 유출량이 0 t/h이라고 가정하면 저압 수증기의 소모량이 40 t/h 감소하였으므로 저압 수증기 헤더의 압력을 일정하게 유지하기 위해 감압 설비의 유출량을 0 t/h 으로 감소시키고 펌프의 구동원을 모터로 교환한다. 중압 수증기 헤더의 압력 조건을 충족시키려면 감압 설비의 유출량을 0 t/h 으로 감소시키고 터빈 발전기의 중압 수증기 추기량을 20 t/h 으로 감소시켜야 한다. 또한 운전되는 모터를 하나 증가시켰으므로 발전량이 증가하도록 터빈 발전기의 운전을 변경시켜야만 한다.

모터 한 대가 소모하는 전력량이 2MW이므로 발전량은 27MW가 되고 중압 수증기 추기량이 20 t/h이 되도록 응축수의 추기량을 결정한다. 에너지 수지로부터 응축수의 추기량을 결정할 수 있다.

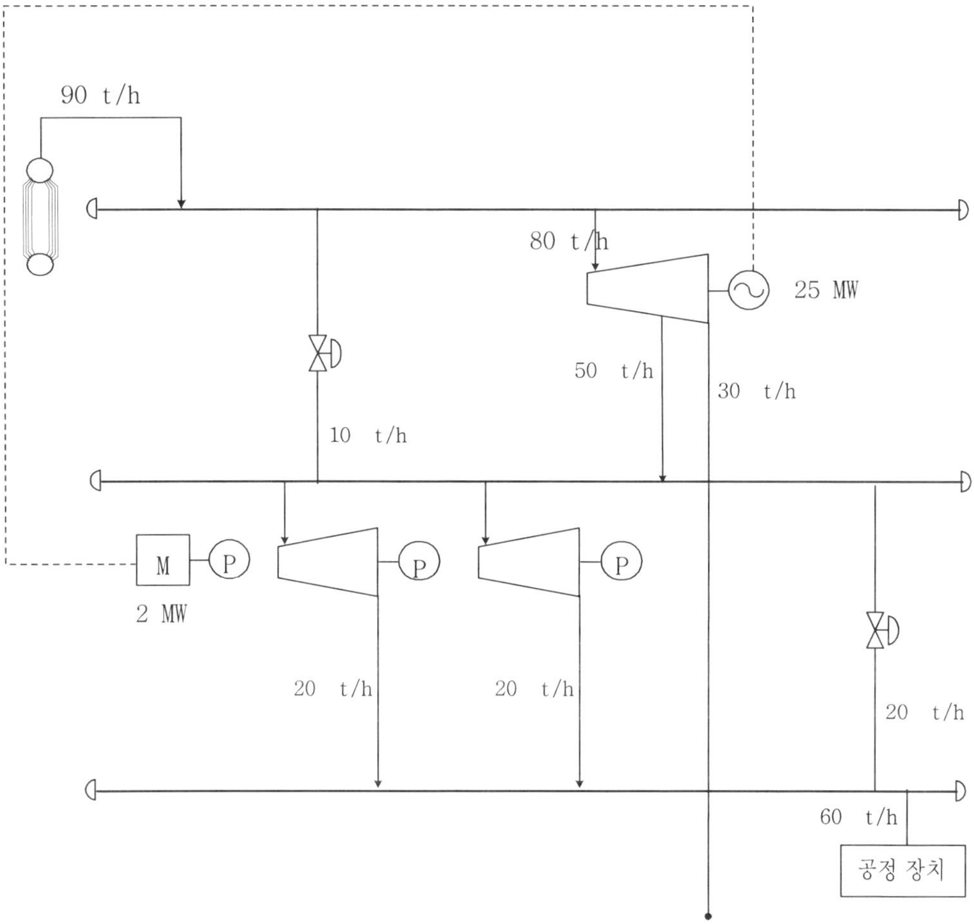

그림 3-8. 터빈 발전기와 모터와의 관계의 예

$$\dot{m}_{SC} = \frac{27.0 - 20.0 * (h_{HS} - h_{MS})}{h_{MS} - h_{SC}}$$
$$= 36.0\ \mathrm{t/h}$$

터빈 발전기의 물질 수지에 의해 고압 수증기의 소모량은 86.0 t/h이 되고 보일러의 부하는 86.0 t/h으로 4.0 t/h이 감소하였음을 알 수 있다.

4

보일러 공정의 최적 운용

4-1 보일러공정 운전의 특징

보일러 공정에 관련되는 흐름은 크게 보일러에서 생산되는 수증기 흐름과 연료의 연소에 필요한 공기의 흐름, 그리고 연료의 흐름의 세 가지로 구분할 수 있다. 보일러에 공급되는 보일러 급수는 불순물이 없는 정수된 물로서 pH를 맞추기 위해 이온교환수지가 충진 된 폴리셔(polisher)를 거치게 된다. 보일러 급수의 pH가 중성이 아니면 보일러 내부에 염이 쌓이거나 보일러가 부식될 가능성이 있기 때문이다. 연료의 흐름과 공기의 흐름은 보일러의 연소로 내에서 서로 혼합되는데 연소로 인한 배기가스의 유량은 연료의 유량과 공기의 유량의 합으로 간주할 수 있다. 보일러의 운전에 있어서는 연료로서 무엇을 사용하느냐에 따라 보일러 공정의 운전 조건이 달라지게 되므로 석탄 보일러와 오일 보일러로 나누어 살펴보기로 한다.

가. 석탄 보일러

석탄 보일러에서는 연료로서 주로 역청탄과 코크스를 사용하기 때문에 오일을 사용하는 경우보다 연료비용이 매우 저렴하다. 그러나 석탄 보일러에서는 추가적인 부속 공정 장치들이 많이 소요된다. 예를 들면 석탄을 운반하는 운반장치, 석탄을 미분탄으로 만들어 연소시키는 미분탄 연소기, 유동층 반응기로 공기를 공급하기 위한 송풍기, 그리고 재처리 장치등 복잡한 장치들이 운전에 필요하다. 또한 정기적으로 보일러 내부를 청소해야 하며 보일러 내부 부품의 교체가 잦아 감가삼각비가 오일보일러보다 높다. 이러한 단점으로 인하여 석탄 보일러는 오일보일러와 함께 운전하는 것이 보통이다.

그림 4-1은 대표적인 석탄 보일러를 보인 것이다. 보일러의 증기 흐름은 다른 흐름과 혼합되지 않기 때문에 독립적인 것으로 생각할 수 있다. 즉 순수 보일러 급수로부터 초고압 수증기가 생성될 때까지 다른 물질의 유입이 없이 순수한 물과 증기만으로 흐름이 이루어진다. 보일러 급수는 처음의 순수 급수탱크에서 탈기기로 유입되기 전에 열교환기를 통과하는데 이는 폐열을 재활용하기 위한 것이다.

탈기기에서는 급수중에 용존되어 있는 산소 등의 용존가스가 제거되며, 급수와 저압증기의 직접 접촉에 의하여 급수가 가열된다. 또한 탈기기는 보일러 급수펌프 흡입구 쪽의 적절히 높은 위치에 설치되어 펌프의 공동화 현상을 방지하기 위한 충분한 흡입압력을 유지해 줄 뿐만 아니라 급수의 저장탱크 기능을 수행함으로써 급수량의 급격한 변동에 대응할 수 있도록 하고 있다. 용존가스의 제거를 위하여 보일러 급수를 되도록 높은 온도까지 가열시켜서 증기 압력에 대응하는 포화온도까지 이르게 하며 액체중의 용존도는 액체 온도 상승에 비례하여 감소하는 원리를 이용하여 용존가스를 물리적으로 탈기시킨다. 탈기기는 탈기 가열기와 저장탱크로 이루어져 있는데 보일러 급수는 탈기 가열기의 상부에 설치되어 있는 다수의 분무구를 통하여 분산된다. 분무된 보일러 급수는 저압 수증기와 혼합되어 가열되면서 급수 중에 존재하는 대부분의 용존가스가 분리되며 분리된 용존가스는 가스 방출구를 통하여 대기중으로 방출된다. 가열된 급수에는 약간의 용존가스를 포함되어 있는데 보일러 급수가 탈기부분의 단을 거쳐 막을 형성하면서 흘러내려 저압증기와 혼합되면서 잔존 용존 가스가 분리된다.

탈기부분을 통과한 보일러 급수는 저장탱크로 이송되어 용존 가스가 충분히 제거된 상태로 탈기기 압력에 상승하는 포화온도까지 가열된다. 보통 가열되는 온도는 평균 122℃ 정도이다. 배출되는 보일러 급수중의 산소 함량은 대개 0.007 ppm 정도이다. **그림 4-2**는 대략적인 탈기기의 구조를 나타낸 것이다. 탈기기로 유입되는 저압 수증기는 분무된 급수로 인하여 모두 응축된다고 간주할 수 있다. 아울러 플래쉬 탱크의 수증기 역시 탈기기로 공급된다.

플래쉬 탱크는 보일러 급수의 유량이 갑자기 변하여도 보일러 드럼의 용량을 초과하지 못하도록 하거나 압력을 일정하게 유지하기 위하여 일정량을 배수하여 저장하는 기능을 수행한다. 이는 전체 보일러 급수량에 비하여 매우 적은 양이므로 보일러 전체에는 큰 영향을 미치지 못한다. 플래쉬 탱크의 운전온도는 대략 133℃ 정도이고 압력은 약 2 kg/cm^2g 정도이며 최대 유량은 대략 5 ton/hr 정도이다.

나. 정상상태 석탄 보일러 운전

정상상태에서 석탄 보일러의 탈기기와 플래쉬 탱크는 다음 관계로 나타낼 수 있다.

$$x_1 + x_5 + x_7 - x_9 = 0,\ H_2x_1 + H_5x_5 + H_7x_7 - H_9x_9 = 0$$

$$x_3 - x_4 - x_5 = 0,\ H_3x_3 - H_4x_4 - H_5x_5 = 0$$

위 관계에서 x_i는 흐름 i에서의 유량을 의미하며 H_i는 흐름 i에서의 엔탈피를 나타낸다. 각 흐름 위치에서의 대표적인 조업 범위와 엔탈피는 **표 4-1**에 제시되어 있다. 탈기기에서 유출되는 보일러 급수는 급수 펌프에 의해 절탄기로 보내어진다. 급수 펌프에 의한 압력의 변화량이 급수 엔탈피에 미치는 영향은 크지 않으므로 고려하지 않기로 한다. 절탄기에서는 보일러의 연소 가스가 증기를 과열시키는 3차 과열기를 지난 후 급수를 예열하여 준다. 보일러의 일부이기도 한 절탄기에서 보일러 급수는 온도가 250 ℃, 압력이 130 kg/cm^2g 인 상태로 보일러 드럼으로 유입된다. 보일러 드럼의 압력은 121 kg/cm²g 이며 보일러 급수는 가열로 내벽의 관을 통과하면서 수증기가 된다. 수증기는 다시 관을 따라 보일러 드럼으로 되돌아오는데 드럼중의 증기는 1, 2차 과열기를 거쳐 3차 과열기를 지나면서 초고압 증기가 된다. 보일러 내부의 절탄기, 보일러 드럼, 그리고 1, 2 및 3차 과열기를 크게 하나의 보일러로 간주한다.

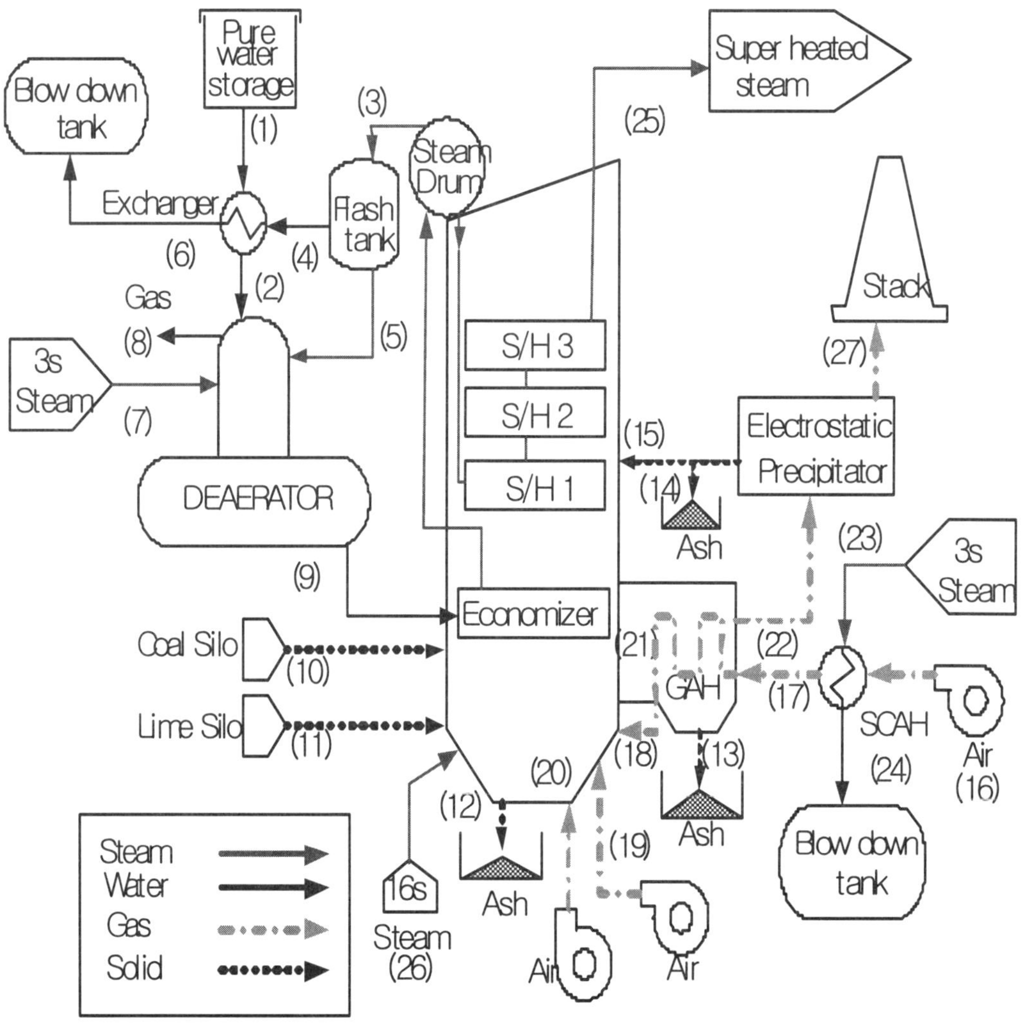

그림 4-1. 석탄 보일러의 개략도

표 4-1. 석탄 보일러 주요 변수의 대표적인 조업범위

공정변수	특 징	대표적인 조업범위
x_1 : 순수 물탱크 급수 유량	비측정, 결정됨, 단독변수	$0 \le x_1 \le 250$
x_2 : 탈기기 입구 급수 유량	측정, 결정됨, 중복변수	$0 \le x_2 \le 250$
x_3 : flash 탱크 입구 유량	비측정, 결정 안됨, 단독변수	$0 \le x_3 \le 5$
x_4 : flash 탱크에서 응축된 물	비측정, 결정 안됨, 단독변수	$0 \le x_4 \le 5$
x_5 : flash 탱크의 증기	비측정, 결정 안됨, 단독변수	$0 \le x_5 \le 5$
x_6 : flash 탱크 열교환기 출구	비측정, 결정 안됨, 중복변수	$0 \le x_6 \le 5$
x_7 : 탈기기 유입 3k 증기 유량	비측정, 결정됨, 단독변수	$0 \le x_7 \le 50$
x_8 : 탈기기 용존 가스 배출량	비측정, 결정 안됨, 단독변수	$0 \le x_8 \le 0.1$
x_9 : 보일러 급수 유량	측정, 결정됨, 단독변수	$0 \le x_9 \le 250$
x_{10} : 석탄 연료 유량	측정, 결정됨, 단독변수	$0 \le x_{10} \le 50$
x_{11} : 석회석 유량	비측정, 결정 안됨, 단독변수	$0 \le x_{11} \le 5$
x_{12} : 보일러에서의 Ash	비측정, 결정 안됨, 단독변수	$0 \le x_{12} \le 5$
x_{13} : GAH에서의 Ash	비측정, 결정 안됨, 단독변수	$0 \le x_{13} \le 1$
x_{14} : E.P.에서의 Ash	비측정, 결정 안됨, 단독변수	$0 \le x_{14} \le 5$
x_{15} : 보일러로 순환 Ash	비측정, 결정 안됨, 단독변수	$0 \le x_{15} \le 5$
x_{16} : 주 연소 공기 유량	측정, 결정됨, 단독변수	$0 \le x_{16} \le 200$
x_{17} : SAH 출구 공기 유량	비측정, 결정됨, 중복변수	$0 \le x_{17} \le 200$
x_{18} : GAH 출구 공기 유량	비측정, 결정됨, 중복변수	$0 \le x_{18} \le 200$
x_{19} : 보조 공기 유량	비측정, 결정됨, 중복변수	$0 \le x_{18} \le 200$
x_{20} : 보조 공기 유량	비측정, 결정 안됨, 단독변수	$0 \le x_{20} \le 5$
x_{21} : GAH 입구 가스 배기량	비측정, 결정됨, 중복변수	$0 \le x_{21} \le 340$
x_{22} : E.P. 입구 가스 배기량	비측정, 결정됨, 중복변수	$0 \le x_{22} \le 340$
x_{23} : SAH 입구 증기 유량	비측정, 결정됨, 단독변수	$0 \le x_{23} \le 10$

x_{24} : SAH 출구 증기 유량	비측정, 결정됨, 중복변수	$0 \le x_{24} \le 10$
x_{25} : 보일러 출구 증기 유량	측정, 결정됨, 단독 변수	$0 \le x_{25} \le 200$
x_{26} : 보일러 내수용 16s 유량	비측정, 결정 안됨, 단독변수	$0 < x_{26} < 20$
x_{27} : Stack 연소 가스 배기량	비측정, 결정됨, 중복변수	$0 \le x_{27} \le 340$

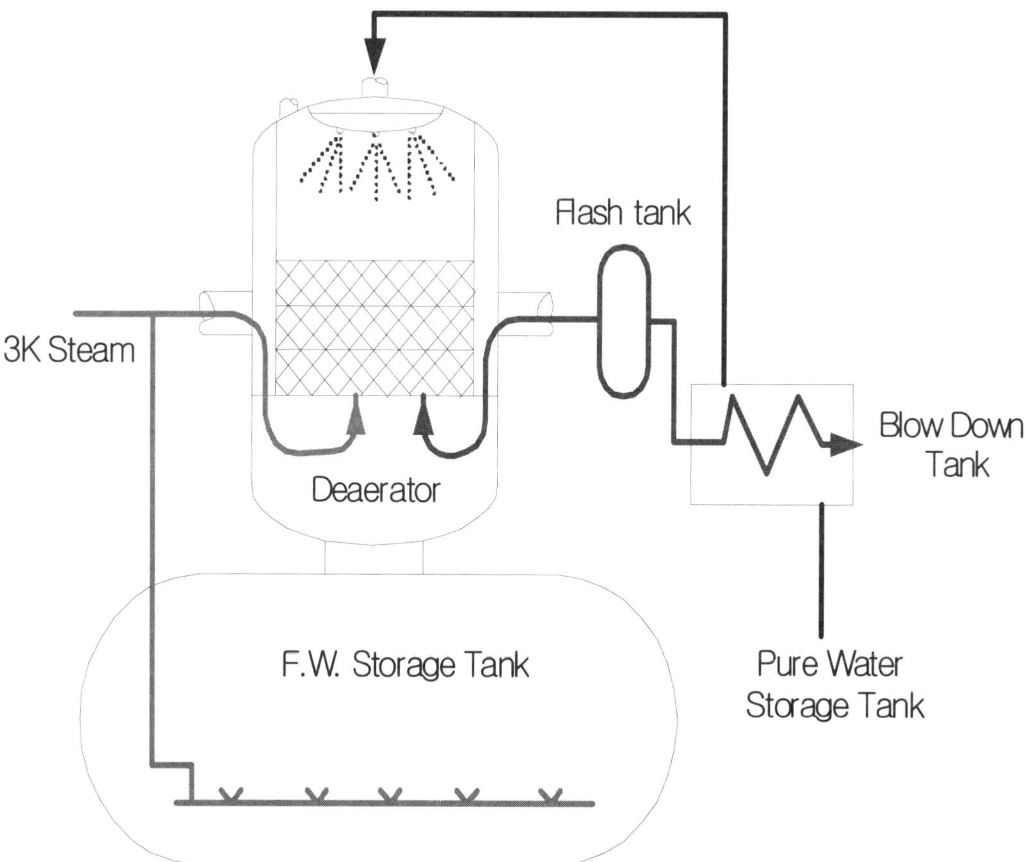

그림 4-2. 석탄 보일러 탈기기의 개략도

보일러 급수는 다음 관계로 나타낼 수 있다.

$$x_3 - x_9 + x_{25} = 0,$$
$$H_9 x_9 + \eta_c H_C x_{10} - H_{25} x_{25} + H_{18} x_{16} - H_{16} x_{16} = 0$$

위 관계에서 η_c 는 석탄 보일러의 효율이다. 연료의 흐름은 석탄과 석회석의 흐름으로 구성된다. 석회석은 유동층 반응기에서 유동하는 매개체의 역할과 대기오염 물질과 결합하는 역할을 한다. 또한 석회석은 보일러 내부에서의 열전달 매개역할을 담당하므로 전체적인 물질수지나 에너지 수지에 큰 영향을 미치지 않는다.

공기의 흐름은 매우 복잡한 형태를 갖는다. 그 이유는 석탄 보일러가 유동층 반응기이며 석탄의 이동 및 석회석의 이동, 연소에 필요한 주공기와 보조공기 및 사일로에 주입되는 공기 등 매우 많은 공기가 다른 경로로 보일러에 유입되기 때문이다. 이들을 모두 별도로 고려하기는 어렵기 때문에 주 연소공기만 예열이 되어 보일러에 유입된다고 가정한다. 저압 수승기에 의한 증기식 석탄 공기가열기에 대한 관계는 다음과 같이 쓸 수 있다.

$$(H_{17} - H_{16}) x_{16} - (H_{23} - H_{24}) x_{23} = 0$$

증기식 석탄 공기가열기에서 예열된 공기는 다시 보일러의 연소가스가 마지막으로 열교환을 하는 가스식 공기 가열기에서 예열된다.

$$x_{13} - x_{21} + x_{22} = 0$$
$$H_{13} x_{13} + (H_{18} - H_{17}) x_{16} - H_{21} x_{21} + H_{22} x_{22} = 0$$

이렇게 예열된 공기와 석탄은 연소하여 석회석 입자와 함께 보일러에서 급수를 수증기로 만든다. 연소에서 생성되는 연소가스는 과열기를 통과하면서 수증기를 초고압 증기로 만들고 외부로 배출된다. 배기가스에 포함된 연소재와 고체 입자들의 일부는 다시 보일러의 유동층으로 회수되고 나머지는 처리 탱크로 보내어 진다. 배기가스는 집진기를 통해서 정화된 후 대기중에 배출된다. 이와 같은 흐름은 다음과 같이 나타낼 수 있다.

$$H_3x_3 + H_{12}x_{12} + H_{13}x_{13} + H_{14}x_{14} + H_{22}x_{22} + H_{25}x_{25}$$
$$- H_9x_9 - H_cx_{10} - H_{11}x_{11} - H_{20}x_{20} - H_{19}x_{19} - H_{17}x_{17} = 0$$

다. 오일 보일러

오일 보일러는 근본적으로 석탄 보일러와 크게 다르지 않다. **그림 4-3**은 대표적인 오일 보일러를 개략적으로 나타낸 것이다. 오일 보일러가 석탄 보일러와 다른 점은 연료로 쓰는 벙커-C유를 가열하는 중유 가열기가 있고 절탄기 대신 중압 증기를 사용한 고압 급수 가열기가 있다는 점이다. 오일 보일러의 경우 규모가 상대적으로 작아서 보일러 내부에 예열기를 설치하기가 어렵다.

라. 정상상태 오일 보일러 운전

오일 보일러의 탈기기로는 저압 증기와 고압 급수 가열기에서 응축된 물, 그리고 보일러 드럼에서 추기된 물이 함께 유입된다. 관련식은 다음과 같이 쓸 수 있다.

$$x_{30} + x_{28} + x_{31} + x_{32} - x_{33} - x_{29} = 0$$

$$H_{30}x_{30} + H_{28}x_{28} + H_{31}x_{31} + H_{32}x_{32} - H_{33}x_{33} - H_{29}x_{29} = 0$$

고압 급수 가열기에서는 중압 수증기를 사용하여 고압의 급수를 예열한다. 고압 급수 가열기는 다음 식으로 나타낼 수 있다.

$$(H_{35}-H_{32})x_{32}-(H_{34}-H_{33})x_{33}=0$$

오일 보일러는 주로 벙커-C유를 연료로 사용하는데 벙커-C유는 점도가 매우 높다. 따라서 중유 가열기를 이용하여 오일의 온도를 높여 줌으로써 유동성을 높이고 연소효율도 높일 수 있다. 처음에 오일 보일러의 운전을 시작할 때에는 연료오일을 직접 사용할 수 없으며 LNG를 이용하여 운전을 시작한다. 오일을 연소하기 위하여 중압 수증기를 이용하여 오일을 분사시켜 연소를 유발시킨다. 이 때 유입되는 중압 수증기는 보일러의 과열기 및 공기 가열기에 영향을 미치지만 그 양이 작으므로 크게 고려하지 않기로 한다. 중유 가열기의 운전은 다음 식으로 나타낼 수 있다.

$$\left(H_{36}-H_{37}\right)x_{36}-\left(H_{46}-H_{47}\right)x_{47}=0$$

증기식 공기 가열기와 가스식 공기 가열기는 다음과 같이 나타낼 수 있다.

$$\left(H_{42}-H_{41}\right)x_{41}-\left(H_{39}-H_{40}\right)x_{38}=0$$
$$\left(H_{38}-H_{39}\right)x_{38}-\left(H_{44}-H_{43}\right)x_{43}=0$$

보일러의 총괄적인 수지식은 다음과 같이 쓸 수 있다.

$$H_{34}x_{33}+\eta_o\left(\left(H_{46}+H_C^{oil}\right)x_{46}+H_{45}x_{45}+\left(H_{41}-H_{42}\right)x_{41}\right)$$
$$-(H_{31}x_{31}+H_{48}x_{48})=0$$

각 흐름 위치에서의 오일 보일러의 대표적인 조업 범위와 엔탈피는 **표 4-2**에 제시되어 있다.

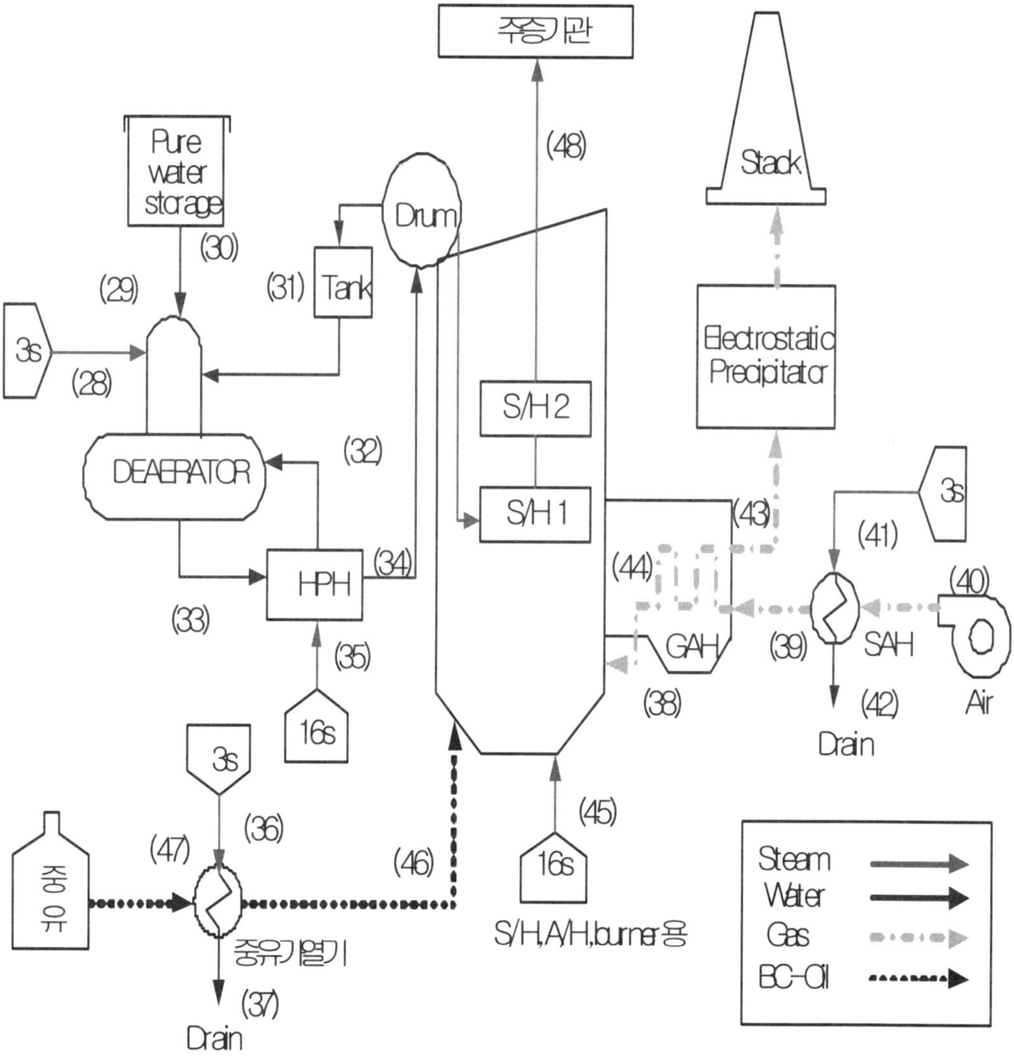

그림 4-3. 대표적인 오일 보일러의 개략도

표 4-2. 오일 보일러 주요 변수의 대표적인 조업 범위

공정변수	특 징	대표적인 조업범위
x_{28} : 탈기기 유입 3S 증기유량	비측정, 결정 안됨, 단독변수	$0 \le x_{28} \le 50$
x_{29} : 탈기기 용존 가스 배출량	비측정, 결정 안됨, 단독변수	$0 \le x_{29} \le 0.1$
x_{30} : 순수 물탱크 급수 유량 비	측정, 결정됨, 단독변수	$0 \le x_{1} \le 88.4$
x_{31} : 보일러 드럼 추기 유량 비	측정, 결정 안됨, 단독변수	$0 \le x_{31} \le 20$
x_{32} : HPH 출구 16S 유량	비측정, 결정 안됨, 중복변수	$0 \le x_{32} \le 9$
x_{33} : HPH 입구 급수 유량	비측정, 결정됨, 중복변수	$0 \le x_{33} \le 88.4$
x_{34} : HPH 출구 급수 유량	측정, 결정됨, 단독변수	$0 \le x_{34} \le 88.4$
x_{35} : HPH 입구 16S유량	비측정, 결정 안됨, 단독변수	$0 \le x_{35} \le 9$
x_{36} : 중유가열기 입구 3S 유량	비측정, 결정 안됨, 단독변수	$0 \le x_{36} \le 30$
x_{37} : 중유가열기 출구 3S 유량	비측정, 결정 안됨, 중복변수	$0 \le x_{37} \le 30$
x_{38} : GAH 출구 공기 유량	비측정, 결정됨, 중복변수	$0 \le x_{38} \le 90$
x_{39} : SAH 출구 공기 유량	비측정, 결정됨, 중복변수	$0 \le x_{39} \le 90$
x_{40} : SAH 입구 공기 유량	측정, 결정됨, 단독변수	$0 \le x_{40} \le 90$
x_{41} : SAH 입구 3S 유량	비측정, 결정 안됨, 단독변수	$0 \le x_{41} \le 2.5$
x_{42} : SAH 출구 3S 유량	비측정, 결정 안됨, 중복변수	$0 \le x_{42} \le 2.5$
x_{43} : GAH 출구 가스 유량	비측정, 결정 안됨, 중복변수	$0 \le x_{43} \le 90$
x_{44} : GAH 입구 가스 유량	비측정, 결정됨, 단독변수	$0 \le x_{44} \le 90$
x_{45} : 보일러 내수용 16S 유량	비측정, 결정 안됨, 단독변수	$0 \le x_{45} \le 10$
x_{46} : 중유가열기 출구 Oil유량	측정, 결정됨, 단독변수	$0 \le x_{46} \le 5.7$
x_{47} : 중유가열기 입구 Oil 유량	비측정, 결정됨, 중복변수	$0 \le x_{47} \le 5.7$
x_{48} : #1 오일 보일러 증기 유량	측정, 결정됨, 단독변수	$0 \le x_{48} \le 85$
x_{49} : #2 오일 보일러 증기 유량	측정, 결정됨, 단독변수	$0 \le x_{49} \le 85$

이미 우리는 앞에서 연소배기가스의 조성을 통한 분석방법을 다룬 바 있다. 유사한 방법으로 배기가스 유량의 예측이 가능하다. x를 과잉공기 비율이라고 할 때 이는 다음과 같이 정의 할 수 있다.

$$x = \frac{m_{Air} - 13.79m_{BC}}{13.79m_{BC}}$$

과잉 공기 비율이 30 %로 운전되고 있다면($x = 0.3$)

$$m_{CO_2} = 3.08m_{BC}, \quad m_{H_2O} = 1.03m_{BC}, \quad m_{O_2} = 3.19x \times m_{BC} = 0.957m_{BC}$$
$$m_{N_2} = 10.61(x+1)m_{BC} = 3.183m_{BC}, \quad m_{16S} = m_{BC}(\text{가정})$$

그러므로 배기가스의 유량은 다음 관계로부터 얻을 수 있다.

$$m_{comb} = \{3.08 + (1.03+1) + 0.08 + 3.19(0.3) + 10.61(1+0.3)\}\, m_{BC} = 19.94m_{BC}$$

위에서 오일 보일러의 배기가스 열용량은

$$C_P^{comb} = \frac{m_{CO_2}}{m_{comb}} C_P^{CO_2} + \frac{m_{H_2O}}{m_{comb}} C_P^{H_2O} + \frac{m_{O_2}}{m_{comb}} C_P^{O_2} + \frac{m_{N_2}}{m_{comb}} C_P^{N_2} + \frac{m_{SO_2}}{m_{comb}} C_P^{SO_2}$$
$$= 0.152C_P^{CO_2} + 0.103C_P^{H_2O} + 0.048C_P^{O_2} + 0.693C_P^{N_2} + 0.004C_P^{SO_2}$$

와 같이 나타낼 수 있다. 그러므로 이들 관계를 이용하면 전체 오일 보일러의 수지식은 다음과 같이 쓸 수 있다.

$$H_{34}x_{33} + \left(H_{46} + H_C^{oil} - 19.94H_{44}\right)x_{46} + H_{45}x_{45} + H_{39}x_{38} - (H_{31}x_{31} + H_{48}x_{48}) = 0$$

정상상태 운전에서 모든 엔탈피가 일정하다고 간주하면 보일러의 비선형 모델은 선형적으로 변하게 된다.

마. 보일러 부하와 효율

위의 관계들을 토대로 보일러 공정의 최적 운용방법을 다루기에 앞서 보일러의 부하와 효율에 대하여 간략히 살펴보고자 한다. 보일러 부하의 변동에 따라 배출가스의 온도가 크게 영향을 받는다. 즉 보일러 부하가 증가하면 배출가스 온도가 증가하는데 이는 보일러 내의 열전달 면적은 고정되어 있으므로 부하의 증가에 따라 연소생성물의 단위질량당 열전달이 작아지기 때문이다. 배출가스 온도의 상승은 곧 손실의 증가를 의미하므로 보일러의 부하를 낮추도록 하여야 한다. 그러나 보일러 부하가 줄어들면 적절한 연소를 유지하기 위하여 배출가스 산소함량이 증가되어야 하는데 이에 따른 과량 공기의 증가로 인하여 배출손실이 증가하게 된다. 나아가 보일러 측면손실이 증가하게 되는데 측면손실은 보일러 부하의 증가에 따라 커지지는 않지만 총 유입 연료에너지에 대한 비율로서 증가한다. 따라서 대부분의 보일러에서는 수증기 부하가 감소되더라도 뚜렷한 효율의 증가를 기대할 수 없다.

보일러가 설계치의 100% 이상의 부하에서 운전되는 경우 배출가스 온도가 비선형적으로 상승하게 된다. 이는 상당한 손실을 초래하게 되며 100% 이상의 부하에서 운전되는 보일러의 효율 감소를 초래하는 주된 요소이다.

바. 수증기/물의 엔탈피 계산

보일러 공정의 최적 운용 시스템 계산에 있어서는 각 온도 및 압력에서의 수증기 및 물의 엔탈피 값이 요구된다. 다양한 온도 및 압력에 대한 엔탈피 값을 일일이 수증기

표를 찾아 구하는 것은 번거롭고 시간이 걸리는 일이다. 따라서 여기에서는 수증기표 계산 프로그램을 구축하여 온도 및 압력이 주어지면 엔탈피 값이 계산되도록 하였다. 이 프로그램은 보일러 공정의 최적 운용 시스템에 결합되어 있지만 독자적으로도 사용될 수 있도록 하였다. 따라서 임의의 온도와 압력조건을 주기만 하면 엔탈피 값을 즉시 얻을 수 있어서 매번 수증기 표를 찾아보아야 하는 번거로움을 피할 수 있다.

독자적으로 사용되도록 한 엔탈피 계산 프로그램의 사용 예를 **그림 4-4**와 4-5에 보였다. **그림 4-4**는 온도 및 압력의 입력화면이고 **그림 4-5**는 엔탈피 계산결과를 흔히 사용되는 세 가지 단위로 보여주는 화면이다.

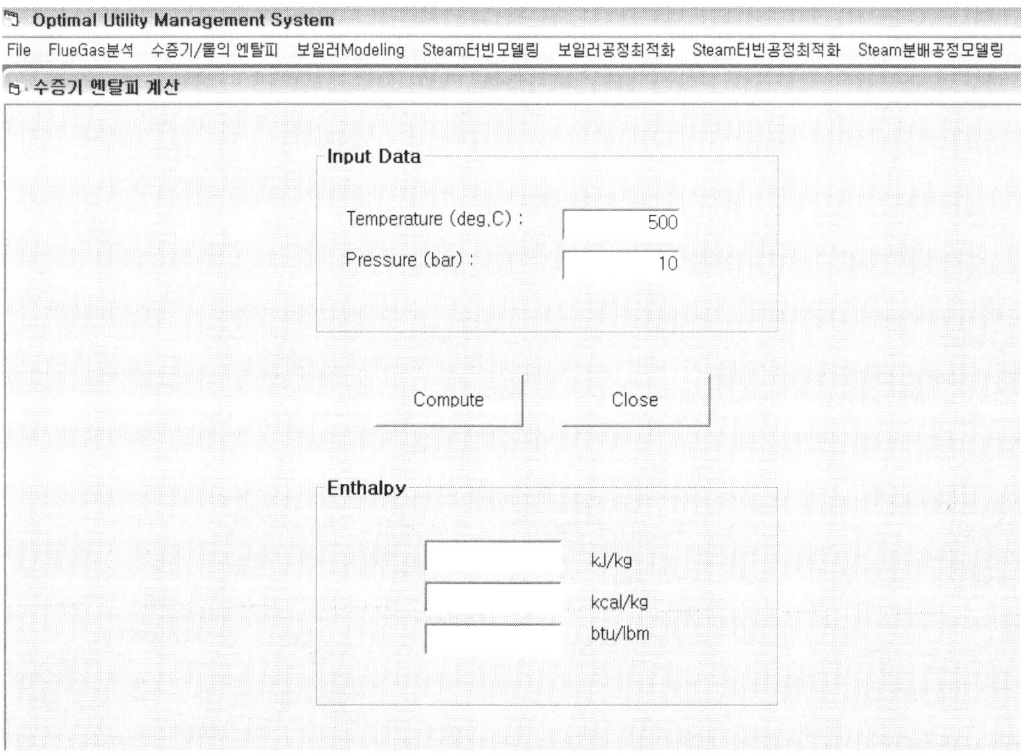

그림 4-4. 온도 및 압력의 입력화면

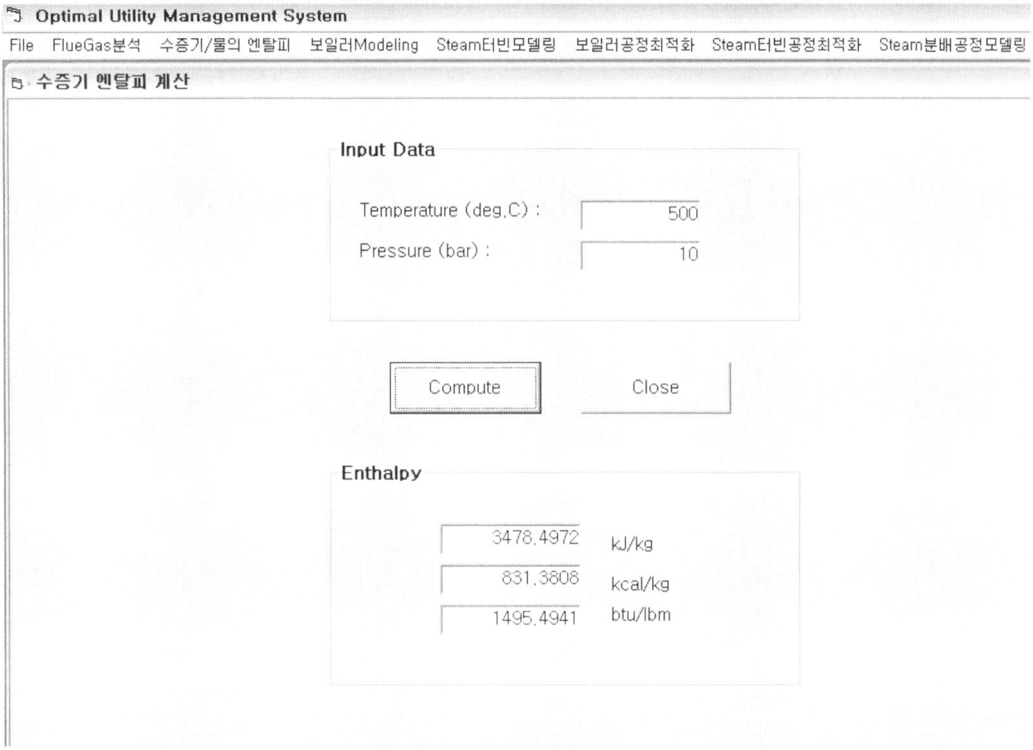

그림 4-5. 엔탈피 계산결과

4-2 최적운전조건의 규명

앞에서 우리는 일반적인 석탄 및 오일 보일러의 정상상태 수지식들을 다루었다. 보일러 공정의 최적 운용 문제는 이들 정상상태 수지식들을 토대로 하여 구성된다. 보일러 공정의 최적 운용문제는 보일러 하나만을 따로 떼어 생각할 수 없으며 수증기 시스템 전체와 연결지어 고려해야 하는 문제이다. 즉 보일러 자체는 물론이고 수증기 터빈과 수증기 헤더, 그리고 감압기 들을 동시에 고려해 주어야 한다. 여기에서는 울산의 어느 석유화학회사에서 운용중인 석탄 및 오일 보일러 공정을 대상으로 하여 시험적인 최적화 운전조건을 규명하여 보기로 한다.

가. 목적함수(objective function)의 구성

보일러 공정의 조업 최적화 문제는 기본적으로 수증기를 원하는 양만큼 생성하기 위하여 보일러 공정의 여러 운전변수들의 최적값을 결정하는 문제이다. 이 때 가장 중점적으로 고려해야 하는 변수들은 연료와 보일러 급수이다. 즉 연료와 보일러 급수를 가급적 적게 사용하면서 필요한 수증기를 생산하여 주는 조업 조건을 찾는 것이 최적화의 목적이 된다.

목적함수는 다음과 같은 형태를 갖는다.

$$\text{Miminize } f = \sum_{i=1}^{n} c_i x_i$$

여기에서 c_i는 변수의 계수로서 조업 형태에 따라 결정된다. 유틸리티 플랜트에 있어서 조업 최적화는 조업 목적, 즉 연료비용의 최소화, 수증기 생산의 최소화, 수증기 생산의 최소화 및 전력생산의 최대화, 그리고 연료비용의 최소화 및 전력생산의 최대화에 따라 목적함수의 형태가 달라진다.

(1) **연료비용의 최소화**

목적함수 f는

f = (석탄 cost)*(석탄 소요량)+(oil cost)*(oil 소요량)+(SS cost)*(SS 추기량)

으로 주어지며 여기에서 대상으로 하는 석유화학 공장의 보일러 공정의 운전 데이터를 이용하여 정리하면 다음과 같다.

$$f = 0.091\mathrm{cos}t(6)x_1 + 0.0609\mathrm{cos}t(7)x_2 + \mathrm{cos}t(1)(x_{17} + x_{21}) + 5.5071\mathrm{cos}t(6) + 0.5872\mathrm{cos}t(7)$$

(2) 수증기 생산의 최소화

목적함수 f는

f = (SS cost)*(SS 생산량) + (SS cost)*(SS 추기량)

으로 주어지며 대상으로 하는 석유화학 공장의 보일러 공정의 운전 데이터를 이용하여 정리하면 다음과 같다.

$$f = \mathrm{cos}t(1)x_1 + \mathrm{cos}t(1)x_2 + \mathrm{cos}t(1)(x_{17} + x_{21})$$

(3) 수증기 생산의 최소화 및 전력생산의 최대화

목적함수 f는

f = (SS cost)*(SS 생산량) - (전력 cost)*(전력 생산량)

으로 주어지며 대상으로 하는 석유화학 공장의 보일러 공정의 운전 데이터를 이용하여 정리하면 다음과 같다.

$$f = \mathrm{cos}t(1)x_1 + \mathrm{cos}t(1)x_2 + \mathrm{cos}t(1)(x_{17} + x_{21})$$

(4) 연료비용의 최소화 및 전력생산의 최대화

목적함수 f는

f = (석탄 cost)*(석탄 소요량) + (oil cost)*(oil 소요량) - (전력 cost)*(전력 생산량) + (SS cost)*(SS 추기량)

으로 주어지며 대상으로 하는 석유화학 공장의 보일러 공정의 운전 데이터를 이용하여 정리하면 다음과 같다.

$$
\begin{aligned}
f= \ & \mathrm{cost}(6)(0.091x_1+5.5071)+\mathrm{cost}(7)^*(0.0609x_2+0.5872) \\
& -\mathrm{cost}(8)(x_{12}+x_{16})+\mathrm{cost}(1)(x_{17}+x_{21})
\end{aligned}
$$

나. 제약조건(constraints)의 구성

최적화 문제에서 제약조건(constraints)은 앞에서 얻은 석탄 보일러와 오일 보일러의 정상상태 모델식을 이용한다. 즉 물질 수지식은 등식 제약조건(equality constraints)로, 에너지 수지식은 부등식 제약조건(inequality constraints)으로 설정할 수 있다. 에너지 수지식을 부등식 제약조건으로 적용하는 것은 모든 장치의 효율이 100%가 될 수는 없기 때문이다.

(1) 석탄 보일러의 제약조건

등식 제약조건 :

$$x_1+x_5+x_7-x_9=0$$

$$x_3-x_4-x_5=0$$

$$x_3-x_9+x_{25}=0$$

$$x_{10}+x_{11}-x_{12}-x_{13}-x_{14}-x_{27}+x_{16}+x_{19}+x_{20}=0$$

$$0.755x_{16}+0.755x_{19}+0.755x_{20}-0.6955x_{27}=0$$

$$x_{21}-x_{16}-x_{19}-x_{20}=0$$

$$x_{13}-x_{21}+x_{22}=0$$

부등식 제약조건 :

$$(H_2 - H_1)x_1 - (H_4 - H_6)x_4 \le 0$$

$$(H_{17} - H_{16})x_{16} - (H_{23} - H_{24})x_{23} \le 0$$

$$H_{13}x_{13} + (H_{18} - H_{17})x_{16} - H_{21}x_{21} + H_{22}x_{22} \le 0$$

$$H_3x_3 - H_4x_4 - H_5x_5 \le 0$$

$$H_2x_1 + H_5x_5 + H_7x_7 - H_9x_9 \le 0$$

$$H_9x_9 + \eta H_C x_{10} - H_{25}x_{25} + H_{18}x_{16} - H_{16}x_{16} \le 0$$

$$H_3x_3 + H_{12}x_{12} + H_{13}x_{13} + H_{14}x_{14} + H_{22}x_{22} + H_{25}x_{25} - H_9x_9 - H_C x_{10} - H_{11}x_{11} - H_{20}x_{20} - H_{19}x_{19} - H_{17}x_{17} \le 0$$

$$x_7 - 0.187x_1 \le 0$$

(2) 오일 보일러의 제약조건

등식 제약조건 :

$$x_{33} - x_{31} = x_{49}$$

$$x_{33} + x_{29} - x_{30} - x_{28} - x_{31} - x_{32} = 0$$

$$x_{47} + x_{46} + x_{45} + x_{38} - x_{44} = 0$$

부등식 제약조건 :

$$H_{30}x_{30} + H_{28}x_{28} + H_{31}x_{31} + H_{32}x_{32} - H_{33}x_{33} - H_{29}x_{29} \le 0$$

$$(H_{34} - H_{33})x_{33} - (H_{35} - H_{32})x_{32} \le 0$$

$$\left(H_{47} - H_{48}\right)x_{47} - \left(H_{36} - H_{37}\right)x_{36} \le 0$$

$$\left(H_{38}-H_{39}\right)x_{38}-\left(H_{44}-H_{43}\right)x_{43}\le 0$$

$$\left(H_{39}-H_{40}\right)x_{38}-\left(H_{42}-H_{41}\right)x_{41}\le 0$$

$$H_{31}x_{31}-H_{34}x_{33}-\left(H_{46}+H_{C}^{oil}-19.94H_{44}\right)x_{46}-H_{45}x_{45}-H_{39}x_{38}\le -H_{48}x_{48}$$

$$H_{31}x_{31}-H_{34}x_{33}-\eta_{O}\left(\left(H_{46}+H_{C}^{oil}\right)x_{46}+H_{45}x_{45}+\left(H_{41}-H_{42}\right)x_{41}\right)\le -H_{48}x_{48}$$

다. 보일러 공정 최적화 시스템의 운용

보일러 공정의 실제 운전에 있어서는 다양한 option이 가능하며 연료 및 수증기의 단가 및 소요량이 자주 변동하므로 최적화 시스템의 사용자는 운전 상황에 따라 적절한 운전 모드를 선택할 수 있어야 하고 변동되는 비용 데이터 및 수증기 수급자료를 직접 입력하거나 다른 데이터 파일로부터 직접 입력될 수 있도록 하여야 한다. **그림 4-6**은 운전 모드를 선택하거나 비용 및 수증기 수급 데이터를 입력시킬 수 있도록 하는 메뉴를 보인 것이다.

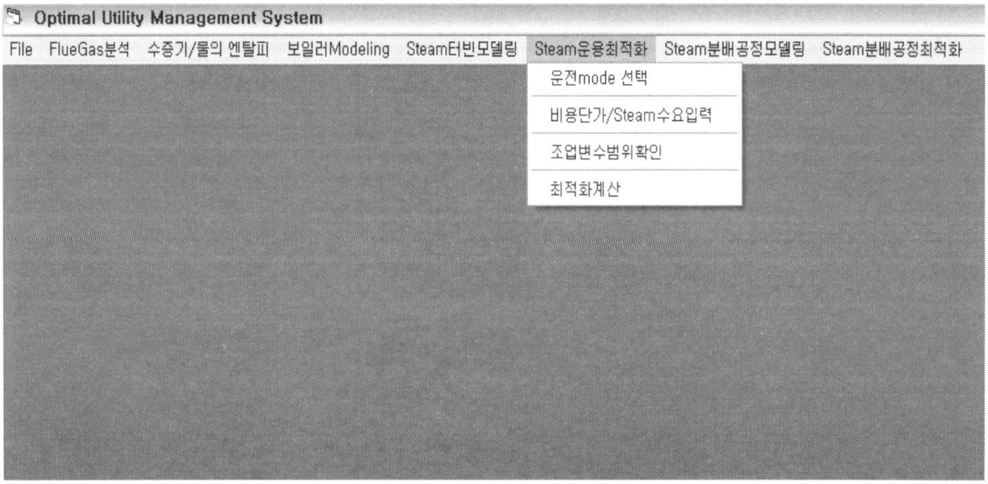

그림 4-6. 초기 데이터 메뉴선택화면

(1) 운전모드 및 최적화 형태의 선택

그림 4-7에 보인 것은 운전 모드의 선택화면이다. 석탄 보일러와 오일 보일러를 운용하는 유틸리티 플랜트의 경우 다양한 운전 모드가 가능하다. 가능한 운전 모드로는 석탄 보일러만을 운전하거나 오일 보일러만을 운전하는 경우, 석탄 보일러와 오일 보일러를 동시에 같이 운전하는 경우, 전력생산 터빈이 운용되지 않는 소규모 비발전 보일러와 석탄 보일러를 같이 운전하는 경우, 전력생산 터빈이 운용되지 않는 소규모 비발전 보일러와 오일 보일러를 같이 운전하는 경우, 석탄 보일러와 오일 보일러 및 전력생산 터빈이 운용되지 않는 소규모 비발전 보일러를 같이 운전하는 경우, 그리고 비발전 보일러만을 운전하는 경우 등이 있다. 사용자는 이들 운전모드들 가운데 운전상황에 따라 한 가지를 선택할 수 있다.

그림 4-7. 운전모드 및 최적화 형태 선택화면

앞의 목적함수에서 언급한 바와 같이 보일러 공정의 최적화 형태로서 4 가지를 들 수 있는데 이들은 설정된 제약조건을 만족하면서 소요 연료비용의 최소화, 수증기 생산량의 최소화, 수증기 생산량은 최소로 하고 전력 생산은 최대화, 그리고 소요 연료비용은 최소로 하고 전력 생산은 최대화 등이다. 운전 모드와 최적화 형태는 **그림 4-7**에 보인 바와 같이 사용자가 어느 한 가지를 자유롭게 선택할 수 있다.

(2) 비용단가 및 수증기 수요의 입력

그림 4-8은 비용단가 및 수증기 수요량의 입력화면을 보인 것이다. 수증기 비용은 각 등급에 따라 톤당 비용을 입력한다. 수증기의 비용은 공장 내부의 자체적인 기준비용과 대외적인 일반적 수증기 비용이 서로 차이가 있는 것이 보통인데 수증기뿐만 아니고 전력비용, 연료비용 등 다른 유틸리티 비용과의 일관성을 유지하는 것이 중요하다.

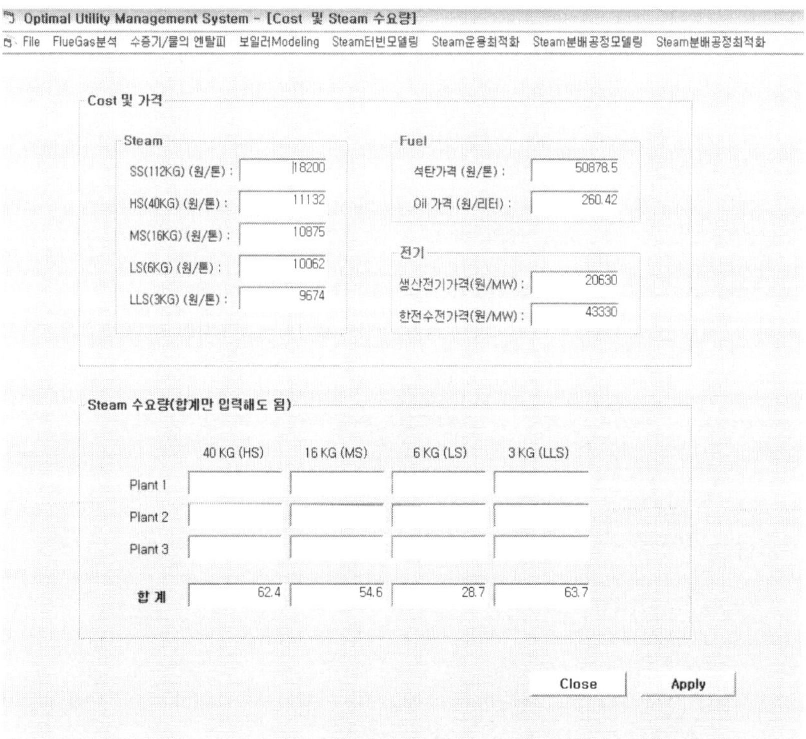

그림 4-8. 비용단가 및 수증기 수요량의 입력

(3) 조업변수의 범위

모든 조업변수에는 허용 가능한 최소 및 최대 운전범위가 존재한다. **그림** 4-9는 보일러 공정에 관련되는 조업변수들의 운전범위 입력화면을 보인 것이다. 고정된 유틸리티 장치에서는 한번 입력시키면 운전범위는 이후에는 변동이 없을 것이지만 장치의 부분적인 revamping이나 고장수리에 따라 운전범위가 달라질 수 있으므로 필요에 따라 운전범위를 수정 입력해 주어야 한다. 여기에서 대상으로 하고 있는 회사에서 운용하는 비발전 보일러의 경우 평상시에는 가동되지 않으므로 운전범위를 0으로 두었으나 비상상황에 직면하여 비발전 보일러를 가동시킬 경우 해당되는 운전범위를 입력해 주어야 한다.

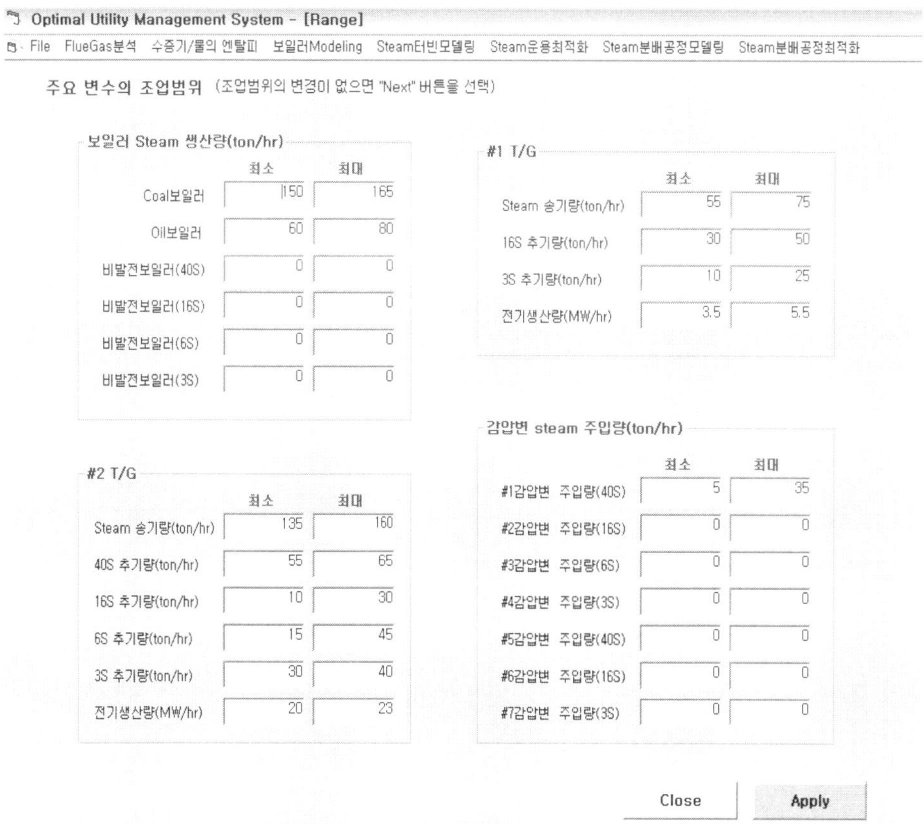

그림 4-9. 조업변수 운전범위

(4) 최적화 계산

필요한 모든 데이터 및 자료의 입력이 완료되면 최적화 계산이 가능하게 된다. 최적화 계산으로부터 제반 조업변수들의 최적값들이 제시된다. 그림 4-10은 최적화 계산의 결과를 보여주는 화면이다. 앞에서 부여된 조업변수들의 운전범위가 제시되고 최적 변수값 및 동일한 운전상황에서의 운전 데이터가 제시된다.

그림 4-10. 최적화 계산결과 제시화면

여기에서 대상으로 하는 석유화학 공장의 보일러 공정에 대한 sample 최적화 계산결과는 **그림 4-11**에서 **그림 4-13**에 보인 바와 같다. **그림 4-11**은 석탄 보일러(100% load)에 대한 최적화 계산결과이고 **그림 4-12**는 오일 보일러(82% load)에 대한 최적화 계산결과이다. 실제 운전 데이터와 큰 차이가 없는 것은 현재의 운전 상태가 어느 정도 최적화 상태로 유지되고 있음을 의미하는 것이다. **그림 4-13**은 최적화 계산결과와 현재 운전데이터를 모두 보여주는 화면이다.

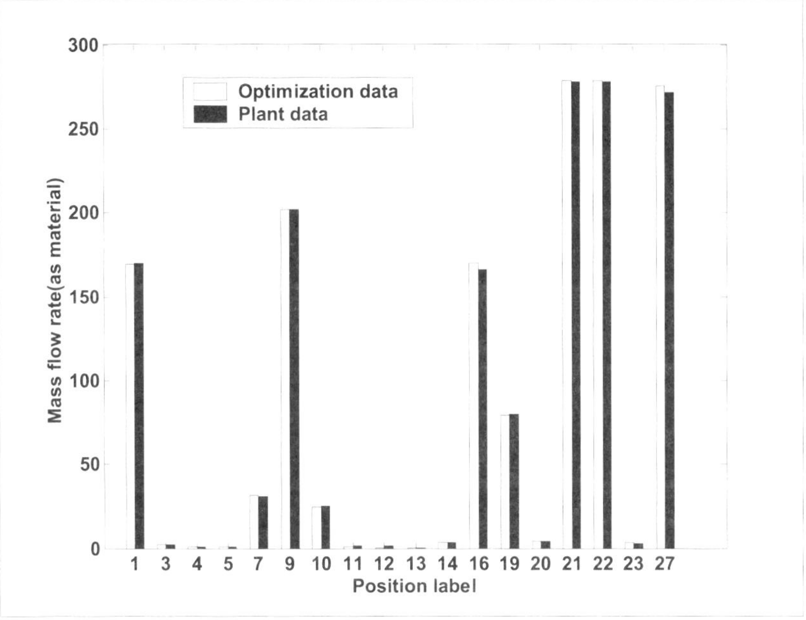

그림 4-11. 최적화 계산결과 (석탄 보일러, 100% load)

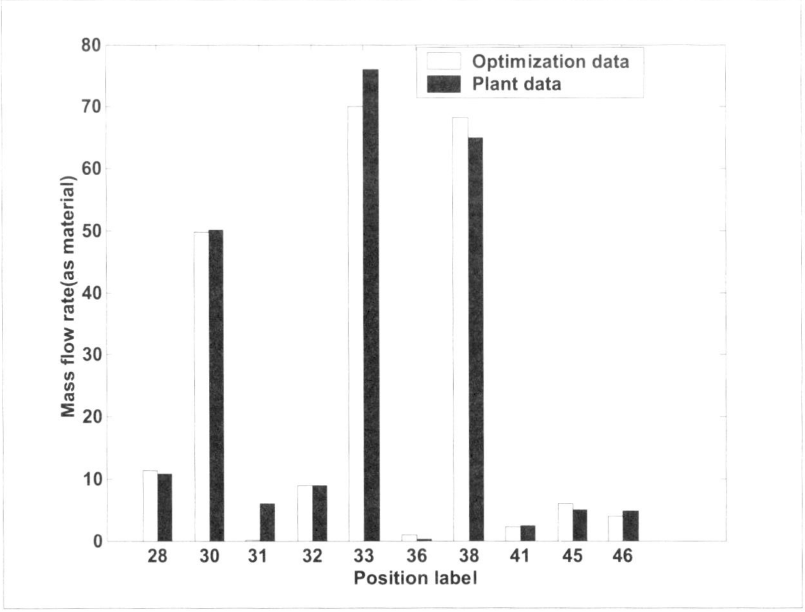

그림 4-12. 최적화 계산결과 (오일 보일러, 82% load)

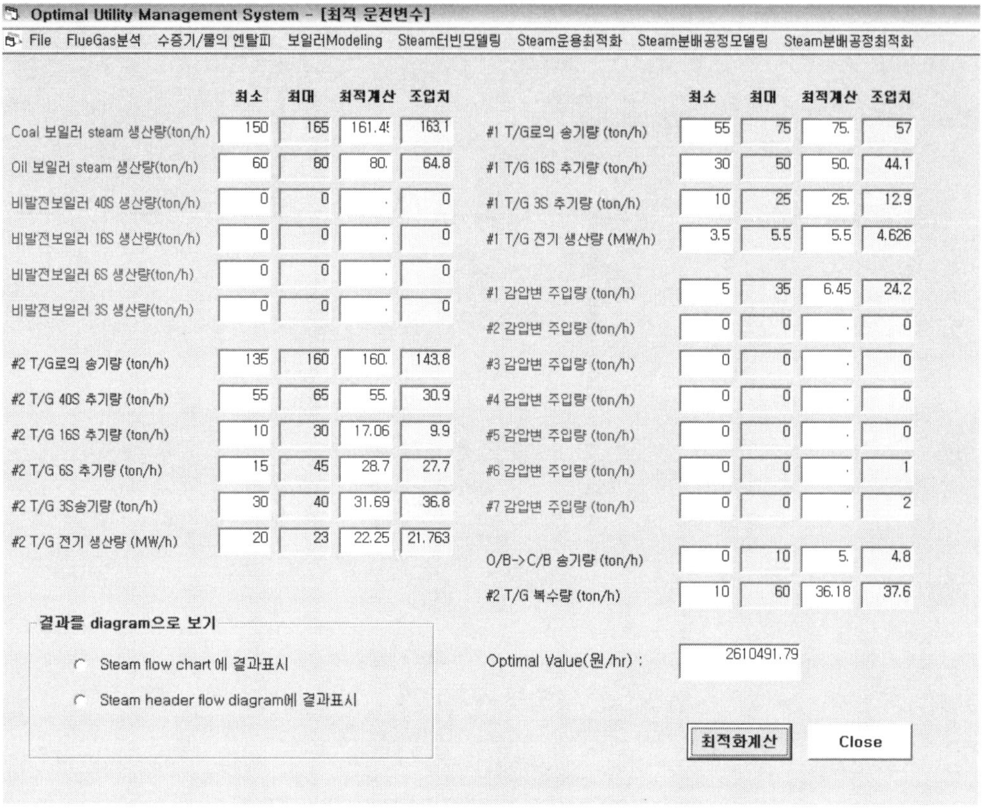

그림 4-13. 최적화 계산결과

그림 4-13에 보인 최적화 결과는 석탄 및 오일 보일러를 동시에 운전하며 목적함수를 소요 연료비용이 최소화되도록 설정한 경우의 계산결과이다.

5

Steam 터빈 공정의 최적 운용

수증기 터빈공정의 최적 운용은 기본적으로 보일러 및 수증기 헤더를 포함한 수증기 분배 시스템 전체의 최적 운용과 직접적으로 연관된다. 발전 등을 목적으로 수증기 터빈만이 단독으로 운용되는 공정에서는 이미 앞에서 다룬 수증기 터빈의 모델을 바탕으로 간단한 목적함수로부터 최적 운전조건을 구할 수 있다. 여기에서는 이전에 다룬 화학공장에서 운전되는 유틸리티 시스템을 대상으로 하여 수증기 터빈 공정에 초점을 맞추어 최적 운용조건을 살펴 보기로 한다.

5-1 수증기 터빈 및 수증기 헤더 밸런스

대상 공장의 수증기 터빈 및 수증기 헤더의 증기 흐름을 포함하는 유통도를 **그림 5-1**에 나타내었다. 수증기 터빈의 정상상태 밸런스는 간단히 얻을 수 있는데 효율은 이전에 언급했던 신경회로망 기법과 매개변수 방법을 이용하여 추정하였다. 수증기 헤더의 출력은 각 단위 공장으로부터의 수증기 수요량으로 간주하고 자체 소모용 수증기는 내부순환 증기로 고려하였다. 보일러 공정에서 생산된 초고압 수증기는 114s 헤더로 이송된 후 두 개의 수증기 터빈(#1 및 #2)으로 유입되어 전력을 생산하고 터빈으로부터 추기된 수증기는 각 등급의 수증기 헤더로 보내어진다. 각 등급의 수증기 헤더에는 터빈들로부터 추기된 수증기 이외에도 소요유량, 또는 적정온도 및 압력조건을 맞추기 위하여 보조장치인 감압변으로부터 수증기가 유입된다.

가. 수증기 터빈

대상 유틸리티 공정에는 두 개의 수증기 터빈이 있다. 이들을 편의상 #1 및 #2 수증기 터빈으로 구분하여 칭하기로 한다. 주 수증기 터빈은 #2 터빈으로서 많은 양의 수증기가 복수(응축)되므로 복수기가 설치되어 있다. #2 터빈은 고압부분, 중압부분 그리고 저압부분의 3부분으로 구분된다. 고압부분에서는 고압 수증기가 추기되고 중압부분에서는 중압, 저압 및 과저압 수증기가 추기된다. 저압부분에서는 수증기의 에너지를 모두 사용한 과저압 이하의 폐증기를 복수기로 보낸다. #1 터빈은 하나의 부분으로 이루어져 있으며 중압과 저저압 수증기를 추기한다. 이들 터빈에 대한 정상상태 수지식은 다음과 같다.

$$3600P_{TG1} - \eta_{TG1}(H_{77}x_{77} - H_{78}x_{78} - H_{79}x_{79} - H_{81}x_{81}) = 0$$

$$\begin{aligned} &3600P_{TG2} - \eta_{TG2}(H_{50}x_{50} - (H_{52}x_{52} + H_{53}x_{53} + H_{54}x_{54} + II_{55}x_{55} \\ &\quad + H_{56}x_{56})) = 0 \end{aligned}$$

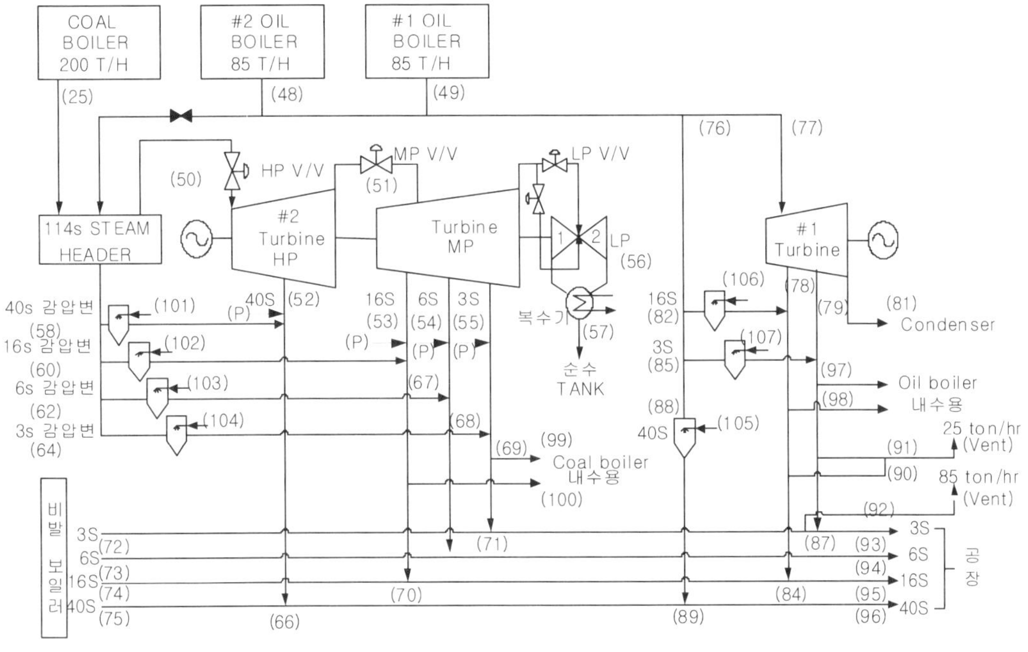

그림 5-1. 수증기 터빈 및 수증기 헤더의 증기 흐름 유통도

수증기 터빈에 유입된 초고압 증기가 낮은 에너지를 가진 저압 수증기로 되면서 소모된 에너지는 터빈이 생산한 전기 에너지에 대하여 터빈의 효율로 나타낼 수 있다. 따라서 초고압 수증기의 유입량과 각 수증기 추기량에 의해 이 효율을 알 수 있다면 터빈이 생산하는 전력량을 추정할 수 있다. 대개의 경우 효율은 상수로 간주하지만 여기에서는 좀 더 현실적으로 초고압 수증기의 유입량과 각 수증기 등급별 추기량에 관한 매개변수로 간주하였다. 위의 에너지 수지식에서 각 터빈의 효율을 상수로 간주하여 생산된 전력량을 계산하면 매우 비선형적인 모습을 보이는데 이러한 비선형성은 효율을 매개로 하여 선형적으로 변환시킬 수 있다. 아울러 위의 효율은 인공 신경회로망을 이용하여 각 조건에 따라 예측할 수 있다. **그림 5-2**와 **5-3**은 #1 터빈 및 #2 터빈에 대한 전력량 예측결과를 비교하여 본 것이다. **그림 5-2**에서 신경회로망 모델(NN model)은 효율을 고정된 상수로 본 선형 모델(Linear model)에 비하여 실제 운전데이터와 잘 맞는 것을 알 수 있다. **그림 5-3**에서는 선

형모델이 실제 운전 데이터와 상당한 차이를 보이고 있다. 이는 3 부분으로 이루어진 #2 수증기 터빈의 거동이 매우 비선형적임을 단적으로 보여주는 것이다.

#1 수증기 터빈의 인공신경회로망 모델의 학습 데이터로서 입력은 터빈으로 유입되는 초고압 수증기 유량, 터빈에서 추기되는 중압 수증기 및 과저압 수증기 유량을 이용하였고 출력은 터빈의 전력생산량으로 하였다. 인공신경회로망 모델의 구조는 2개의 은닉층과 출력층으로 이루어 졌으며 각 은닉층은 9개의 뉴런으로, 출력층은 1개의 뉴런으로 구성되어 있고 탄젠트 시그모이드 함수를 활성함수로 사용하였다. #2 수증기 터빈의 경우도 마찬가지로 학습 데이터로서 입력은 터빈으로 유입되는 초고압 수증기, 추기되는 고압 수증기, 중압 수증기, 저압 수증기 및 과저압 수증기 유량으로 하였고 출력은 터빈의 전력생산량으로 하였다. #2 수증기 터빈의 인공신경회로망 모델 구조는 각각 4개 및 8개의 뉴런을 갖는 2 개의 은닉층과 1개의 뉴런을 갖는 출력층으로 구성되어 있고 탄젠트 시그모이드함수를 활성함수로 사용하였다.

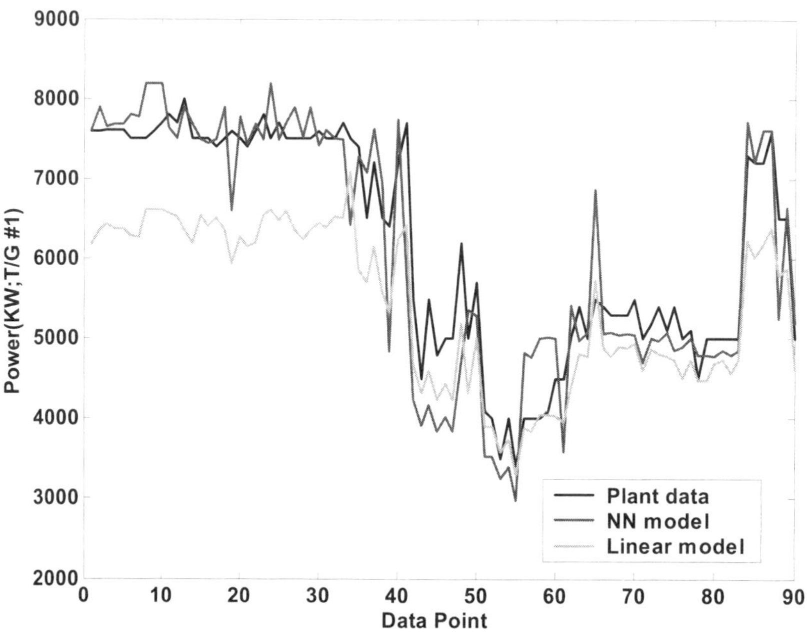

그림 5-2. #1 터빈의 전력량 예측

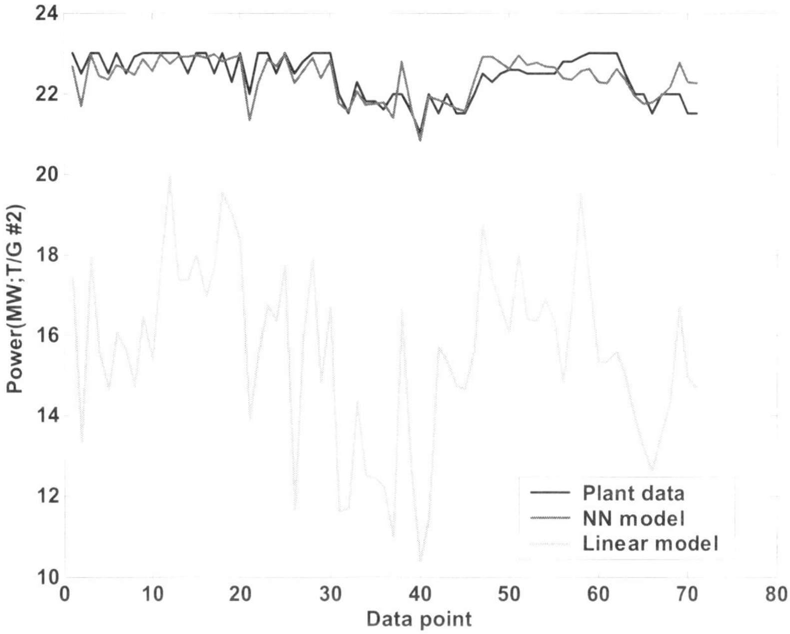

그림 5-3. #2 터빈의 선력량 예측

나. 수증기 헤더

수증기 헤더는 초고압 수증기 헤더, 고압 수증기 헤더, 중압 수증기 헤더, 저압 수증기 헤더 및 과저압 수증기 헤더의 5 가지로 이루어 진다. 초고압 수증기 헤더는 보일러에서 생산된 초고압 수증기를 받아 터빈으로 보내는 역할을 한다. 각 터빈과 수증기 헤더의 밸런스는 표 5-1에 보인 바와 같다.

표 5-1. 터빈 및 수증기 헤더 밸런스

구 분		밸 런 스
수증기 헤더 (mass)	40s	$1.07x_{52} + x_{58} + x_{101} + x_{88} + x_{105} - x_{96} + x_{75} = 0$
	16s	$1.07x_{78} + x_{82} + x_{106} + 1.07x_{53} + x_{60} + x_{102} - x_{95} - x_{98} - x_{90} - x_{100} + x_{74} = 0$
	6s	$1.07x_{54} + x_{62} + x_{103} - x_{94} + x_{73} = 0$
	3s	$1.07x_{79} + x_{85} + x_{107} + 1.07x_{55} + x_{64} + x_{104} - x_{97} - x_{99} - x_{91} - x_{93} + x_{72} = 0$
감압변 (에너지)		$(H_{89} - H_{77})x_{88} + (H_{89} - H_{w})x_{105} = 0$ $(H_{84} - H_{77})x_{82} + (H_{84} - H_{w})x_{106} + (H_{84} - H_{78})x_{78} = 0$ $(H_{87} - H_{77})x_{85} + (H_{87} - H_{w})x_{107} + (H_{87} - H_{79})x_{79} = 0$ $H_{66}(x_{58} + x_{101} + 1.07x_{52}) - (H_{50}x_{58} + H_{w}x_{101} + H_{52}1.07x_{52}) = 0$ $H_{67}(x_{60} + x_{102} + 1.07x_{53}) - (H_{50}x_{60} + H_{w}x_{102} + H_{53}1.07x_{53}) = 0$ $H_{68}(x_{62} + x_{103} + 1.07x_{54}) - (H_{50}x_{62} + H_{w}x_{103} + H_{54}1.07x_{54}) = 0$ $H_{69}(x_{64} + x_{104} + 1.07x_{55}) - (H_{50}x_{64} + H_{w}x_{104} + H_{55}1.07x_{55}) = 0$
전체 밸런스		$3600P_{TG2} + (H_{66}(x_{58} + x_{101} + 1.07x_{52}) + H_{67}(x_{60} + x_{102} + 1.07x_{53}) + H_{68}(x_{62} + x_{103} + 1.07x_{54}) + H_{69}(x_{64} + x_{104} + 1.07x_{55}) + H_{56}x_{56}) - H_{50}(1.07x_{50} + x_{58} + x_{60} + x_{62} + x_{64}) - H_{w}(x_{101} + x_{102} + x_{103} + x_{104}) = 0$ $3600(P_{TG1} + P_{TG2}) + H_{56}x_{56} + H_{81}x_{81} - H_{w}(x_{101} + x_{102} + x_{103} + x_{104} + x_{105} + x_{106} + x_{107}) - H_{25}x_{25} - H_{48}(x_{48} + x'_{48}) - H_{72}x_{72} - H_{73}x_{73} - H_{74}x_{74} - H_{75}x_{75} + H_{97}(x_{99} + x_{97}) + H_{98}(x_{100} + x_{98}) + (H_{90}x_{90} + H_{91}x_{91} + H_{92}x_{92}) + H_{93}x_{93} + H_{94}x_{94} + H_{95}x_{95} + H_{96} + x_{96} = 0$

5-2 수증기 터빈의 조업 최적화

수증기 터빈의 운전에서 가장 우선적으로 고려해야 하는 것은 각 단위공장에서 필요로 하는 등급별 수증기 요구량을 충족시키는 일이다. 수증기 터빈의 전기 생산량은 2차적인 문제가 된다. 수증기 터빈의 최적 운용문제는 결국 수증기 요구량을 충족시키면서 수증기 터빈의 전기 생산량을 최대로 하여 주는 운전조건을 규명하는 것으로 귀착된다. 여기에 있어서는 또한 불필요한 잉여 수증기가 생산되지 않도록 하기 위하여 각 보일러에서 생산해야 하는 수증기량을 최적화하는 문제도 수반된다. 감압변은 가능한 한 사용하지 않는 것이 좋다. 수증기 터빈의 조업 최적화를 위한 목적 함수는 다음과 같이 설정할 수 있다.

$$\min \quad f = -C_{power}\left(P_{TG1} + P_{TG2}\right) + C_{water}\sum_{i=101}^{107} x_i + C_{114s}x_{25} + C_{114s}x_{48} + C_{114s}x_{49}$$

위에서 C_{power}는 전력 단가이고 C_{114s}는 초고압 수증기의 단가이다. 제약 조건들은 다음과 같이 정리하여 볼 수 있다.

***등식 제약조건 :**

$$1.07x_{79} + x_{85} + x_{107} + 1.07x_{55} + x_{64} + x_{104} - x_{97} - x_{99} - x_{91} - x_{93} + x_{72} = 0$$

$$1.07x_{54} + x_{62} + x_{103} - x_{94} + x_{73} = 0$$

$$1.07x_{78} + x_{82} + x_{106} + 1.07x_{53} + x_{60} + x_{102} - x_{95} - x_{98} - x_{90} - x_{100} + x_{74} = 0$$

$$1.07x_{52} + x_{58} + x_{101} + x_{88} + x_{105} - x_{96} + x_{75} = 0$$

$$x_{52} + x_{53} + x_{54} + x_{55} + x_{56} - x_{50} = 0$$

$$x_{79}+x_{78}+x_{81}-x_{77}=0$$

$$x_{50}+x_{58}+x_{60}+x_{62}+x_{77}+x_{82}+x_{85}+x_{88}-(x_{25}+x_{48}+x_{49})=0$$

$$0.07\times x_{50}+(x_{101}+x_{102}+x_{103}+x_{104}+x_{105}+x_{106}+x_{107})+(x_{25}+x_{48}+x_{49}) \\ -(x_{90}+x_{91}+x_{92}+x_{93}+x_{94}+x_{95}+x_{96}+x_{97}+x_{98}+x_{99}+x_{100}+x_{81}+x_{56})=0$$

*부등식 제약조건 :

$$-H_{69}(x_{64}+x_{104}+1.07x_{55})-H_{87}(1.07x_{79}+x_{85}+x_{107})-H_{72}x_{72}+H_{69}x_{99}+ \\ H_{93}x_{93}+H_{87}x_{97}+H_{87}x_{91}\le 0$$

$$-H_{68}(x_{62}+x_{103}+1.07x_{54})-H_{73}x_{73}+H_{94}x_{94}\le 0$$

$$-H_{67}(x_{60}+x_{102}+1.07x_{53})-H_{84}(1.07x_{78}+x_{82}+x_{106})-H_{74}x_{74}+H_{95}x_{95}+ \\ H_{84}x_{98}+H_{84}x_{90}+H_{67}x_{100}\le 0$$

$$-H_{66}(x_{58}+x_{101}+1.07x_{52})-H_{89}(x_{88}+x_{105})-H_{75}x_{75}+H_{96}x_{96}\le 0$$

$$(H_{89}-H_{77})x_{88}+(H_{89}-H_{w})x_{105}\le 0$$

$$(H_{84}-H_{77})x_{82}+(H_{84}-H_{w})x_{106}+(H_{84}-H_{78})x_{78}\le 0$$

$$(H_{87}-H_{77})x_{85}+(H_{87}-H_{w})x_{107}+(H_{87}-H_{79})x_{79}\le 0$$

$$H_{66}(x_{58}+x_{101}+1.07x_{52})-(H_{50}x_{58}+H_{w}x_{101}+H_{52}1.07x_{52})\le 0$$

$$H_{67}(x_{60}+x_{102}+1.07x_{53})-(H_{50}x_{60}+H_{w}x_{102}+H_{53}1.07x_{53})\le 0$$

$$H_{68}(x_{62}+x_{103}+1.07x_{54})-(H_{50}x_{62}+H_{w}x_{103}+H_{54}1.07x_{54})\le 0$$

$$H_{69}(x_{64}+x_{104}+1.07x_{55})-(H_{50}x_{64}+H_{w}x_{104}+H_{55}1.07x_{55})\le 0$$

$$3600P_{TG1}-\eta_{TG1}(H_{77}x_{77}-H_{78}x_{78}-H_{79}x_{79}-H_{81}x_{81})\le 0$$

$$3600P_{TG2}-\eta_{TG2}(H_{50}x_{50}-(H_{52}x_{52}+H_{53}x_{53}+H_{54}x_{54}+H_{55}x_{55}+H_{56}x_{56}))\le 0$$

$$H_{50}(x_{50}+x_{58}+x_{60}+x_{62}+x_{64}+x_{77}+x_{82}+x_{85}+x_{88})-(H_{25}x_{25}+H_{48}x_{48} \\ +H_{49}x_{49})\le 0$$

$$
\begin{aligned}
&3600P_{TG2} + (H_{66}(x_{58} + x_{101} + 1.07x_{52}) + H_{67}(x_{60} + x_{102} + 1.07x_{53}) \\
&\quad + H_{68}(x_{62} + x_{103} + 1.07x_{54}) + H_{69}(x_{64} + x_{104} + 1.07x_{55}) + H_{56}x_{56}) \\
&\quad - H_{50}(1.07x_{50} + x_{58} + x_{60} + x_{62} + x_{64}) - H_{w}(x_{101} + x_{102} + x_{103} + x_{104}) \le 0
\end{aligned}
$$

$$
\begin{aligned}
&3600(P_{TG1} + P_{TG2}) + H_{56}x_{56} + H_{81}x_{81} - H_{w}(x_{101} + x_{102} + x_{103} + x_{104} + x_{105} \\
&\quad + x_{106} + x_{107}) - H_{25}x_{25} - H_{48}(x_{48} + x_{49}) - H_{72}x_{72} - H_{73}x_{73} - H_{74}x_{74} \\
&\quad - H_{75}x_{75} + H_{97}(x_{99} + x_{97}) + H_{98}(x_{100} + x_{98}) + (H_{90}x_{90} + H_{91}x_{91} + H_{92}x_{92}) \\
&\quad + H_{93}x_{93} + H_{94}x_{94} + H_{95}x_{95} + H_{96} + x_{96} = 0
\end{aligned}
$$

이러한 조업 최적화 문제의 풀이 결과는 **그림 5-4**에 보인 바와 같다. 그림에 보인 계산 결과는 수증기 요구량이 3s 수증기의 경우 62.8 ton/hr, 6s 수증기는 32ton/hr, 16s 수증기는 55 ton/hr, 그리고 40s 수증기는 61.9ton/hr로 하였을 때의 결과이다. 이러한 조건 하에서 목적함수 값은 실제 운전 데이터에 근거하면 4,644,600 ₩/hr 이지만 조업 최적화 문제의 풀이결과 4,623,500 ₩/hr으로서 약 2만원 정도의 절감효과를 얻을 수 있음을 알 수 있다. **표 5 2 ~ 표 5 4** 는 계산에 이용된 수증기 터빈관련 주요 변수들을 정리한 것이다. **그림 5-4**와 5-5는 #1 터빈 및 #2 터빈에 대한 최적화 계산결과를 보여주는 화면이다.

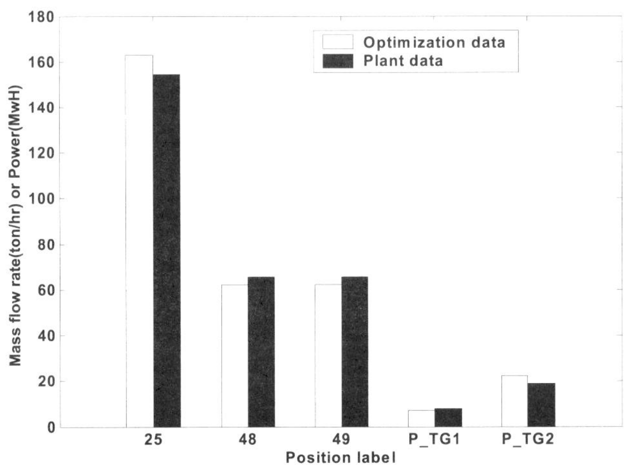

그림 5-4. 수증기 터빈 공정의 최적화 계산결과

표 5-2. 수증기 터빈 관련변수 : 유입/유출 및 추기량

변수명	변수 분류	조업 범위(예)
x_{50} : #2 증기 터빈 HP 유입량	측정, 결정됨, 단독변수	$0 \le x_{50} \le 165$
x_{51} : #2 증기 터빈 MP 유입량	비측정, 결정 안됨, 중복변수	$0 \le x_{51} \le 165$
x_{52} : #2 증기 터빈 40s 추기량	비측정, 결정 안됨, 단독변수	$0 \le x_{52} \le 65$
x_{53} : #2 증기 터빈 16s 추기량	비측정, 결정 안됨, 단독변수	$0 \le x_{53} \le 65$
x_{54} : #2 증기 터빈 6s 추기량	비측정, 결정 안됨, 단독변수	$0 \le x_{54} \le 65$
x_{55} : #2 증기 터빈 3s 추기량	비측정, 결정 안됨, 단독변수	$0 \le x_{55} \le 65$
x_{56} : #2 증기 터빈 배기량	비측정, 결정 안됨, 단독변수	$0 \le x_{56} \le 40$
x_{57} : #2 증기 터빈 복수량	비측정, 결정 안됨, 중복변수	$0 \le x_{57} \le 40$
x_{77} : #1 증기 터빈 입구	측정, 결정 됨, 단독변수	$0 \le x_{77} \le 70$
x_{78} : #1 증기 터빈 16s 추기량	비측정, 결정 안됨, 단독변수	$0 \le x_{78} \le 70$
x_{79} : #1 증기 터빈 3s 추기량	비측정, 결정 안됨, 단독변수	$0 \le x_{79} \le 70$
x_{81} : #1 터빈 배기량	비측정, 결정 안됨, 상수	$x_{81} = 2$

표 5-3. 수증기 터빈 관련변수 : 감압변

변수명	변수 분류	조업 범위(예)
x_{58} : #2 터빈 40s 감압변입구	비측정, 결정 안됨, 단독변수	$0 \le x_{58} \le 10$
x_{59} : #2 터빈 40s 감압변출구	비측정, 결정 안됨, 중복변수	$0 \le x_{59} \le 10$
x_{60} : #2 터빈 16s 감압변입구	비측정, 결정 안됨, 단독변수	$0 \le x_{60} \le 10$
x_{61} : #2 터빈 16s 감압변출구	비측정, 결정 안됨, 중복변수	$0 \le x_{61} \le 10$
x_{62} : #2 터빈 6s 감압변입구	비측정, 결정 안됨, 단독변수	$0 \le x_{62} \le 10$
x_{63} : #2 터빈 6s 감압변출구	비측정, 결정 안됨, 중복변수	$0 \le x_{63} \le 10$
x_{64} : #2 터빈 3s 감압변입구	비측정, 결정 안됨, 단독변수	$0 \le x_{64} \le 10$
x_{65} : #2 터빈 3s 감압변출구	비측정, 결정 안됨, 중복변수	$0 \le x_{65} \le 10$
x_{76} : #1 터빈 감압변입구	비측정, 결정 됨, 중복변수	$0 \le x_{76} \le 50$
x_{82} : #1 터빈 16s 감압변입구	비측정, 결정 안됨, 단독변수	$0 \le x_{82} \le 10$
x_{83} : #1 터빈 16s 감압변출구	비측정, 결정 안됨, 중복변수	$0 \le x_{83} \le 10$
x_{85} : #1 터빈 3s 감압변입구	비측정, 결정 안됨, 단독변수	$0 \le x_{85} \le 10$
x_{86} : #1 터빈 3s 감압변출구	비측정, 결정 안됨, 중복변수	$0 \le x_{86} \le 20$
x_{88} : #1 터빈 40s 감압변입구	비측정, 결정 안됨, 단독변수	$0 \le x_{88} \le 10$
x_{89} : #1 터빈 40s 감압변출구	비측정, 결정 안됨, 중복변수	$0 \le x_{89} \le 20$

표 5-4. 수증기 터빈 관련변수 : 수증기 헤더

변수명	변수 분류	조업 범위(예)
x_{67} : #2 터빈 16s관 중간	비측정, 결정 안됨, 중복변수	$0 \le x_{67} \le 70$
x_{68} : #2 터빈 6s 헤더 입구	비측정, 결정 안됨, 중복변수	$0 \le x_{68} \le 70$
x_{69} : #2 터빈 3s관 중간	비측정, 결정 안됨, 중복변수	$0 \le x_{69} \le 70$
x_{70} : #2 터빈 16s 헤더 입구	비측정, 결정 안됨, 중복변수	$0 \le x_{70} \le 70$
x_{71} : #2 터빈 3s 헤더 입구	비측정, 결정 안됨, 중복변수	$0 \le x_{71} \le 70$
x_{84} : #1 터빈 16s 헤더 입구	비측정, 결정 안됨, 중복변수	$0 \le x_{84} \le 20$
x_{87} : #1 터빈 3s 헤더 입구	비측정, 결정 안됨, 중복변수	$0 \le x_{87} \le 90$

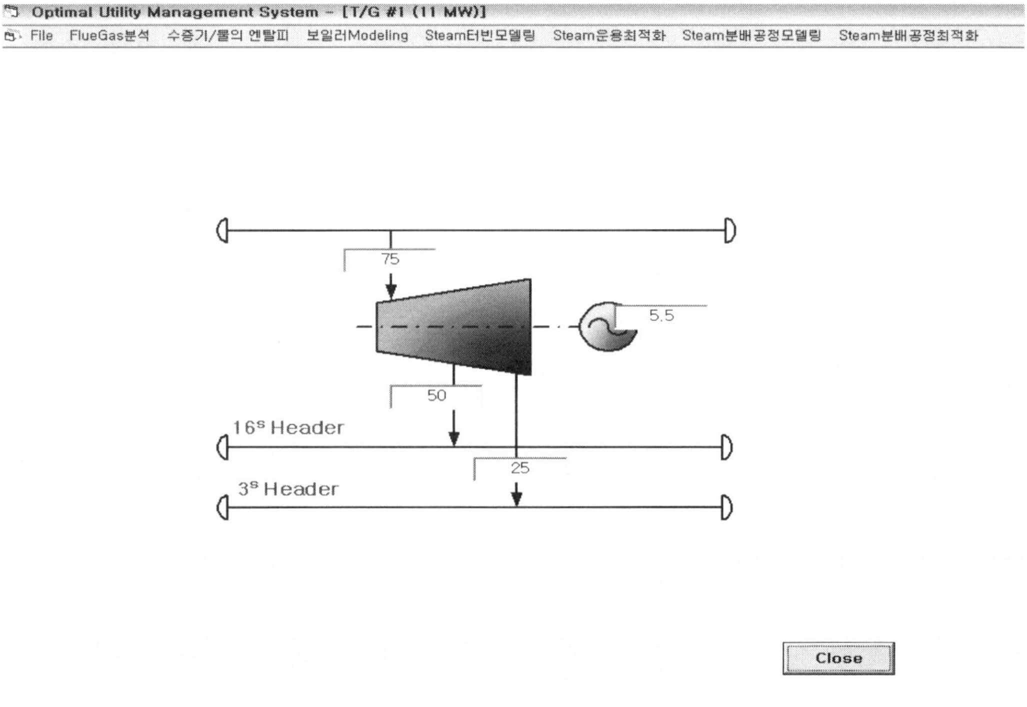

그림 5-4. #1 터빈 최적화 계산결과

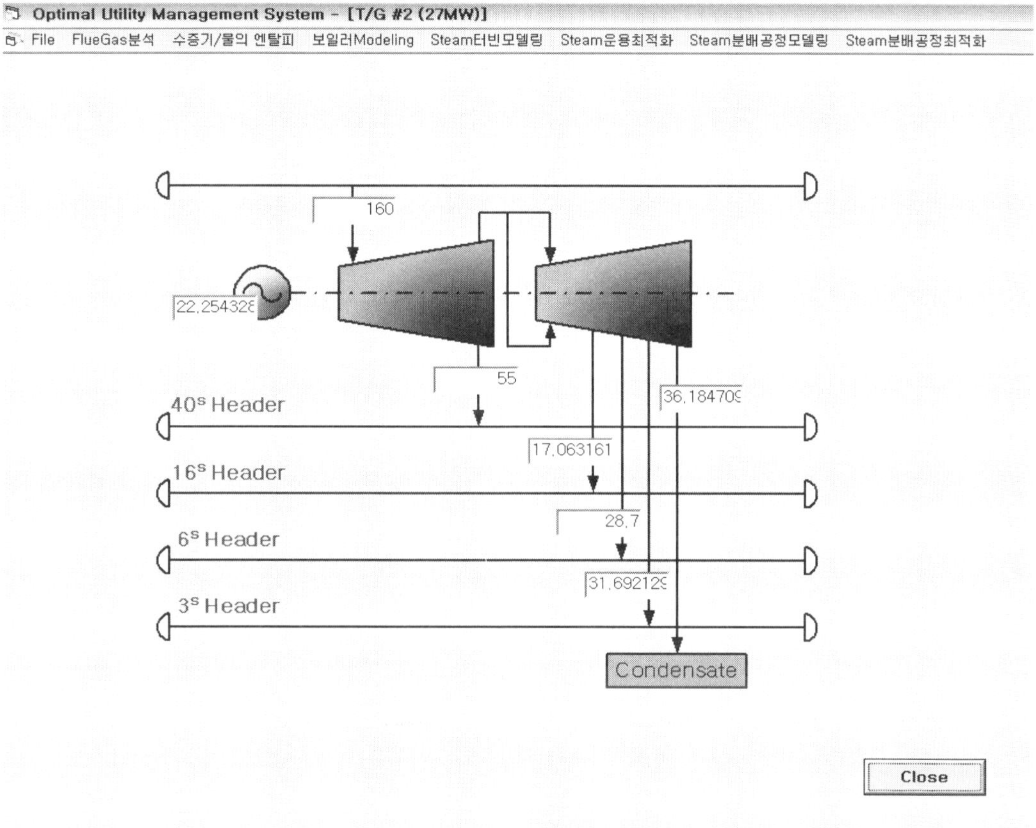

그림 5-5. #2 터빈 최적화 계산결과

6

Steam 분배공정의 개요

공장의 각 단위공정에서 필요로 하는 수증기는 작업 상황에 따라 변할 수 있다. 안전운전 상태를 유지하면서 변화하는 수증기 부하를 신속 정확하게 충족시키고 아울러 전력 생산량을 가급적 최대로 유지시키는 것은 유틸리티 공정의 운전에서 가장 중요한 목표가 된다. 다수의 수증기 터빈이나 모터터빈, 혹은 다수의 감압장치가 존재하는 경우 실제 운전상황에서 엔지니어가 각 단위장치들의 운전상태를 가장 적절하게 유지하는 방법을 규명하는 것은 거의 불가능하다. 이러한 경우 가능한 수증기 분배공정 방법들을 두루 평가하여 가장 경제적인 방법을 도출하는 데에 컴퓨터가 가장 효과적으로 이용될 수 있다. 수증기 분배공정에 대해서는 이미 4월호와 5월호의 "Steam 터빈공정의 모델링" 부분에서 일부 다룬바 있다. 여기에서는 개략적인 수증기 분배장치의 조작순서 및 수증기 비용의 산출방법에 대하여 논의하여 보기로 한다.

6-1 수증기 분배장치의 조작 순서

수증기 분베 공정장치는 보일러, 감압 설비, 유틸리티 터빈과 모터, 그리고 터빈 발전기로 구성되어 있다. 수증기 분배를 위하여 이러한 공정 장치를 조작할 때에는 안전조업의 유지를 위해 일정한 순서를 지켜 주어야 한다. **그림 6-1**과 같은 수증기 분배 공정을 고려하여 보기로 한다. 이 공정에는 고압 수증기를 생산하는 용량이 큰 보일러와 용량이 작은 저압 수증기를 생산하는 보일러가 있다. 또한 세 개의 감압 설비가 설치되어 있으며 발전은 2단 추기 복수 터빈을 이용하고 있다. 한 대의 유틸리티 터빈이 있는데 이 터빈의 용량은 20 t/h이다.

고압 수증기를 생산하는 보일러에서는 165 t/h의 수증기를 생산한다. 생산된 고압 수증기 중에서 35 t/h는 감압 설비로 유입되는데 이중 30 t/h는 중압 수증기 헤더로, 5 t/h는 저압 수증기 헤더로 유입된다. 나머지 130 t/h는 터빈 발전기에서 소모되어 60 t/h의 중압 수증기, 40 t/h의 저압 수증기와 30 t/h의 응축수를 추기시킨다. 간단한 에너지 수지에 의하여 발전량을 구하여 보면

$$\begin{aligned} E &= 130 * (h_{HS} - h_{MS}) + 70 * (h_{MS} - h_{LS}) + 30 * (h_{LS} - h_{SC}) \\ &= 29.3\,\mathrm{MW} \end{aligned}$$

터빈 발전기와 감압 설비에서 유입된 중압 수증기 가운데 유틸리티 터빈에서 20 t/h, 감압 설비를 통하여 10 t/h의 수증기가 저압 수증기 헤더로 유입된다. 저압 수증기는 보일러에서 10 t/h가 생산되며 소비처에서는 85 t/h를 소비한다. 이들 각 수증기 분배공정 장치의 운전 범위의 예를 **표 6-1**에 제시하였다.

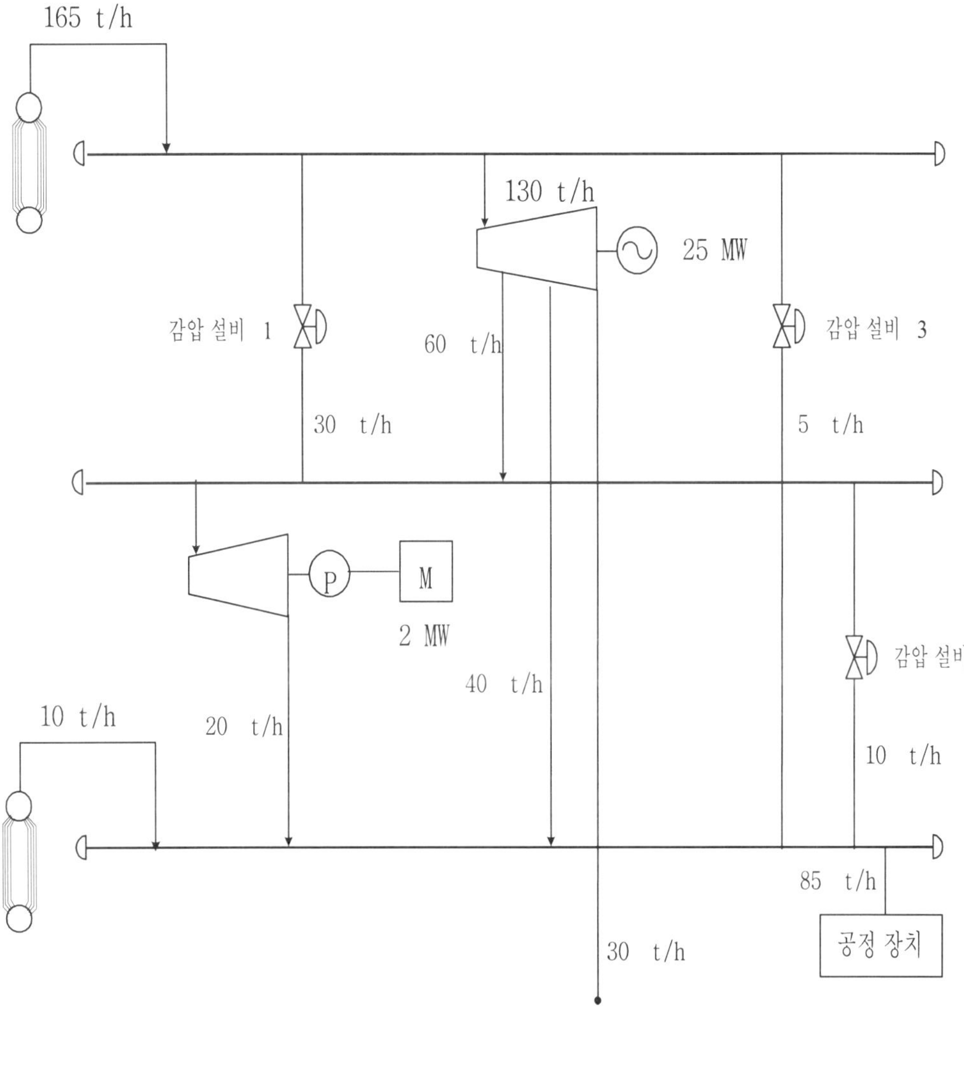

그림 6-1. 수증기 분배공정 장치의 조작 순서의 예

이제 저압 수증기의 소모량이 48 t/h 감소하였을 때 수증기 분배를 실행하여 보자. 48 t/h의 저압 수증기 공급량을 감소시키기 위해 먼저 감압 설비 2의 유입량을 조절한다. 감압 설비의 사용은 에너지 효율을 감소시키지만 운전의 간편함과 다른 공정 장치에 영향을 주지 않으므로 가장 먼저 조절할 수 있는 공정 장치이다. 감압 설비 2의 유입량의 최소값이 5 t/h이므로 유입량을 5 t/h로 조절한다. 감압 설비를 조절한 후 주로 터빈 발전기의 추기량을 조절하는데 저압 수증기 추기량의 최소값이 30 t/h이므로 30 t/h로 조절한다. 감압 설비와 터빈 발전기를 조절하여도 수증기 요구량을 충족시키지 못하였다면 유틸리티 터빈을 조절하는데 지금 한 대의 터빈이 운전되고 있고 한 대의 모터가 정지되어 있으므로 운전되고 있는 터빈을 정지시키고 모터를 가동시킨다.

감압 설비와 터빈 발전기, 그리고 펌프의 구동원을 조절하여도 수증기 요구량을 충족시키지 못하였다면 저압 수증기를 발생시키는 보일러를 조절하는데 보일러 부하량의 최소량이 5 t/h이므로 저압 보일러의 부하량을 5 t/h으로 감소시킨다. 저압 보일러의 부하량의 변화에도 불구하고 수증기 요구량을 충족시키지 못하면 직접 주증기 보일러의 부하량을 조절하는데 감압 설비 3의 유출량을 2 t/h로 감소시키면 저압 수증기에 대해 수증기 분배를 마칠 수 있다. 이러한 방법으로 다른 고압의 헤더에 대해서도 수증기 분배를 할 수 있는데 터빈 발전기의 성능과 모터의 전력 소비량을 아울러 고려하여야 한다.

표 6-1. 수증기 분배공정 장치의 운전 범위(예)

공정 장치	운전 범위	
	하한값 (t/h)	상한값 (t/h)
고압 보일러	100.0	200.0
저압 보일러	5.0	15.0
감압 설비 1	10.0	50.0
감압 설비 2	5.0	30.0
감압 설비 3	0.0	40.0
터빈 발전기		
고압 수증기 소비량	90.0	200.0
중압 수증기 추기량	40.0	100.0
저압 수증기 추기량	30.0	50.0
응축수 추기량	20.0	50.0

6-2 수증기 비용의 산출

수증기 분배공정의 최적운전이 지향하는 것은 안전운전 상태를 유지하면서 유틸리티 비용을 최소로 하여주는 것이다. 따라서 운전중에 언제나 정확한 수증기 비용의 산출이 가능하여야 한다. **수증기 비용을 정확하게 산출하는 목적은 다음과 같이 요약해 볼 수 있다 :**

1) 제안된 공정 효율이나 자본투자 프로젝트의 경제성을 엄밀하게 평가
2) 수증기 생산 시스템의 최적화와 관련되는 소요비용의 최소화를 위한 바탕을 제시
3) 유틸리티 제공사, 혹은 외부 전력공급사와의 보다 효율적인 협상
4) 제안된 열병합 프로젝트의 적정한 평가

수증기의 용도는 이미 제 1장에서 언급한 바와 같이 공정가열, 진공 제트, 기계 구동장치의 축 일, 선박생산, 난방 등인데 일반적인 공장에서는 사용되는 열 에너지의 60% 정도가 공정가열에 이용된다. 제어 가능한 운전비용 부분이 가장 큰 분야도 공정가열이다. 따라서 공정가열은 운전비용을 줄이고 이익을 증대시킬 수 있는 흔치 않은 분야이다.

수증기 비용을 구하기 위해서는 논의되고 있는 수증기 자체에 대한 사항을 구체적으로 알고 있어야 한다. 공장 내부에서도 유틸리티 부서와 생산부서 간에 수증기 비용단가가 다른 경우가 허다한 것이 실정이므로 제품생산 현장에서의 수증기인지, 수증기 생산현장(보일러)에서의 수증기인지, 어느 보일러에서 생산되는 수증기인지, 아니면 어느 헤더 압력에서 어떤 품질의 수증기 인지를 분명히 해야 할 것이다. 또한 비용단가 자체도 임계비용인지, 평균비용인지 명확히 해야 한다. 평균비용이라면 고정 및 가변비용을 포함하는 비용인지, 아니면 가변비용만을 포함하는 것인지를 구분해야 할 것이다. 나아가 수증기의 생산비용과 소모비용을 또한 구별해야 한다.

유틸리티 공장에서 보일러가 한 개 뿐이고 한 가지만의 연료를 사용하며 수증기

압력수준이 한 가지 뿐이라면 비교적 쉽게 수증기 비용을 정할 수 있다. 그러나 대부분의 경우 수증기 공급원이 다수이고 사용연료의 종류 자체도 다양하며 수증기 압력수준이 여러 가지이고 다수의 경로를 통하여 수증기가 감압된다. 이러한 경우 수증기 비용의 결정은 매우 복잡한 문제가 된다. 열역학 제2법칙이나 엑서지 분석(exergy analysis), 혹은 넬슨(Nelson) 방법과 같은 여러 가지 방법들이 시도되었는데 모델을 이용한 모사 방법이 가장 편리하며 신뢰할 수 있는 방법이다.

대부분의 회사에서 통용되는 수증기 비용은 특정 생산수준에서의 평균 수증기 생산비용이다. 연료, 동력, 용수, 화학첨가제, 노동력, 보수유지, 감가상각, 이자 등을 포함하는 총 운전비용을 생산된 총 수증기 양으로 나누어 얻어지는 평균비용은 비용을 최소화하기 위한 수증기 시스템의 운용에는 사실 그리 유용한 것은 아니다. 따라서 수증기 비용산출을 위한 더 나은 방법을 찾아볼 필요가 있다. 한 가지 어려운 점은 다수의 수증기 터빈과 다수의 보일러를 지니며 여러 가지 연료를 사용하는 복합적인 플랜트에서는 수증기 비용은 생산속도에 좌우된다는 점이다. 여러 가지 상이한 공정운전조건에서의 수증기 비용 계산은 컴퓨터를 활용한 수증기 시스템의 모델링에 의해서만 정확하게 이루어질 수 있다.

이제 **그림 6-2**에 보인 간단한 수증기 시스템을 고려하여 보기로 한다. 보일러의 시간당 운전비용이 C_o (원/시간) 이고 공정에서 매 시간당 S kg의 수증기가 요구되고 있다고 가정한다면 이러한 양의 수증기를 공급하기 위해서는 실제로는 (1+X)S kg/hr 만큼의 수증기를 생산하는 것이 필요하다. X는 대개 5 ~ 20 % 범위의 값을 갖는 인자이다. 여기에서 우리는 다음과 같은 두 가지 서로 다른 수증기 비용 결정식을 쓸 수 있다.

1) 수증기 생산비용 $C_G(\text{원/kg}) = \dfrac{C_o}{(1+X)S}$

2) 수증기 소비비용 $C_G(\text{원/kg}) = \dfrac{C_o}{S}$

수증기 생산시스템을 보다 효율적으로 하는 데에 관심이 있다면 첫 번째 식에 의해 주어지는 비용을 이용한다. 두 번째 관계에 의해 주어지는 비용은 공정 운전의 실제 비용을 정하는 것에 더 관심이 있는 경우에 이용한다.

가. 수증기 생산비용

수증기 생산비용을 구하는 첫 번째 단계는 보일러로부터의 수증기 생산비용을 계산하는 것이다. **여기에 필요한 요소들은 다음과 같다 :**

1) 연료비용 C_F
2) 용수비용 C_W
3) 보일러 공급수 처리비용 C_{BFW}
4) 공급수 펌핑동력비용 C_P
5) 연소공기 팬 동력비용 C_A
6) 보일러 blowdown 배출수 비용 C_B
7) 회분 처리비용 C_D
8) 환경배출제어비용 C_E
9) 보수유지관리 인건비 C_M

이로부터 총 수증기 생산비용은 다음과 같이 얻어진다.

$$C_G = C_F + C_W + C_{BFW} + C_P + C_A + C_B + C_D + C_E + C_M$$

연료비용은 수증기 생산비용의 대부분을 차지하며 다음과 같이 주어진다.

$$C_F = \frac{a_F(H_S - h_W)}{1000\eta_B}$$

위에서 a_F는 연료단가(원/Kcal), H_S는 수증기 엔탈피(Kcal/kg), h_W는 보일러 공급수의 엔탈피(Kcal/kg)이며 η_B는 총괄 보일러 효율이다.

총괄 보일러 효율은 외부온도에서 공급되는 연소공기와 탈기기로의 보일러 보충수 온도에 바탕을 둔다. 외부온도에서 응축온도로의 보일러 공급수의 예열은 에너지 비용이 저렴하였을 경우에는 수증기에 의해 이루어졌지만 요즈음에는 잉여의 공정 열을 이용하는 열교환에 의해 이루어 짐으로써 효율의 향상이 가능하게 되었다. 총괄 보일러 효율은 과잉공기 비율이 거의 최적으로 유지되는 경우 80~85 % 범위이다.

총 수증기 생산비용을 구성하는 개개의 비용들을 정확하게 규명하는 것이 최선이겠지만 실제에 있어서는 다음과 같은 근사관계를 이용하여도 충분한 경우가 많다.

$$C_G = C_F(1 + 0.30)$$

위에서 0.30은 앞의 개별적인 비용의 합의 대표적인 근사값을 나타낸다. 즉,

$$0.30\ C_F = C_W + C_{BFW} + C_P + C_A + C_B + C_D + C_E + C_M$$

수증기 생산비용의 계산을 위한 두 번째 단계는 저압수준에서의 수증기 비용을 계산하는 것이다. 이 비용의 계산은 수증기가 생성되는 기점으로부터 사용처에 이르는 경로에 따라 좌우되므로 쉬운 일이 아니다. 감압밸브와 같은 장치에 의해 생성되는 저압 수증기는 감압 이전의 고압 수증기와 실질적으로 동일한 엔탈피를 가지므로 과열증기가 되는데 이의 억제를 위해 응축수를 사용하는 것이 보통이다. **저압 수증기 비용은 고압 수증기 비용으로부터 다음 관계에 의해 계산된다** :

$$C_L = C_H \cdot \frac{(H_{SL} - h_W)}{(H_{SH} - h_W)}$$

위에서 H_{SL}은 저압 수증기의 엔탈피(Kcal/kg), H_{SH}는 고압 수증기의 엔탈피(Kcal/kg)이다.

감압밸브를 이용하여 저압 수증기를 만드는 것은 비효율적이다. 수증기 유량이 시간당 약 23,000 kg 이상인 경우에는 수증기를 배압증기 터빈으로 보내어 부산물로 전력을 얻어내는 것이 비용면에서 월등히 효율적이다. **저압 수증기가 터빈을 통하여 생성되는 경우 비용은 다음과 같이 계산된다 :**

$$C_L = C_H - 1000 \cdot a_E \cdot \frac{(H_{SH} - H_{SL}^*)}{3413\eta_T\eta_G}$$

위에서 a_E는 전력단가(원/kWh), H_{SL}^*은 고압 수증기의 등엔트로피 팽창으로부터 얻어지는 저압 수증기의 엔탈피, η_T는 수증기 터빈의 등엔트로피 효율, 그리고 η_G는 발전기 효율이다. 저압 수증기 소비량의 증가, 혹은 감소에 따라 정확한 비용을 부과하는 것이 어려운 일인데 이 비용의 계산은 수증기가 생성되는 기점으로부터 사용처에 이르는 경로에 따라 좌우된다. 정확한 값을 얻는 유일한 방법은 시스템의 열 및 물질수지 모델을 세우고 이의 모사로부터 계산하는 것이다.

나. 수증기 시스템 모델의 구성

그림 6-2에 보인 간단한 수증기 시스템에 대한 모델의 구성요소를 살펴 보기로 한다. 먼저 보일러 부분에 대한 입출력 변수들을 살펴보면

(Inputs) = (공정으로부터의 응축수 회수분) + (보일러 보충수)
(Outputs) = (공정으로의 수증기) + (플래쉬 드럼으로부터의 blowdown)
+ (대기로의 배출분(Vent A, B 및 C))

충족되어야 하는 수지 관계들은 다음과 같다.

보일러 : (생성 수증기) + (보일러 blowdown) = (보일러 공급수)
수증기 헤더 : (생성 수증기)=(공정으로의 수증기)+(감압밸브로의 수증기)

\+ (터빈발전기로의 수증기)+(Soot blowing 수증기)

응축수 탱크 : (탈기기 feed)=(보일러 보충수)+(공정 응축수)-(Vent A)

Blowdown : (보일러 blowdown)=(드럼 blowdown)+(탈기기 flash 증기)

탈기기 : (보일러공급수) = (탈기기 feed)+(감압밸브로부터의 수증기)

+(터빈으로부터의 수증기)+(blowdown flash 증기)-(Vent B)

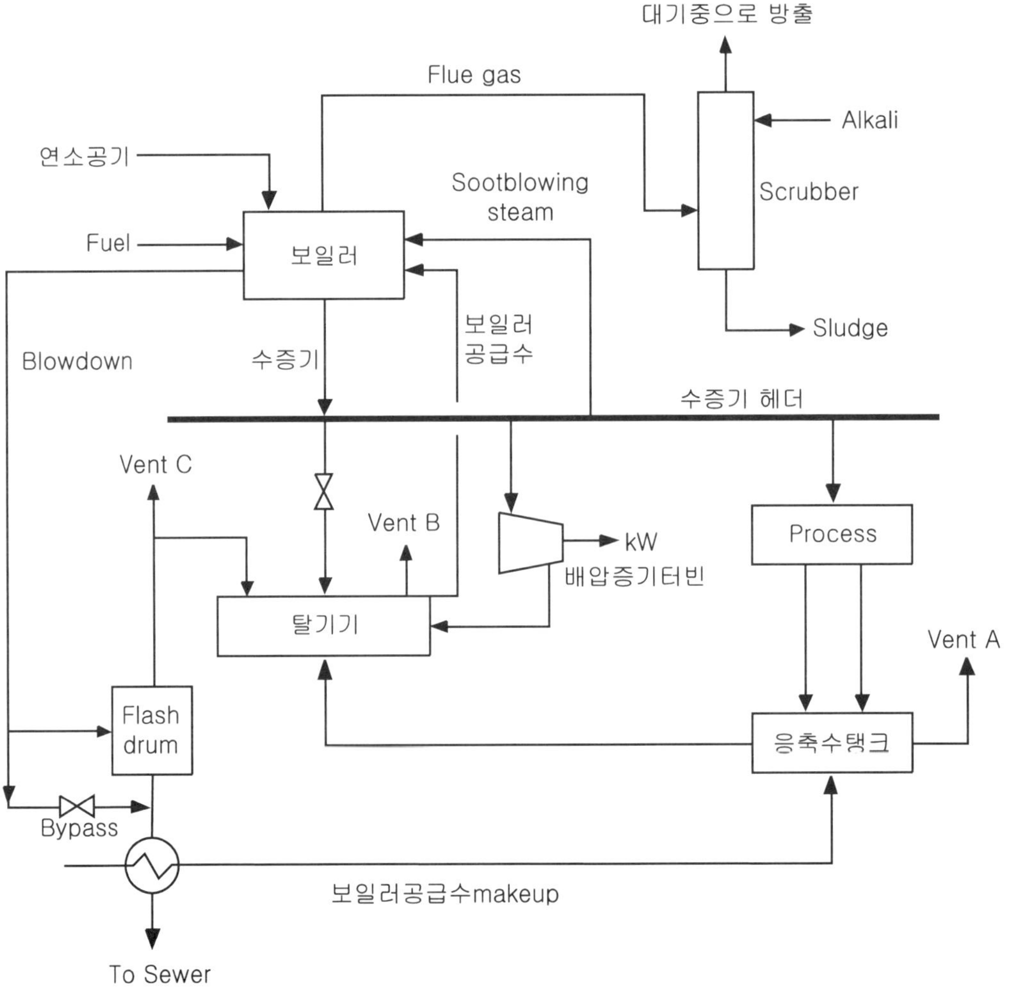

그림 6-2. 간단한 수증기 시스템

위의 각 부분에 대하여 물질수지와 에너지 수지를 세운 다음 컴퓨터를 이용하여 대수적으로 풀이한다. 총괄 수지식을 세워보면 미지수가 한 개 더 많은 것을 알 수 있는데 대개 수증기 생성량을 가정한 후 모든 값들이 수렴될 때까지 반복 계산을 수행하도록 프로그램을 구성하여 준다.

다. 수증기 비용계산 사례

그림 6-3은 7개의 보일러와 4 개의 수증기 헤더, 그리고 3 개의 T/G(터빈발전기)로 구성되는 설탕정제공정의 수증기 시스템을 보인 것이다. **먼저 평균비용과 분증비용을 다음과 같이 다시 정의해 두기로 한다 :**

$$(\text{평균비용}) = \frac{(\text{총 운전비용})}{(\text{총 수증기})} = \frac{C_o}{S}$$

$$(\text{분증비용}) = \frac{(\text{분증 운전비용})}{(\text{분증 수증기 소모량})} = \frac{\Delta C_o}{\Delta S}$$

에너지 보존평가 및 효율향상 프로젝트에서 구하여야 하는 것은 분증비용이다. 먼저 응축수 회수, 보일러 blowdown, 탈기기 압력, 연료혼합비, 응축온도, 보일러 보충수 공급온도, 공정 수증기 수요량 추세, 감압밸브, 그리고 수증기 터빈 유량 등을 포함하는 시스템에 대한 기본적인 운전 파라미터들을 결정하여 준다. 다음에 구성된 모델을 이용하여 위에서 정한 기본적인 운전상황에 대한 총 운전비용을 계산한다. **표 6-2**는 각 수증기 헤더의 조건이며 **표 6-3**은 각 보일러의 운전조건이다.

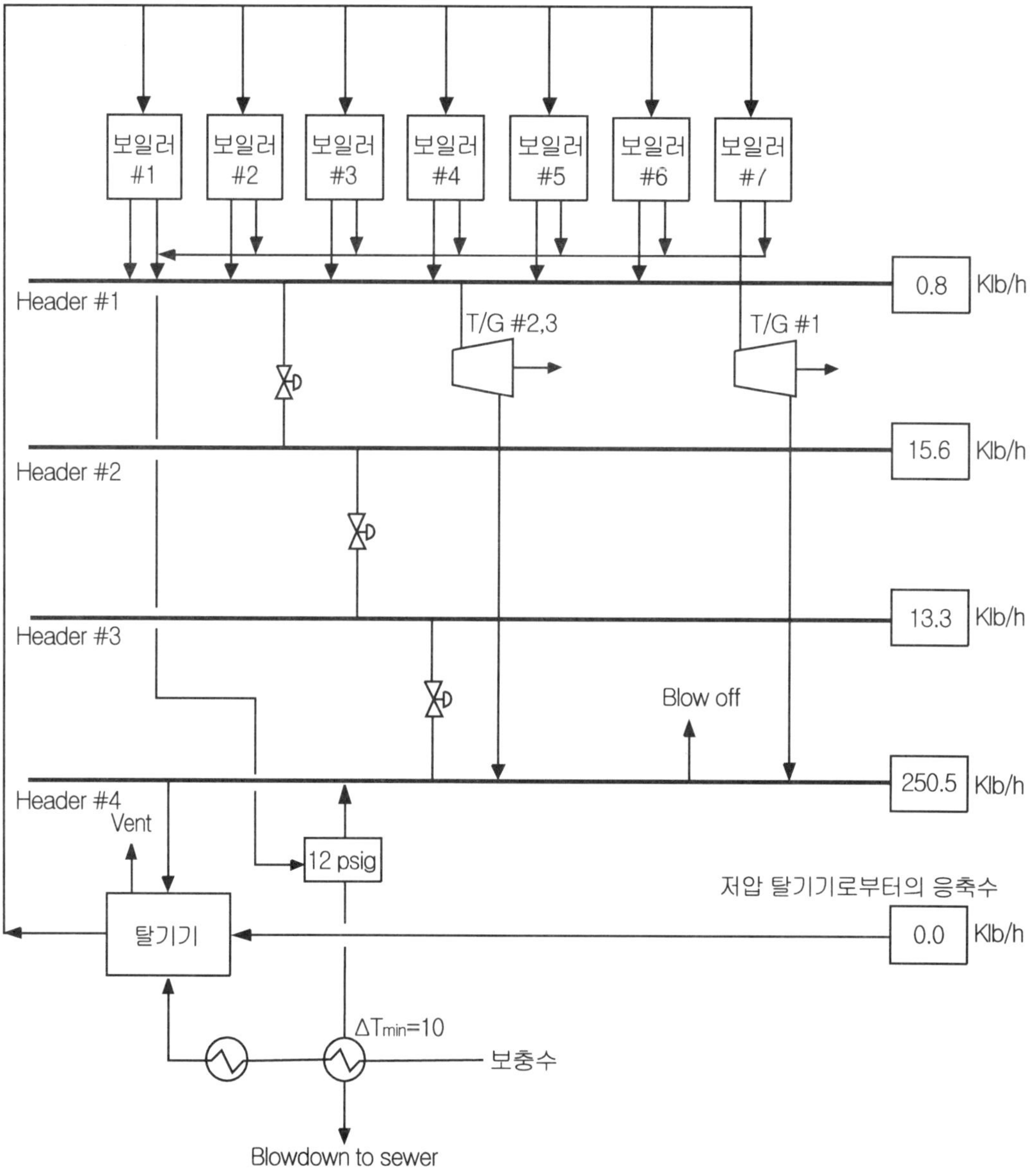

그림 6-3. 설탕정제공정 수증기 시스템

표 6-2. 수증기 헤더조건

구 분	압력(psig)	온도(°F)	엔탈피(Btu/lb)
Header #1	300	550, 421.8(포화온도)	1284
Header #2	200	387.9(포화온도)	1204
Header #3	80	324.1(포화온도)	1189
Header #4	12	244(포화온도)	

표 6-3. 보일러 운전조건

보일러	Max. Capacity (Klb/h)	효율(%)	% of Capacity	Status(Klb/h)
#1(gas)	50	84	0	
#2(coal)	32	83	85	0.0
#3(coal)	37	82	85	0.0
#4(coal)	37	83	85	0.0
#5(coal)	37	81	82	0.0
#6(coal)	37	73	50	0.0
#7(oil)	110	83	88	0.0

수증기 비용 계산을 위한 기본 가정 및 근거로서 요구되는 전력은 8.32 MW, 생성되는 전력은 7.80 MW, 연간 운전시간은 7680 시간, 총 보일러 부하는 시간당 370.8 MMBtu, 그리고 GHV(Gas Heating Value)는 1020 Btu/ft^3이라고 간주한다. 아울러 공정으로부터의 수증기 요구량은 시간당 200 psig 수증기 15.6 Klb, 80 psig 수증기 13.3 Klb, 그리고 12 psig 수증기 250.5 Klb 이며 자체 수증기 소모

량은 300 psig 수증기 1.7 Klb, 12 psig 수증기 21.3 Klb(탈기기), 12 psig 수증기 −5.4 Klb(Blowdown flash 증기 회수분) 로서 요구되는 총 수증기 생산량은 300 psig 수증기 297 Klb 라고 간주한다. 또한 연료 및 용수의 단위비용은 **표 6−4**에 보인 바와 같다고 간주한다.

표 6-4. 연료 및 용수의 단위비용

구 분	Quantity	단위비용, $		MM$/yr
		@	Unit	
Gas(fuel)	363.6 KCF/h	2.40	KCF	6.70
구입전력	0.52 MW	61.0	MWH	0.24
용수	246.4 gpm	1.0	Kgal	0.11
폐수	47.4 gpm	0.25	Kgal	0.01
합 계				7.06

이제 저압 수증기(12 psig) 소요량이 어떤 양만큼 만큼 증가하거나 감소하였다면 총 운전비용은 얼마나 변할 것인가? 이를 규명하기 위해서는 저압 수증기 소요량의 초기값을 적절한 양만큼 변화시킨 다음 수증기 시스템 모델에 근거하여 새로운 운전비용을 계산한다. 모델은 공정 수증기 수요의 변화에 대한 공정 운전지침을 정확하게 반영하고 있어야 한다. 이를테면 저압 수증기 헤더로의 수증기 유입량의 감소가 감압밸브에 의한 것인지, 아니면 수증기 터빈에 의한 것인지의 여부, 혹은 요구되는 수증기의 과열정도가 유지되는지의 여부, 장치 용량에 대한 제약조건들이 반영되는지의 여부 및 새로운 흐름조건에서 정확한 보일러와 터빈 효율이 사용되는지의 여부 등은 모델에서 감안되어야 하는 중요한 정보들이다.

표 6-5. 다양한 변동조건들에 대한 비용계산 결과

수증기, Klb/h		운전속도 (용량%)		수증기유량, Klb/h		감압밸브 유량, Klb/h	비용, MM$/y	증분비용 MM$/y	저압수증기변동량, Klb/h	수증기 비용, $/Klb
공정 소요량	Total	석탄 보일러	보일러 #1	T/G#2	T/G#3					
152.8	194	43	30	20	40	2.6	6.3	-	-	1.18
152.9										1.18
219.2	264	80	30	20	110	2.6	6.9	0.60	66.4	1.18
219.3										1.01
226.9	272	85	30	28	110	2.6	7.0	0.06	7.7	1.01
227.0										2.21
257.0	304	85	83	60	110	2.6	7.5	0.51	30.1	2.21
257.1										3.85
266.8	314	85	100	60	110	12.9	7.8	0.29	9.8	3.85
266.9										2.96
280.0	328	93	100	60	110	26.8	8.1	0.30	13.2	2.96

몇 가지 다양한 변동조건들에 대한 반복계산 결과가 **표 6-5**에 나타나 있다. **표 6-5**에 보인 결과는 저압 수증기의 증분비용은 운전속도에 따라 상당히 변화함을 보여주고 있다. 이는 결합된 열 및 동력 시스템을 통하여 다른 경로들을 따라 저압 수증기가 유동되기 때문이다.

공정 수증기 소요량이 152.8 Kl/h 인 경우 #1 보일러는 최저속도(용량의 30%)에서 운전되고 있으며 이들 조건에서 가스는 비용단가가 높은 연료이고 따라서 석탄 보일러(#2~#6)에서 나머지 소요 수증기량을 공급하고 있다. 터빈발전기 #2와 #3는 각각 20 및 40 Klb/h의 최저속도로 운전되고 있다.

공정 수증기 소요량이 증가함에 따라 석탄 보일러들의 부하가 증가함은 물론 터빈 발전기 #3를 통과하는 수증기의 양도 110 Klb/h의 최대 용량에 이르고 있다. 수증기 소요량이 계속 증가하면 터빈발전기 #2를 통과하는 유량이 증가하기 시작하며 어느 시점에서 석탄보일러의 운전율이 바람직한 수준인 85%에 이르게 된다.

공정 수증기 소요량이 더욱 증가하게 되면 추가로 소요되는 수증기는 가스 보일러(#1)로부터 공급되어야 한다. 터빈발전기 #2를 통하는 유량이 60 Klb/h의 최대 용량에 도달하게 되면 추가로 소요되는 저압 수증기는 고압 수증기를 감압밸브를 통과시킴으로써 공급하여 준다. 이 경우 증분비용은 비약적인 증가를 보인다.

7

Steam 분배공정의 모델링

보일러나 수증기 터빈 등 수증기의 생산과 분배에 관련되는 핵심적 장치들에 대한 모델링 및 계산방법은 이미 소개된 바 있다. 여기에서는 수증기의 전반적인 최적 수급 및 분배공정에 대한 모델링 과정을 살펴보기로 한다. 여기에서 대상으로 하는 수증기 분배 시스템은 **그림 7-1**에 보인 바와 같다.

그림에 보인 수증기 분배공정은 2대의 오일 보일러와 6대의 다단 증기 터빈, 3대의 열교환기, 그리고 2대의 감압 설비로 구성되어 있다. 이 공정에서는 4가지 등급의 수증기 헤더(초고압 수증기, 고압 수증기, 중압 수증기, 저압 수증기)가 있다. 오일 보일러는 각각 초고압 수증기와 고압 수증기를 생산하며 전력 생산은 모든 다단 수증기 터빈에서 이루어진다.

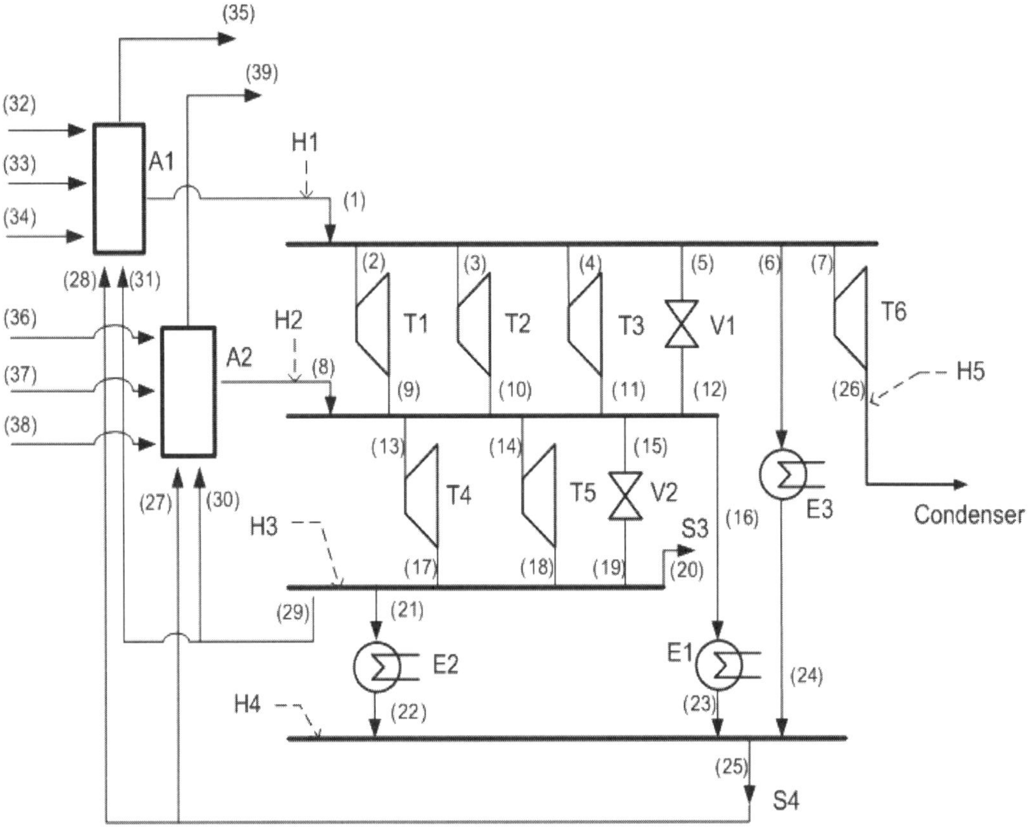

그림 7-1. 수증기 생산 및 분배 공정의 공정도

7-1 수증기 발생 장치 모델링

(1) 보일러 공정

이 공정에서 수증기 생산에 이용되는 2대의 보일러를 편의상 A1 및 A2라 하자. A1의 경우 초고압 수증기를 생산하고, A2는 고압 수증기 생산에 사용된다. 연료로는 벙커-C유를 사용한다. 벙커-C유는 저압 수증기를 사용하는 증기식 연료 예열기에서 예열된 후 중압 수증기를 사용하는 연료유 가열기를 거친다. 이렇게 함으로써 오일의 온도를 높여 유동성과 연소율을 높일 수 있다. 한편, 고압 급수 가열기는 중압 수증기를 이용하여 보일러 공급수를 예열한다. 연소에 필요한 공기는 중압 수증기를 사용하는 증기식 공기 예열기를 지나 연소 가스를 이용하는 가스식 공기 예열기를 거친다. 위의 공정에서는 수증기를 생산하기 위한 자기 소모 수증기를 다시 회수한다. 이 공정에서 정상상태 일 때의 오일 보일러의 경우 관계식은 다음과 같이 쓸 수 있다. 여기서 보일러의 효율은 90%로 가정하였다.

A1 오일 보일러 :

$$m_1 + m_{35} - m_{28} - m_{31} - m_{32} - m_{33} - m_{34} = 0$$

$$\begin{aligned} & H_1 m_1 + H_{exhaust} m_{35} - H_4 m_{28} - H_3 m_{31} \\ & \quad - \eta_{oil}(H_{oil} + H_{oh}) m_{32} - H_{air} m_{33} - H_{water} m_{34} = 0 \end{aligned}$$

A2 오일 보일러 :

$$m_8 + m_{39} - m_{27} - m_{30} - m_{36} - m_{37} - m_{38} = 0$$

$$\begin{aligned} & H_2 m_8 + H_{exhaust} m_{39} - H_4 m_{27} - H_3 m_{30} \\ & \quad - \eta_{oil}(H_{oil} + H_{oh}) m_{36} - H_{air} m_{37} - H_{water} m_{38} = 0 \end{aligned}$$

(2) 배기가스

배기가스의 주요 구성성분으로서 SO2, N2, CO2, H2O, 그리고 O2를 들 수 있는데 x를 과잉공기 비율이라고 하면 배기가스의 유량은 다음과 같이 예측할 수 있다.

$$x = \frac{m_{Air} - 13.79 m_{oil}}{13.79 m_{oil}}$$

30%의 과잉 공기 비율로 운전된다고 가정하면

$$m_{co_2} = 3.08 m_{oil}, \quad m_{H_2O} = 1.03 m_{oil}, \quad m_{O_2} = 3.19 x m_{oil} = 0.957 m_{oil}$$

$$m_{N_2} = 10.61(1 + x) m_{oil} = 3.183 m_{oil}, \quad m_{SO_2} = 0.08 m_{oil}$$

그러므로 배기가스의 유량은 다음과 같다.

$$\begin{aligned} m_{ex} &= \{3.08 + (1.03+1) + 0.08 + 3.19(0.3) + 10.61(1+0.3)\}\, m_{oil} \\ &= 19.94 m_{oil} \end{aligned}$$

이렇게 구한 오일 보일러의 조성으로부터 엔탈피를 구할 수 있다.

$$H_{ex} = [0.152\, C_P^{CO_2} + 0.103\, C_P^{H_2O} + 0.048\, C_P^{O_2} + 0.693\, C_P^{N_2} + 0.004\, C_P^{SO_2}](T_{ex} - T_{ref})$$

배기가스 각 구성 물질들의 열용량은 다음 식으로부터 얻어지는데 이 식의 계산에 요구되는 계수는 **표 7-1**에 나타나 있다.

$$C_P\,[kJ/kg \cdot K] = A + BT + DT^{-2}$$

표 7-1. 배기가스 주요 성분의 열용량 계수

chemical species	10^3A	10^3B	$10^{-4}D$
SO_2	760.9	0.609	$-1.688*10^7$
N_2	973.9	0.176	$+0.118*10^7$
CO_2	1031.1	0.197	$-2.18*10^7$
H_2O	1602.7	0.67	$+0.56*10^7$
O_2	942.5	0.131	$-0.587*10^7$

(3) 자기 소모 수증기

자기 소모 수증기는 수증기의 생산을 위해 보일러 공정에서 자체적으로 소모되는 수증기를 말하는데 주로 고압 급수 가열기, 증기식 공기 예열기, 탈기기, 연료유 분무기, 그리고 증기식 연료유 가열기에서 소모된다. 이들 각 부분에서 소모되는 수증기의 양은 보일러에서 생산되는 수증기 양을 이용하여 다음과 같이 나타낼 수 있다.

고압 급수 가열기 = 0.13 * SS_{gen}

증기식 공기 예열기 = 0.038 * SS_{gen}

탈기기 = 0.0927 * SS_{gen}

연료유 분무기 = 0.0106 * SS_{gen} - 0.0117

증기식 연료유 가열기 = 0.0040 * SS_{gen} - 0.044

7-2 수증기 분배 장치 모델링

(1) 수증기 헤더

수증기 헤더는 수증기 발생 장치에서 생산한 수증기를 각각의 단위 공정으로 운반하는 역할을 한다. 여기에서 대상으로 하는 수증기 분배공정의 각 헤더에서 수증기의 특성은 다음의 **표 7-2**에 보인 바와 같다.

표 7-2. 각 수증기 헤더의 특성

Steam header	압력(kg/cm^2g)	온도(℃)	엔탈피(kJ/kg)
Superheated	114	510	3386.88
High pressure	41	300	2961.08
Medium pressure	16.3	250	2921.19
Low pressure	5.5~6	180	2806.81

4개의 헤더는 모두 다단 증기 터빈과 열교환기, 감압 설비와 연결되어 있다. 초고압 수증기 헤더에서 일부는 복수기로 이송한다. 일반적으로 복수기는 증기터빈의 출구압력을 대기압 이하로 내리고 증기터빈의 출력과 열효율을 대폭 향상시키기 위해 사용하며, 배출된 증기를 다시 보일러 급수로 이용할 수 있게 한다. 하지만, 위의 공정에서는 보일러로 회수되는 것은 무시한다. 또한 수증기의 수요처(S3)는 중압 수증기만을 소모한다. 헤더와 연관된 물질 수지식은 다음과 같다.

초고압 수증기 헤더 : $m_2 + m_3 + m_4 + m_5 + m_6 + m_7 - m_1 = 0$

고압 수증기 헤더 : $m_{13} + m_{14} + m_{15} + m_{16} - m_8 - m_9 - m_{10} - m_{11} - m_{12} = 0$

중압 수증기 헤더 : $m_{20} + m_{21} + m_{29} - m_{17} - m_{18} - m_{19} = 0$

저압 수증기 헤더 : $m_{25} - m_{22} - m_{23} - m_{24} = 0$

(2) 증기터빈과 열교환기

증기 터빈은 대체적으로 연관 화학공장의 소비 전력의 약 60% 정도를 공급할 뿐만 아니라 초고압 증기를 각 공장에서 필요한 고압, 중압, 저압으로 전환해 주는 역할을 한다. 위 공정에서 터빈들은 모두 27Mw형 다단 증기 터빈이라고 간주한다(T1~T6). 아울러 각 터빈들은 모두 전력 생산을 목적으로 하며 효율은 각각 80%라고 가정하였다. 각 다단 증기 터빈에 대한 모델식은 다음과 같다.

T1 : $W_1 - 0.2778\eta_{TG}(H_1^* m_2 - H_2^* m_9) = 0$

T2 : $W_2 - 0.2778\eta_{TG}(H_1^* m_3 - H_2^* m_{10}) = 0$

T3 : $W_3 - 0.2778\eta_{TG}(H_1^* m_4 - H_2^* m_{11}) = 0$

T4 : $W_4 - 0.2778\eta_{TG}(H_2^* m_{13} - H_3^* m_{17}) = 0$

T5 : $W_5 - 0.2778\eta_{TG}(H_2^* m_{14} - H_3^* m_{18}) = 0$

T6 : $W_6 - 0.2778\eta_{TG}(H_1^* m_7 - H_5^* m_{26}) = 0$

아울러 열교환기 관련식은 다음과 같이 쓸 수 있으며 열교환기 부하는 **표 7-3**에 보인 바와 같은 것으로 간주하였다.

$$Q_1 - 0.2778\,(H_2{}^* m_{16} - H_4{}^* m_{23}) = 0$$
$$Q_2 - 0.2778\,(H_3{}^* m_{21} - H_4{}^* m_{22}) = 0$$
$$Q_3 - 0.2778\,(H_1{}^* m_6 - H_4{}^* m_{24}) = 0$$

표 7-3. 각 열교환기의 부하

Unit	Q1	Q2	Q3
Load(kW)	16000	24000	19000

(3) 감압설비

감압설비는 수증기 헤더의 압력을 조절하는데 가장 많이 사용되는 공정 장치로서 높은 온도와 압력의 수증기를 낮은 온도와 압력의 수증기로 만든다. 감압설비에 대한 물질 및 에너지 수지를 이용하여 유입수, 유출수 및 분무수와의 관계를 구할 수 있다.

$$m_{in} + m_w = m_{out}$$
$$m_{in}h_{in} + m_w h_w = m_{out}h_{out}$$

위의 식으로부터 다음 관계를 얻는다.

$$m_{out} - \frac{h_{in} - h_w}{h_{out} - h_w} m_{in} = 0$$

7-3 수증기 분배조업의 최적화

앞에서 우리는 수증기 발생장치와 수증기 분배 시스템에 대한 물질수지 및 에너지 수지식을 구성하였다. 이제 이들 모델식들로부터 최적의 운전조건을 알아보기로 한다. 여기에서 대상으로 하는 수증기 분배공정의 주요 변수와 조업 범위는 **표 7-4** 및 7-5에 보인 것과 같은 것으로 가정한다.

표 7-4. 수증기 발생장치 공정변수의 조업범위

구분	변수 명	조업 범위
x_{27}	저압 수증기 헤더에서의 유입량	$0 \leq x_{27} \leq 10$
x_{28}	저압 수증기 헤더에서의 유입량	$0 \leq x_{28} \leq 10$
x_{30}	A1 보일러에 대한 자기소모 수증기 유입량	$0 \leq x_{30} \leq 9$
x_{31}	A2 보일러에 대한 자기소모 수증기 유입량	$0 \leq x_{31} \leq 9$
x_{32}	A1 보일러의 벙커-C유 유입량	$0 \leq x_{32} \leq 5.7$
x_{33}	A1 보일러의 공기 유입량	$0 \leq x_{33} \leq 90$
x_{34}	A1 보일러의 급수 유입량	$0 \leq x_{34} \leq 88.4$
x_{35}	A1 보일러의 배기가스량	$0 \leq x_{35} \leq 90$
x_{36}	A2 보일러의 벙커-C유 유입량	$0 \leq x_{36} \leq 5.7$
x_{37}	A2 보일러의 공기 유입량	$0 \leq x_{37} \leq 90$
x_{38}	A2 보일러의 급수 유입량	$0 \leq x_{38} \leq 88.4$
x_{39}	A2 보일러의 배기가스량	$0 \leq x_{39} \leq 90$

표 7-5. 수증기 분배장치 공정변수의 조업범위

구분	변수 명	조업 범위
x_1	A1 오일 보일러 증기 유량	$0 \le x_1 \le 85$
x_2	T1 증기터빈 입구	$0 \le x_2 \le 70$
x_3	T2 증기터빈 입구	$0 \le x_3 \le 70$
x_4	T3 증기터빈 입구	$0 \le x_4 \le 70$
x_5	V1 감압설비 입구	$0 \le x_5 \le 88.4$
x_6	E3 열교환기 입구	$0 \le x_6 \le 70$
x_7	T6 증기터빈 입구	$0 \le x_7 \le 70$
x_8	A2 오일 보일러 증기 유량	$0 \le x_8 \le 85$
x_9	T1 증기터빈 출구	$0 \le x_9 \le 70$
x_{10}	T2 증기터빈 출구	$0 \le x_{10} \le 70$
x_{11}	T3 증기터빈 출구	$0 \le x_{11} \le 70$
x_{12}	V1 감압설비 출구	$0 \le x_{12} \le 88.4$
x_{13}	T4 증기터빈 입구	$0 \le x_{13} \le 70$
x_{14}	T5 증기터빈 입구	$0 \le x_{14} \le 70$
x_{15}	V2 감압설비 입구	$0 \le x_{15} \le 88.4$
x_{16}	E1 열교환기 입구	$0 \le x_{16} \le 70$
x_{17}	T4 증기터빈 출구	$0 \le x_{17} \le 70$
x_{18}	T5 증기터빈 출구	$0 \le x_{18} \le 70$
x_{19}	V2 감압설비 출구	$0 \le x_{19} \le 88.4$
x_{20}	중압 수증기 사용처	$x_{20} = 56$
x_{21}	E2 열교환기 입구	$0 \le x_{21} \le 70$
x_{22}	E2 열교환기 출구	$0 \le x_{22} \le 70$
x_{23}	E1 열교환기 입구	$0 \le x_{23} \le 70$
x_{24}	E3 열교환기 입구	$0 \le x_{24} \le 70$
x_{25}	저압 수증기 추기량	$0 \le x_{25} \le 10$
x_{26}	T6 증기터빈 배기량	$x_{26} = 2$

(1) 목적함수의 구성

여기에서의 수증기 분배공정에서는 연료비용을 최소화하는 것을 목적으로 하는 것으로 간주한다. 이 경우 최적화 계산의 목적은 증기 터빈의 전기 생산량을 최대로 하면서 연료와 보일러 급수를 가장 적게 사용하는 조업 조건을 구하는 것이다. 이를 위하여 목적함수는 다음과 같이 설정할 수 있다.

Min f = Coil×(오일 소요량) + Cwater×(급수 수요량) - Cpower×(전력 생산량)

위에서 C_{oil}는 보일러 연료인 오일의 단가, C_{water}는 보일러 급수의 단가이고 C_{power}는 생산된 전력의 단가이다. 사용된 변수를 이용하여 목적함수를 다시 써 보면 다음과 같다.

$$\min \ f = C_{oil} * (m_{32} + m_{36}) + C_{water} * (m_{34} + m_{38}) - C_{power} * \sum_{n=1}^{6} W_n$$

(2) 제약 조건의 구성

분배공정에 대한 제약조건을 구성하기 위해서는 앞에서 얻은 모델식을 이용한다. 물질수지식은 등식 제약조건(equality constraint)으로, 에너지 수지식은 부등식 제약조건(inequality constraint)으로 설정한다. 모든 장치의 효율이 100%가 될 수 없기 때문에 에너지 수지식을 부등식 제약조건으로 한다.

Equality

$$m_2 + m_3 + m_4 + m_5 + m_6 + m_7 - m_1 = 0$$

$$m_{13} + m_{14} + m_{15} + m_{16} - m_8 - m_9 - m_{10} - m_{11} - m_{12} = 0$$

$$m_{20} + m_{21} + m_{29} - m_{17} - m_{18} - m_{19} = 0$$

$$m_{25} - m_{22} - m_{23} - m_{24} = 0$$

$$m_1 + m_{35} - m_{28} - m_{31} - m_{32} - m_{33} - m_{34} = 0$$

$$m_8 + m_{39} - m_{27} - m_{30} - m_{36} - m_{37} - m_{38} = 0$$

$$m_{35} - 19.94\, m_{33} = 0$$

$$m_{39} - 19.94\, m_{37} = 0$$

$$m_{29} - 0.2753\, m_1 + 0.0161 = 0$$

$$m_{27} + m_{28} - m_{25} = 0$$

$$m_{30} + m_{31} - m_{29} = 0$$

Inequality

$$W_1 - 0.2778\eta_{TG}(H_1^* m_2 - H_2^* m_9) = 0$$

$$W_2 - 0.2778\eta_{TG}(H_1^* m_3 - H_2^* m_{10}) = 0$$

$$W_3 - 0.2778\eta_{TG}(H_1^* m_4 - H_2^* m_{11}) = 0$$

$$W_4 - 0.2778\eta_{TG}(H_2^* m_{13} - H_3^* m_{17}) = 0$$

$$W_5 - 0.2778\eta_{TG}(H_2^* m_{14} - H_3^* m_{18}) = 0$$

$$W_6 - 0.2778\eta_{TG}(H_1^* m_7 - H_5^* m_{26}) = 0$$

$$Q_1 - 0.2778\,(H_2^* m_{16} - H_4^* m_{23}) = 0$$

$$Q_2 - 0.2778\,(H_3^* m_{21} - H_4^* m_{22}) = 0$$

$$Q_3 - 0.2778\,(H_1^* m_6 - H_4^* m_{24}) = 0$$

$$m_{12} - \frac{H_1 - H_w}{H_2 - H_w} * m_5 = 0$$

$$m_{19} - \frac{H_2 - H_w}{H_3 - H_w} * m_{15} = 0$$

$$H_1 m_1 + H_{exhaust} m_{35} - H_4 m_{28} - H_3 m_{31} - \eta_{oil}(H_{oil} + H_{oh}) m_{32} - H_{air} m_{33} - H_{water} m_{34} = 0$$

$$H_2 m_8 + H_{exhaust} m_{39} - H_4 m_{27} - H_3 m_{30} - \eta_{oil}(H_{oil} + H_{oh}) m_{36} - H_{air} m_{37} - H_{water} m_{38} = 0$$

위와 같이 설정된 최적화 문제는 이미 상용화되어 있는 여러 가지 S/W tool 들을 사용하여 풀 수 있다. 풀이결과 얻어진 에너지비용 절감액은 대상 분배 시스템의 경우 시간당 7,219,000원이었다. 이하에 보인 **그림 7-2, 7-3 및 7-4**는 수증기 소모처에서의 중압 수증기 사용량에 따른 오일 사용량, 급수 사용량, 그리고 전력 생산량을 나타낸 것이다. 이 결과들은 수증기 수요가 변화함에 따라 연료오일 사용량 및 보일러 급수 소요량이 어떻게 변화하는가를 보여주는 유용한 그래프들이다.

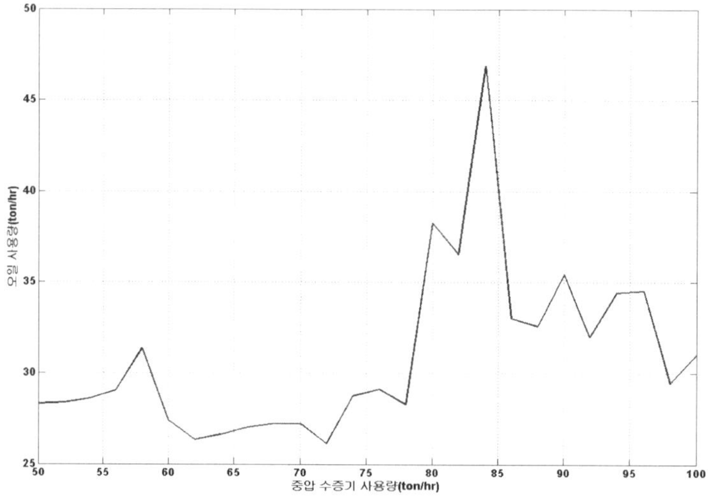

그림 7-2. 중압 수증기 사용량에 대한 오일 사용량

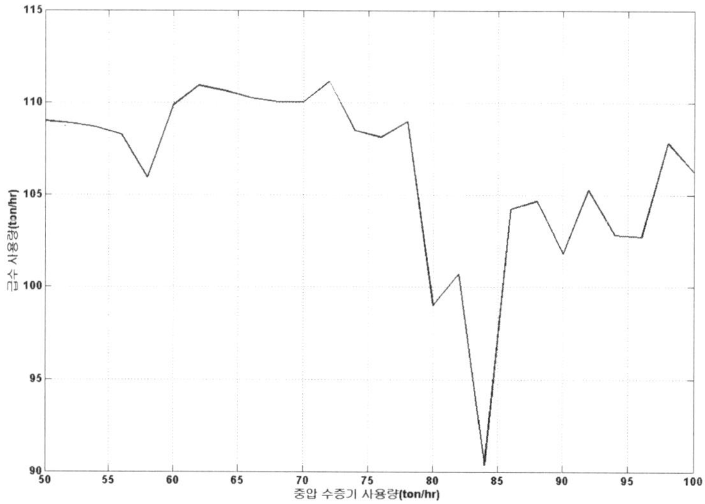

그림 7-3. 중압 수증기 사용량에 대한 보일러 급수 사용량

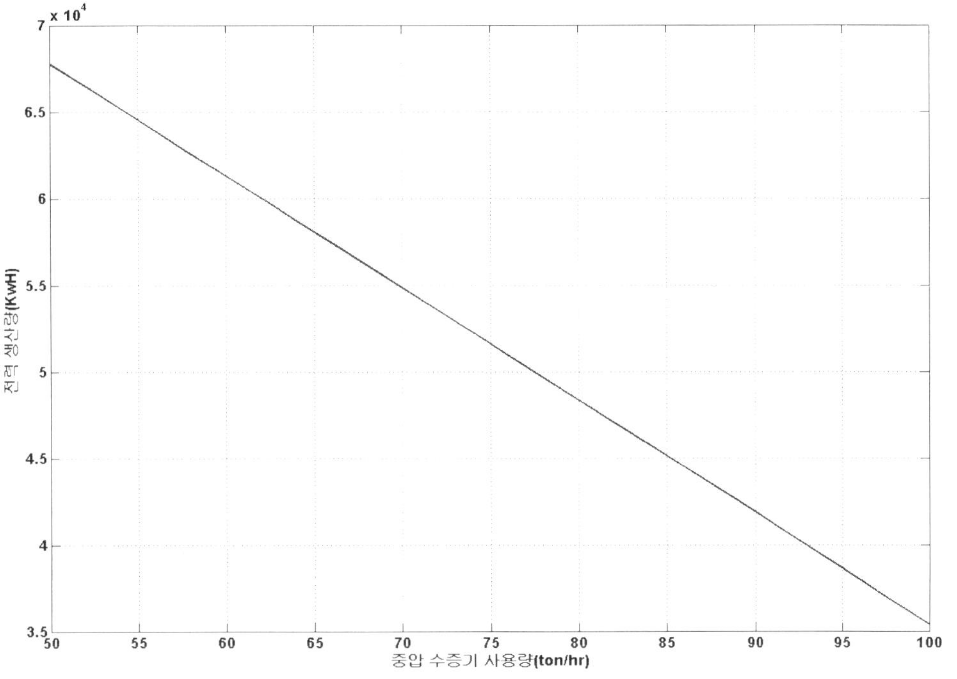

그림 7-4. 중압 수증기 사용량에 대한 전력 생산량

8

Steam 분배공정의 전문가 시스템

수증기 분배공정에서는 관련 장치들의 동특성이 매우 다양하고 복잡하기 때문에 각 장치들에 대한 정밀한 모델을 이용하는 수증기 분배공정의 최적 운용에는 한계가 있다고 하겠다. 또한 수증기 공정에는 수학적 모델식으로 나타낼 수 없는 조업지식들이 실제 운전에 많이 이용된다. 특히 모터/터빈 장치가 있는 유틸리티 공정에서는 경험적인 조업지식의 체계적 활용이 최적화에 큰 영향을 미친다. 여기에서는 경험적인 조업지식에 기반을 둔 수증기 분배공정의 최적화에 대하여 논의하여 보기로 한다.

8-1 공정 장치의 표현

객체는 지식기반 시스템에서 사용되는 정보를 저장하는 가장 작은 단위로서 장치나 개념을 표현할 수 있다. 이러한 객체를 나타내기 위하여 객체들의 성질들을 이용한다. 예를 들어 어떤 사람을 객체로 선언했을 때 이 사람의 몸무게, 키, 나이 등은 이 객체의 성질이 되며 성질이 비슷한 객체를 모아 하나의 클래스로 선언한다.

수증기 분배에 사용되는 모든 공정 장치는 객체를 이용하여 표현할 수 있다. 이 경우 공정 장치의 수증기 소모량, 수증기 추기량, 전력 소모량 그리고 발전량 등과 같은 주요한 인자들은 객체의 성질로 정의된다.

＊터빈 발전기를 예로 들면 다음과 같이 표현할 수 있다.

➤ ***객체***

터빈 발전기

➤ ***성질***

초고압 수증기 소모량

중압 수증기 추기량

저압 수증기 추기량

응축수 추기량

발전량

터빈 발전기의 성능은 일종의 "method"에 의해 구현할 수 있다. 이 method는 객체나 객체의 성질에 연결되어 추론하는 동안 일정한 조건하에서 일련의 행동을 취하도록 구성할 수 있으며 대개 IF ~ THEN ~ ELSE의 구조를 갖는다.

＊터빈 발전기의 성능을 method로 나타내어 보자.

➤ ***객체***

터빈 발전기

➤ ***성질***

수증기 소모량

method

IF

THEN

$$SS_{con} = 2.6667 * E_{\geq n} + 0.6586 * MS_{ext} + 0.4663 * LS_{ext} + 24.0$$

위의 method에 보인 성능식은 하나의 예이다. 위의 method는 터빈 발전기의 성질인 수증기 소모량에 연결되어 있음을 알 수 있다. 지식 기반을 추론하는 동안 터빈 발전기의 초고압 수증기 소비량의 값을 필요로 할 때에는 위의 method가이 실행되는데 IF-조건부가 공백이므로 이 method는 조건에 관계없이 항상 실행됨을 알 수 있다.

한편 유틸리티 터빈의 수증기 소모량과 유틸리티 모터의 전력 소모량은 항상 일정한 값을 갖는다.

***이렇게 일정한 값을 갖는 객체의 성질들은 "meta-slot" 을 이용하여 초기화 할 수 있다.**

➤ *객체*

유틸리티 터빈

➤ *성질*

수증기 소모량

meta-slot

초기화 : 34.0 t/h

8-2 지식 기반의 표현

수증기 분배는 각 공정에서 필요로 하는 수증기의 요구량이 변하였을 때 행하여진다. 여기에서 대상으로 하고 있는 공정의 수증기는 네 가지 등급이 있고 이러한 수증기 가운데 한 등급의 수증기가 변하였을 때에도 수증기 분배는 수행된다.

저압 수증기의 요구량이 감소하였을 때 수증기 분배를 위한 지식 기반을 어떻게 표현하는지 알아보자. 여기에는 다음과 같은 "production rule" 이 효과적으로 사용될 수 있다. 편의상 감압설비는 6대가 운용된다고 가정한다.

IF 저압 수증기 요구량 감소
감압 설비 3으로 저압 수증기 요구량 해결 가능
THEN
감압 설비 3의 유출량 감소시킴

저압 수증기의 요구량이 감소하면 감압 설비 3으로 수증기 공급을 요구하는 양만큼 감소시킬 수 있는지 검사하여 조건부가 참이면 감압 설비 3의의 유출량을 감소시킨다. 감압 설비의 유출량의 최소량은 보통 최대량의 5 %이다. 감압 설비의 유출량을 최소값까지 감소시켜도 저압 수증기를 요구하는 양만큼 감소시키지 못하면 터빈 발전기의 저압단 추기량을 감소시킨다.

IF
저압 수증기 요구량 감소
감압 설비 3으로 저압 수증기 요구량 해결 못함
감압 설비 3의 유출량과 터빈 발전기의 저압단 추기량 감소로 해결 가능
THEN
감압 설비 3의 유출량을 최소량까지 감소시킴
터빈 발전기의 저압단 추기량 감소시킴

터빈 발전기 저압단의 추기량은 최소량이 보통 12 t/h이며 추기량을 최소량까지 감소시켜도 저압 수증기 요구량의 감소된 만큼 감소시키지 못한다면 유틸리티 펌프의 구동원을 변경해야 한다. 유틸리티 터빈은 항상 일정한 양의 수증기를 사용하므로 공정에서 감소한 수증기 요구량을 정확히 충족시키기 위하여 감압 설비 6을 조절해야 한다고 가정하자.

IF

저압 수증기 요구량 감소

감압 설비 3으로 저압 수증기 요구량 해결 못함

감압 설비 3의 유출량과 터빈 발전기의 저압단 추기량 감소로 해결 못함

유틸리티 펌프의 구동원 변경 확인

THEN

감압 설비 3의 유출량을 최소량까지 감소시킴

터빈 발전기의 저압단 추기량을 최소량까지 감소시킴

유틸리티 펌프의 구동원 변경

감압 설비 6을 조절

감압 설비 6을 조절하기 위해서는 감압 설비의 유출량과 유출량의 최소량을 검사하여 감소된 수증기 요구량만큼 감소시킬 수 있는지 검사해 보아야 한다. 이를 위해 감압 설비 6에 대해 "method"를 다음과 같이 정의한다.

➤ *객체*

감압 설비 6

➤ *성질*

수증기 유출량

method

IF 수증기 요구량 감소

감압 설비 6으로 저압 수증기 요구량 해결가능

THEN

감압 설비 6의 유출량 감소

다른 수증기 헤더에 대해서도 위와 같이 지식 기반을 작성할 수 있다. **그림 8-1 ~ 8-4**는 지식 기반의 계층 구조의 예를 나타낸 것이다. 한편 자기 소모 수증기에 의한 보일러의 부하 증가량 계산을 위해 많은 반복 계산을 필요로 하는데 다음과 같은 지식 기반을 이용하여 보일러 부하 증가량을 계산할 수 있다.

IF

저압 수증기 헤더의 수증기 분배 실행

중압 수증기 헤더의 수증기 분배 실행

고압 수증기 헤더의 수증기 분배 실행

초고압 수증기 헤더의 수증기 분배 실행

보일러 부하가 수렴하지 않음

THEN

자기 수증기 소모량 갱신

Rule을 초기화

추론이 끝나면 모든 rule은 참 또는 거짓을 값으로 가져야 하므로 위의 rule은 조건부가 거짓이 될 때까지, 즉 보일러 부하가 수렴할 때까지 반복한다.

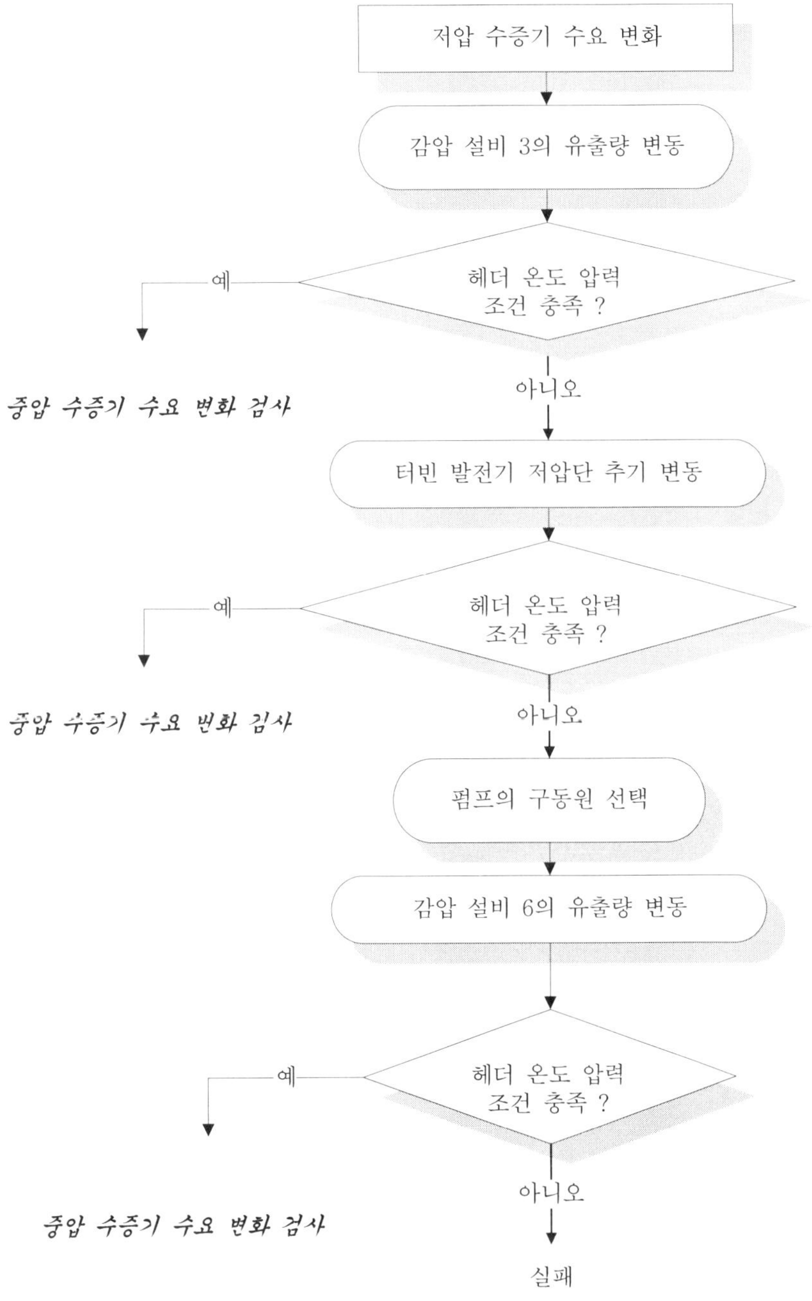

그림 8-1. 저압 수증기 변화에 대한 지식 기반의 계층 구조 (예)

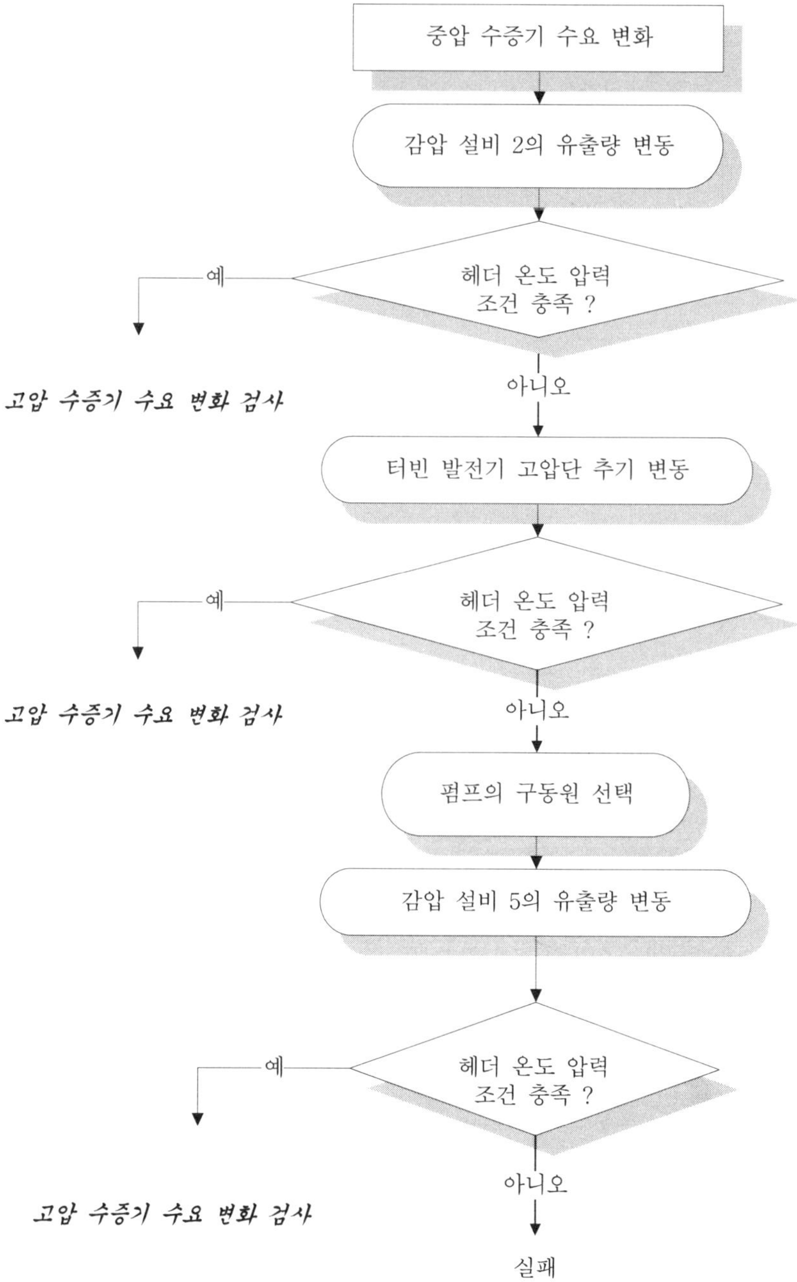

그림 8-2. 중압 수증기 변화에 대한 지식 기반의 계층 구조 (예)

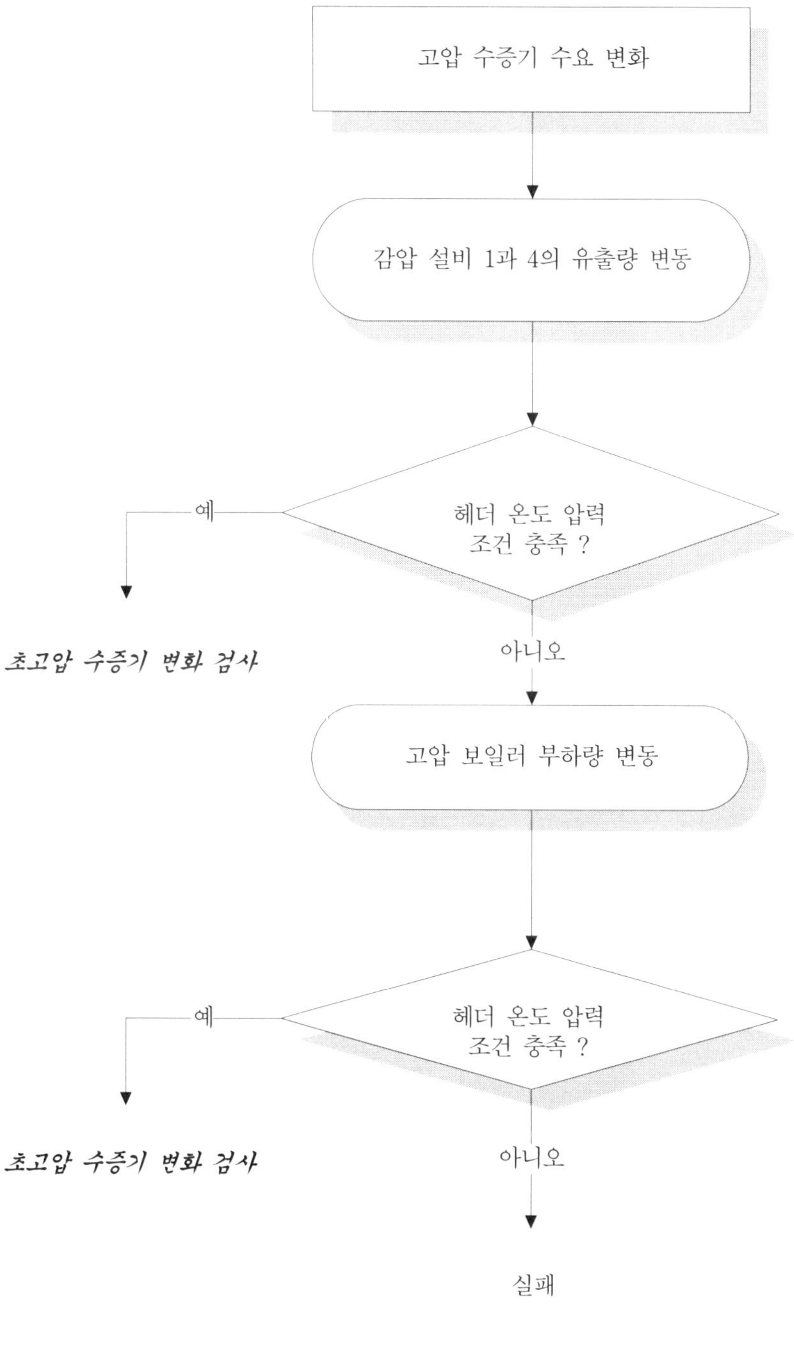

그림 8-3. 고압 수증기 변화에 대한 지식 기반의 계층 구조 (예)

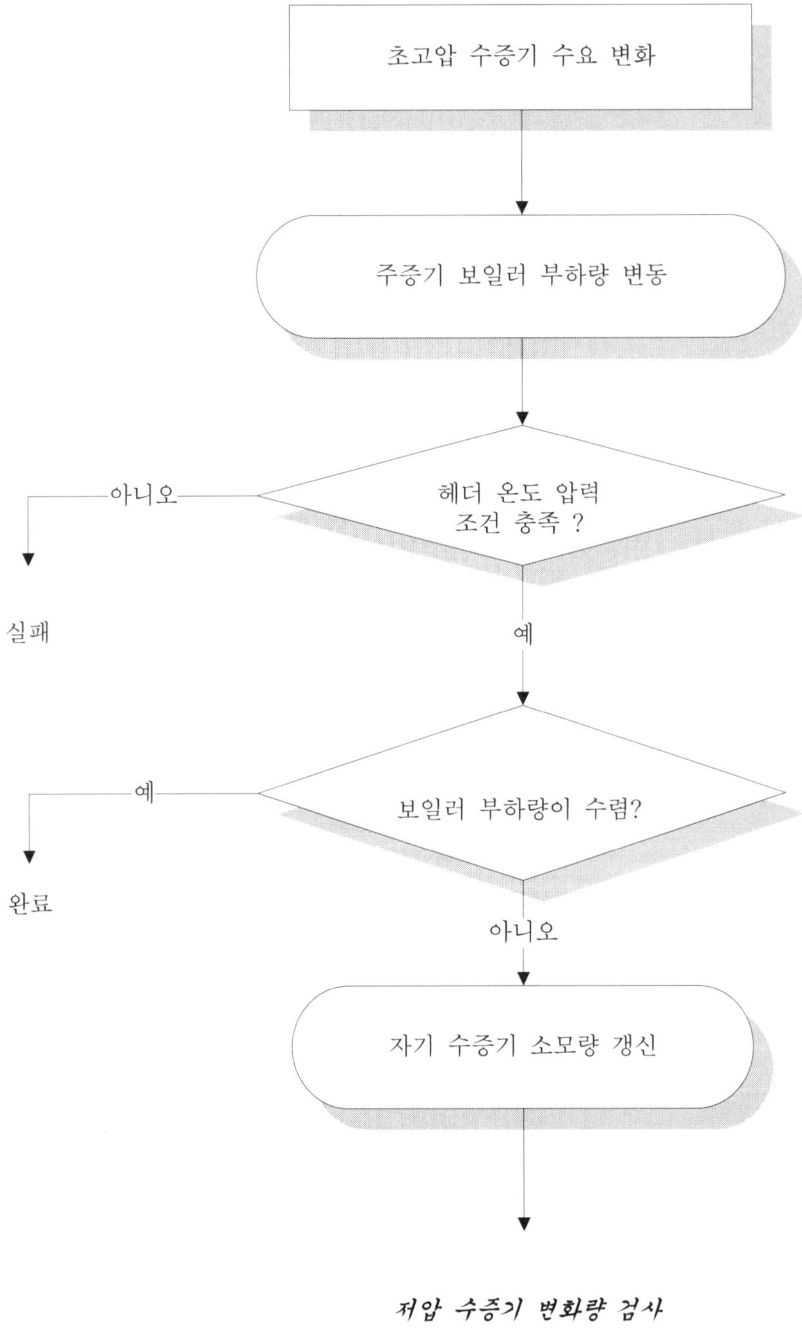

그림 8-4. 초고압 수증기 변화에 대한 지식 기반의 계층 구조 (예)

8-3 전문가 시스템을 이용한 수증기 분배

적절히 가정한 대상공정에 대하여 전문가 시스템을 이용한 수증기 분배를 실행하여 보자. 유틸리티 공장의 현재 조업 상황은 **표 8-1**과 **8-2**와 같다고 가정하자. 아울러 각 공정 장치의 운전 범위는 **표 8-3**과 **8-4**와 같다고 가정한다.

표 8-1. 유틸리티 공장의 현재 조업상황(Ⅰ) (예)

공정 장치	조업 상황 (t/h)
초고압 보일러	441.0
고압 보일러	0.0
고압 급수 가열기	57.33
증기식 공기 예열기	16.758
탈기기	40.8807
증기식 연료유 가열기	1.7523
수증기 분무 장치	4.6611
플래시 탱크	2.6667
감압 설비 1, 4	71.9997
감압 설비 2	9.08225
감압 설비 3	5.852
감압 설비 5	0.0
감압 설비 6	0.0
터빈 발전기	
수증기 소모량	180.0
고압단 추기량	131.0
저압단 추기량	19.0
응축수 추기량	30.0
발전량 (MW)	23.0
초고압 수증기 사용처	195.0
고압 수증기 사용처	-170.1926*
중압 수증기 사용처	208.22715
저압 수증기 사용처	70.6837

(* : NCC의 열교환기에서 많은 양의 수증기를 만들므로 고압 수증기 사용량이 음수이다.)

표 8-2. 유틸리티 공장의 현재 조업상황(II) (예)

장치명	운전 상황
냉각수 펌프	3T1M*
탈 탄소수 펌프	1T1M
최종 처리수 펌프	1T
압입 송풍기	3T1M
보일러수 펌프	2T2M
흡입 송풍기	1T3M
공기 압축기	1T1M
연료 펌프	
벙커시유 펌프	1T
PFO 펌프	운전되지 않음
C9-C10 펌프	운전되지 않음

(* : 4대의 펌프를 세대의 터빈과 한대의 모터로 구동)

표 8-3. 공정 장치의 운전 범위 (예)

공정 장치	운전 범위(t/h)
초고압 보일러	0 ~ 550.0
고압 보일러	0 ~ 10.0
터빈 발전기	
수증기 소모량	35.0 ~ 233.5
고압단 추기량	10.0 ~ 186.0
저압단 추기량	12.0 ~ 99.0
응축수 추기량	13.0 ~ 45.0
발전량	10.0 ~ 30.0
감압 설비 1, 4	0.0 ~ 171.0
감압 설비 2	0.0 ~ 14.959
감압 설비 3	0.0 ~ 8.512
감압 설비 5	0.0 ~ 190.0
감압 설비 6	0.0 ~ 100.0

표 8-4. 유틸리티 터빈과 모터의 설계값 (예)

공정 장치	구동원	터빈 (t/h)	모터 (kW)
냉각수 펌프	4T4M	50.268	1770.0
탈 탄소수 펌프	1T2M	2.13	90.0
최종 처리수 펌프	1T1M	7.59	220.0
압입 송풍기	4T4M	8.12	560.0
보일러수 펌프	4T2M	17.298	1250.0
흡입 송풍기	4T4M	4.6	250.0
공기 압축기	2T2M	9.612	540.0
연료 펌프			
벙커시유 펌프	2T1M	2.34	45.0
PFO 펌프	1T1M	1.95	60.0
C9-C10 펌프	1T1M	0.889	22.0

이 때 **표 8-5**와 같이 수증기 요구량이 변하였을 때 수증기 분배를 실행하여 보자. 수증기 분배는 항상 저압 수증기 헤더부터 시작한다.

표 8-5. 수증기 요구 변동량 (예)

수증기 종류	현재 (t/h)	변화후 (t/h)
초고압 수증기	195.0	206.0
고압 수증기	-170.1926	-145.1474
중압 수증기	208.22715	214.8137
저압 수증기	70.6837	74.0128

감압 설비 3의 운전 범위가 좁으므로 감압 설비를 조절하여 저압 수증기 요구량을 충족시킬 수 없기 때문에 다음과 같은 rule에 의해 수증기 분배가 이루어진다.

IF

저압 수증기 요구량 증가

감압 설비 3의 유출량 증가로 저압 수증기 요구량 해결 못함

감압 설비 3의 유출량과 터빈 발전기의 저압단 추기량 증가로 해결 가능

THEN

감압 설비 3의 유출량을 최대량까지 증가시킴

터빈 발전기의 저압단 추기량 증가시킴

중압 수증기 요구량도 증가하였고 감압 설비의 운전 범위가 넓지 못하므로 터빈 발전기의 고압단 추기량을 조절하여야 하며 다음과 같은 rule에 의해 중압 수증기를 분배할 수 있다.

IF

중압 수증기 요구량 증가

감압 설비 2의 유출량 증가로 중압 수증기 요구량 해결 못함

감압 설비 2의 유출량과 터빈 발전기의 고압단 추기량 증가로 해결 가능

THEN

감압 설비 2의 유출량을 최대량까지 증가시킴

터빈 발전기의 고압단 추기량 증가시킴

고압 수증기의 공급량이 감소하였으므로 수요량 증가와 같은 사건으로 간주할 수 있고 다음과 같은 rule에 의해 수증기를 분배할 수 있다.

IF 고압 수증기 요구량 증가
감압 설비 1, 4로 고압 수증기 요구량 해결 가능

THEN 감압 설비 1, 4의 유출량 증가시킴

초고압 수증기의 요구량도 증가하였으므로 주증기 보일러의 수증기 발생량을 조절하여 초고압 수증기를 분배한다.

IF
초고압 수증기 요구량 증가
주증기 보일러의 부하 증가로 수증기 요구량 해결 가능

THEN
주증기 보일러의 부하 증가시킴

보일러의 부하가 증가하였으므로 자기 수증기 소모량도 증가한다. 자기 수증기 소모량을 지금 계산한 보일러 부하량에 일치하도록 증가시켜 저압 수증기 헤더부터 수증기 분배를 반복하여 보일러의 부하가 수렴할 때까지 반복한다. 이와 같은 과정에 의해 **표 8-6** 및 **표 8-7**과 같은 결과를 얻을 수 있었다. 각 헤더의 물질 수지로부터 수증기 헤더의 온도와 압력은 일정하게 유지됨을 알 수 있다. 그러나 보일러의 부하와 터빈 발전기의 수증기 소모량은 실재 조업과 약간의 차이를 보임을 알 수 있는데 이것은 터빈 발전기 모델의 부정확성 때문이다. 만약 터빈 발전기의 모델이 정확하여 터빈 발전기의 수증기 소모량이 198.0 t/h로 얻어졌다면 초고압 수증기 헤더의 물질 수지로부터 초고압 보일러의 수증기 발생량이 497.53 t/h로 얻어지는데 이 값은 실재 조업값과 큰 차이가 없음을 알 수 있다.

표 8-6. 수증기 분배 결과 비교(I)

공정 장치	조업 상황 (t/h)	전문가 시스템에 의한 결과 (t/h)
초고압 보일러	498.0	486.95
고압 보일러	0.0	0.0
고압 급수 가열기	64.74	63.3
증기식 공기 예열기	18.924	18.5
탈기기	46.1646	45.14
증기식 연료유 가열기	1.9793	1.94
수증기 분무 장치	5.2651	5.15
플래시 탱크	2.667	2.667
감압 설비 1, 4	102.5446	102.52
감압 설비 2	14.959	14.96
감압 설비 3	8.512	8.51
감압 설비 5	0.0	0.0
감압 설비 6	0.0	0.0
터빈 발전기		
수증기 소모량	198.0	187.42
고압단 추기량	144.0	142.08
저압단 추기량	25.0	23.96
응축수 추기량	29.0	21.78
발전량 (MW)	22.0	22.0

표 8-7. 수증기 분배 결과 비교 (II)

장치명	운전 상황	전문가 시스템에 의한 결과
냉각수 펌프	3T1M	3T1M
탈 탄소수 펌프	1T1M	1T1M
최종 처리수 펌프	1T	1T
압입 송풍기	3T1M	3T1M
보일러수 펌프	2T2M	2T2M
흡입 송풍기	1T3M	1T3M
공기 압축기	1T1M	1T1M
연료 펌프		
벙커시유 펌프	1T	1T
PFO 펌프	운전되지 않음	운전되지 않음
C9-C10 펌프	운전되지 않음	운전되지 않음

9 Steam 분배공정의 최적 운용

공장의 운전에서 유틸리티 시스템의 효율적인 관리와 운영은 공장의 안전운전 과경제성에 가장 큰 영향을 미친다. 그러나 이러한 유틸리티 시스템의 중요성에도 불구하고 공장의 경영에서 유틸리티 시스템은 큰 주목을 받지 못하고 있다. 유틸리티는 공장에서 생산되는 최종 제품과 같이 눈에 뜨이는 것이 아니기 때문에 어떤 문제가 생기기 전에는 거의 무시당하는 경향이 있다. 특히 불경기가 이어지거나 회사의 경영상태가 악화되거나 경우에는 유틸리티 시스템은 투자 우선순위에서 아주 뒤로 밀리는 것이 일반적이다.

9-1 Steam 분배공정 최적화의 개요

유틸리티 가운데 대부분의 공장에서 가장 큰 비중을 차지하는 것은 수증기이다. 수증기 수급운용의 효율적인 관리는 공장의 전력 및 용수의 수급에도 직접적인 영향을 미친다. 따라서 본 시리즈에서는 수증기의 수급을 중심으로 하는 유틸리티 공정의 최적 운용에 대해서 살펴보고자 한다. 수증기와 관련되는 유틸리티 설비로서는 수증기의 생산을 위한 보일러, 보일러에서 생산된 수증기로부터의 전력 생산 및 수증기의 감압을 위한 터빈, 그리고 공장조업 현장에서 요구되는 다양한 압력수준의 수증기를 적절히 분배하기 위한 수증기 분배계통을 들 수 있다. 따라서 이들 유틸리티 설비 각각에 대한 최적 운용방안을 규명할 필요가 있다. 그러나 이들 유틸리티 설비는 매우 복잡하며 공장조업과 직접 연관되어 있기 때문에 간단한 계산기나 수작업에 의한 계산으로는 이들 설비들에 대한 최적 운전조건을 규명할 수 없다. 그러므로 컴퓨터의 도입 활용이 필수적으로 요구되는데 컴퓨터를 통한 계산에서는 각 유틸리티 설비와 이의 운전에 대한 모델이 필요하다. 유틸리티의 효율, 그리고 보일러, 터빈 및 수증기 분배계통과 같은 주요 유틸리티 설비의 모델을 통하여 최적 운전조건을 규명하고 유틸리티 시스템의 최적 설계를 구현할 수 있다.

보일러 공정의 최적 운전에 있어서는 연료에 대한 공기 비율을 적절히 유지하는 것이 매우 중요하다. 연소공정의 최적화에 있어서는 **그림 9-1**에서와 같이 모델을 통하여 연료 및 공기의 최적값을 제시하고 이에 따라 공정이 운전되도록 한다.

근래에 이르러 대기오염에 대한 환경규제의 강화로 **그림 9-2**에서와 같이 배기가스 중의 NO_x 및 CO 함유량에 대한 허용기준이 충족되도록 연소공정이 운전되어야 한다.

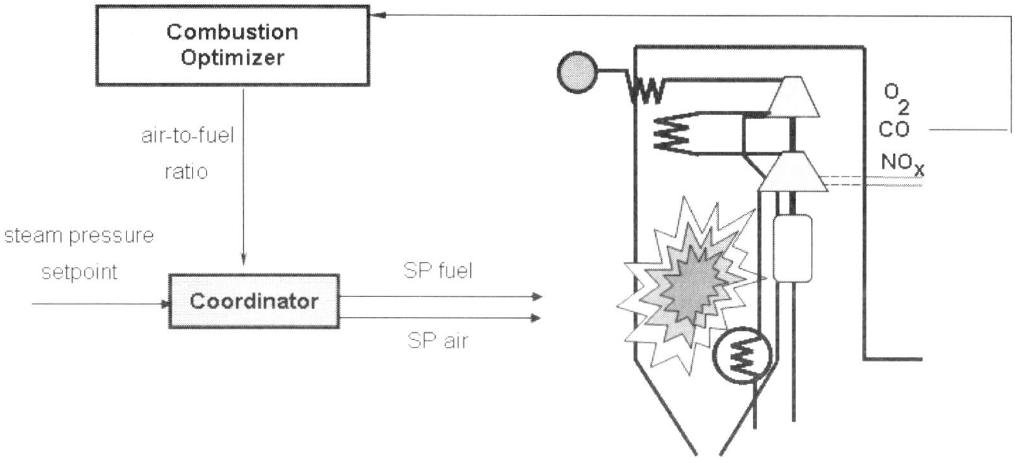

그림 9-1. 보일러 연소공정의 최적화

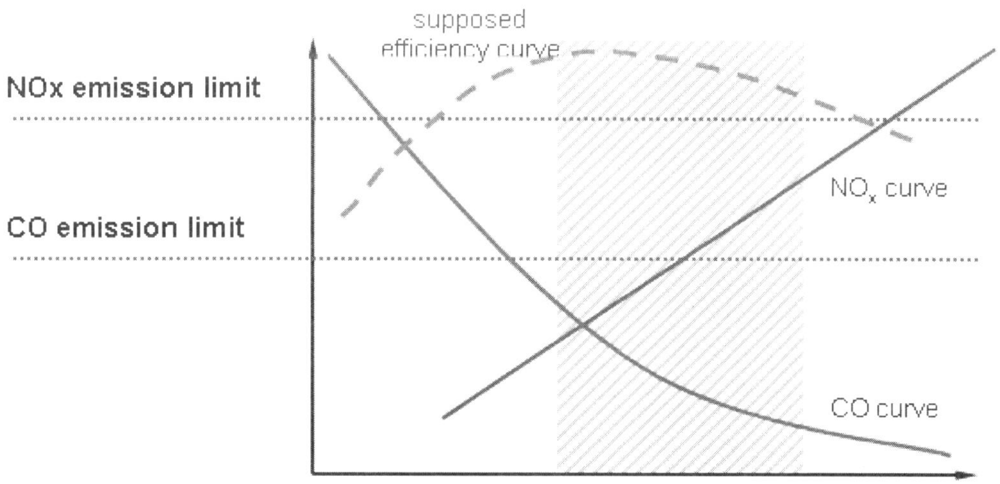

그림 9-2. 환경오염규제를 감안한 보일러 연소공정의 운전범위

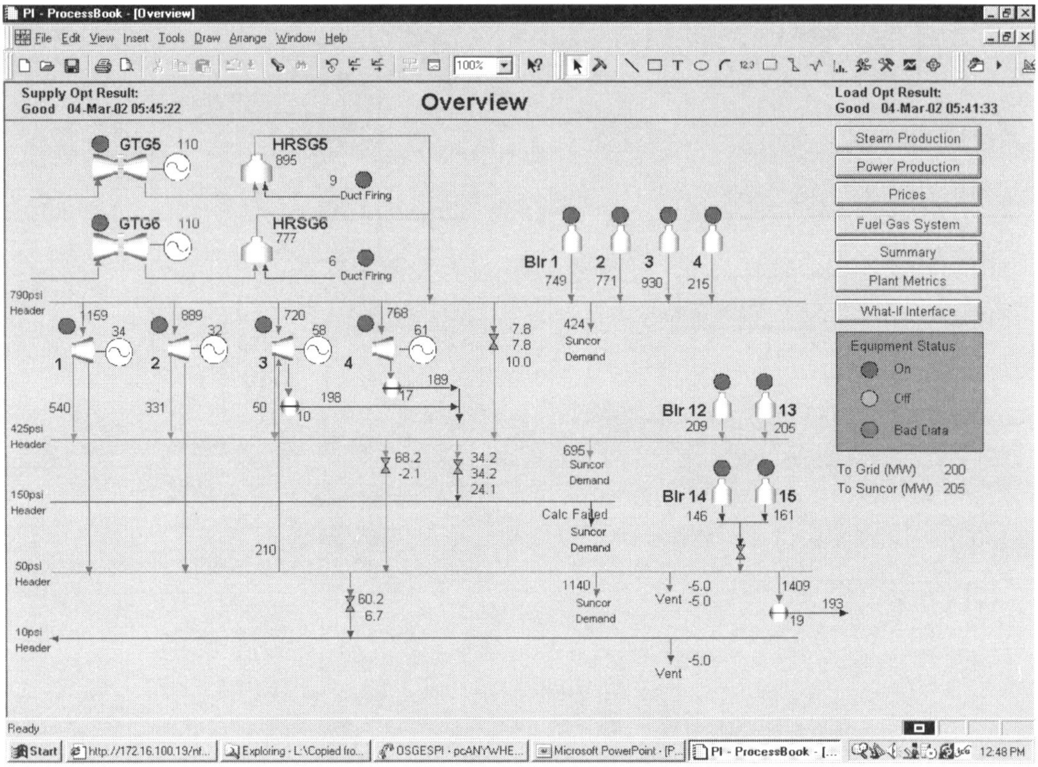

그림 9-3. 상용 유틸리티 분배 시스템의 보기

그림 9-3은 대표적인 상용 유틸리티 최적화 시스템의 화면이다.

9-2 전문가 시스템에 근거한 Steam 분배공정의 최적화

유틸리티 시스템의 운용 최적화 문제는 일반적으로 MI(Mixed-Integer) 최적화 모델로 설정된다. 목적함수와 제약조건의 형태는 다음과 같다.

- 목적함수 : $Min_{y_d, y_i, d, x} \quad f(y_d, d) + \sum_{i=1}^{P} f_i(x_i, y_i)$
- 제약조건 : $h_j(d, y_d, y_j, x_j, \theta_j) \leq 0, \quad j = 1, \cdot\cdot\cdot, p$
$$r(d, y_d, y_1, x_1, \theta_1, \cdot\cdot\cdot, y_p, x_p, \theta_p) \leq 0$$
$$d \in R^n, x_j \in R^q \times R^p, y_d \in [0, 1]^N, y_j \in [0, 1]^{n \times p}$$

위에서 f는 설계비용함수, f_i는 운전비용함수이며 y_d는 유틸리티 단위장치의 선택 여부를 나타내는 0이나 1의 값을 취한다.

그림 9-4는 데이터 입력화면의 보기이며 **그림 9-5** 및 9-6은 최적화 시스템의 사용화면의 예를 보인 것이다.

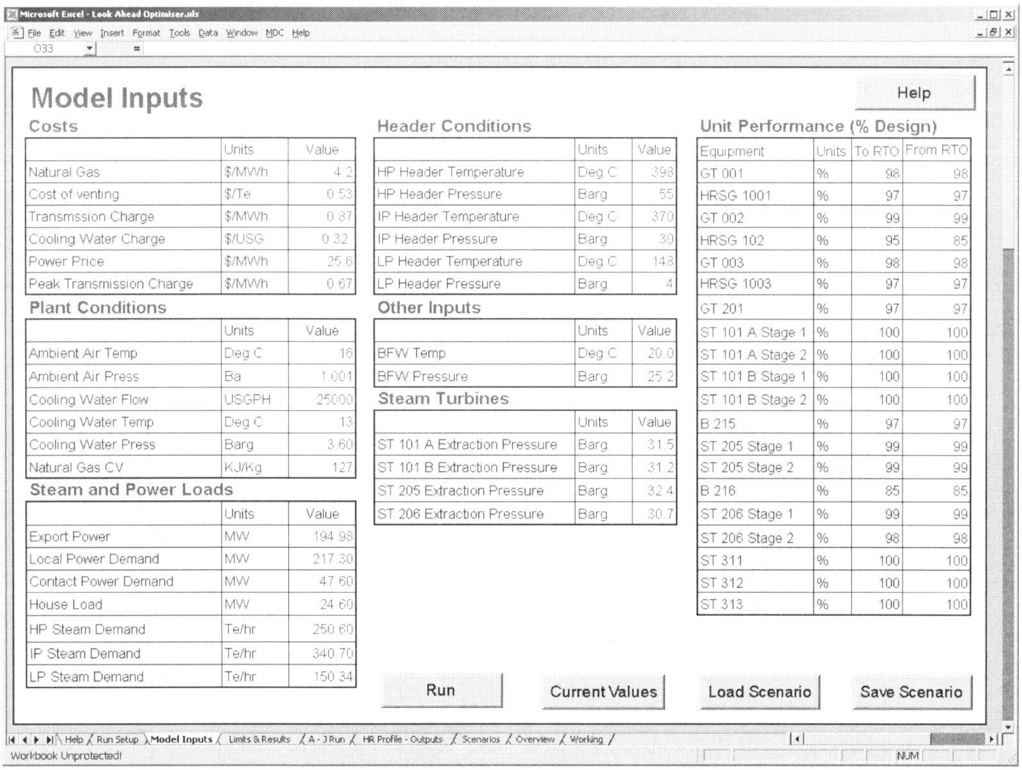

그림 9-4. 데이터 입력화면의 보기

앞의 제 8장에서 보인 전문가 시스템에 의한 수증기 분배공정에 대하여 최적화 계산을 수행하여 볼 수 있다. 최적화 결과는 **표 9-1** 및 **9-2**에 제시되어 있다. 최적화 결과로부터 보일러에서의 초고압 수증기 생산량이 실제 운전 데이터보다 상당히 줄어들었음을 알 수 있다. 아울러 터빈 발전기로부터의 전력생산은 대폭 증가함을 볼 수 있다. 유틸리티 플랜트 운전에서 대부분의 운전비용은 수증기를 생산하기 위한 공업용수와 연료비용 및 수전비용이 차지한다. 최적화 결과 수증기 생산량 감소로부터 용수비용 및 나아가 연료비용이 절감되었으며 전력생산의 증가에 따라 수전비용이 아울러 감소되어 전체적인 조업비용이 상당히 감소되었을 것임을 쉽게 알 수 있다.

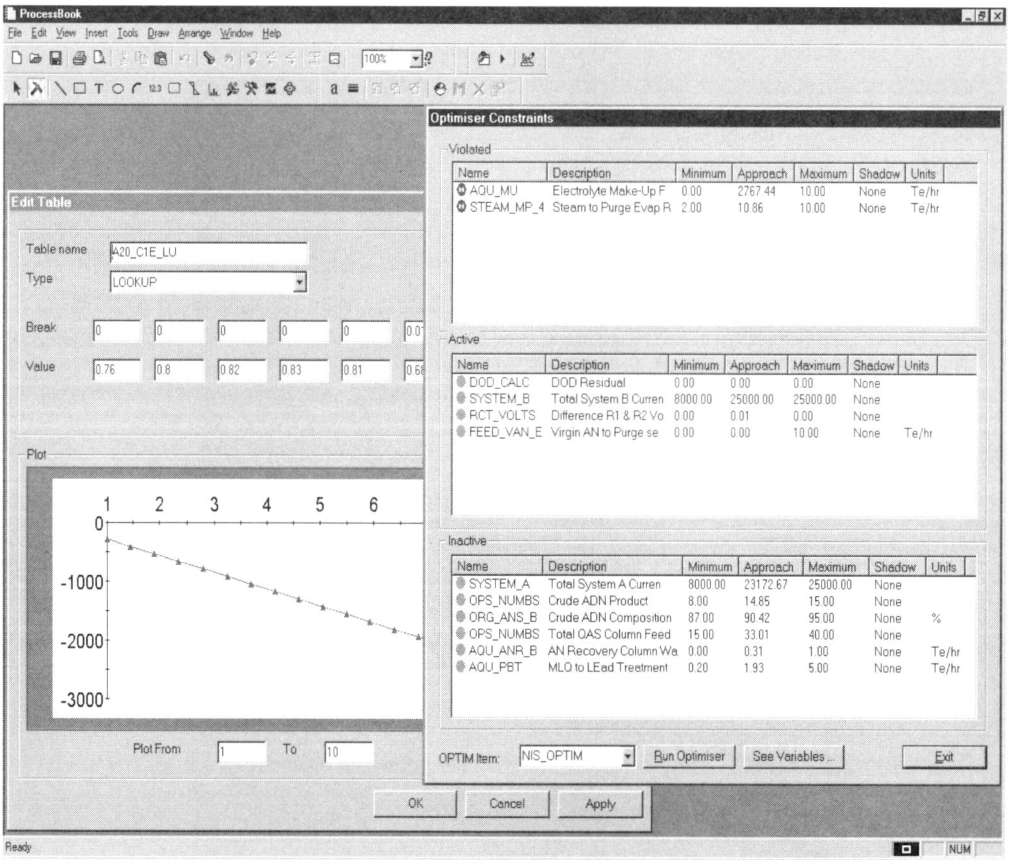

그림 9-5. 최적화 시스템의 사용화면의 예 (1)

대부분의 유틸리티 플랜트에서는 수증기 분배의 경우 지금까지 대부분 현장 조업자의 경험적 조업 지식에 의해 이루어져 오고 있다. 수증기 분배를 위해서는 매우 복잡한 조업 지식과 터빈 발전기나 수증기 발생 장치의 열분석을 필요로 하기 때문에 정확하고 신속한 수증기 분배에는 한계가 있을 수밖에 없다. 또한 터빈 발전기 성능의 부정확한 규명으로 인해 수전량 변화의 기복이 심하여 에너지 조업 비용의 상승을 초래하는 경우가 많았다. 전문가 시스템을 이용한 수증기 분배를 통하여 안정적이고 경제적이며 신속 정확한 수증기 분배를 구현할 수 있다. 특히 자기 수증기 소모량으로 인한 보일러의 부하량 증가를 예측할 수 있으므로 보일러 공정의 운전에 많은 도움을 줄 수 있다.

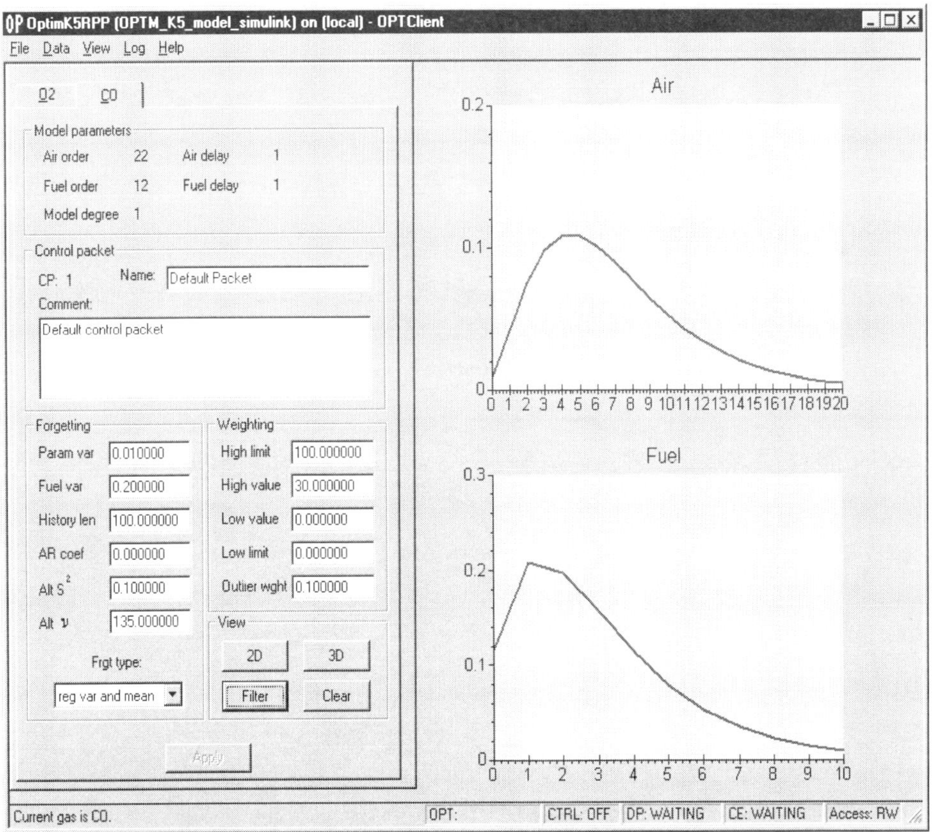

그림 9-6. 최적화 시스템의 사용화면의 예 (2)

표 9-1. 수증기 분배 결과 비교(1)

공정 장치	조업 상황 (t/h)	전문가 시스템에 의한 결과 (t/h)	최적화 결과 (t/h)
초고압 보일러	498.0	486.95	468.4
고압 급수 가열기	64.74	63.3	60.9
증기식 공기 예열기	18.924	18.5	17.8
탈기기	46.1646	45.14	43.4
증기식 연료유 가열기	1.9793	1.94	1.8
수증기 분무 장치	5.2651	5.15	4.9
플래시 탱크	2.667	2.667	2.667
감압 설비 1, 4	102.5446	102.52	11.4
감압 설비 2	14.959	14.96	93.0
감압 설비 3	8.512	8.51	0.0
감압 설비 5	0.0	0.0	0.0
감압 설비 6	0.0	0.0	28.5
터빈 발전기			
수증기 소모량	198.0	187.42	222.5
고압단 추기량	144.0	142.08	146.7
저압단 추기량	25.0	23.96	62.7
응축수 추기량	29.0	21.78	13.0
발전량 (MW)	22.0	22.0	27.2

표 9-2. 수증기 분배 결과 비교(2)

공정 장치 (번호는 편의상 붙인 것임)	조업 상황	전문가 시스템에 의한 결과	최적화 결과
GT251/2	3T	3T	1T
GT221	1T	1T	1T
GT241	1T	1T	1T
GT401	2T	2T	-
GT404	3T	3T	-
GT421	1T	1T	1T
GT601	1T	1T	-
GT402	1T	1T	1T
GT403	-	-	-
GT409	-	-	-

<참고문헌>

1. Campagne, W., Hydrocarbon Proc., p.117, 1981.
2. Lindsley, D., Boiler Control Systems, McGraw-Hill, 1991.
3. Ghosh, R. K., Hydrocarbon Proc., July, p.53, 2003.
4. Werner, A., "Solids distribution as a basis for modeling of heat transfer in circulating fluidized bed boilers", *Experimental Thermal and Fluid Science*, 25, 269-276(2001)
5. 수증기 분배 최적화 시스템, 한양대학교 Tech. report, 1996.
6. Clark, J. K. and Helmick, N. E., Chemical Eng. Research, p.116, 1980.
7. Åström, K. J. and Bell, R. D., "Drum-boiler dynamics", *Automatica,* 36, 363-378(2000)
8. McAvoy, T. J. and BHat N., "Use of neural nets for dynamic modeling and control of chemical process systems", *Comput. Chem. Eng.*, 14, 573-583(1990)
9. Broughton, J., Process Utility Systems, IChemE, 1994.
10. Yeo, Y. K. and Kwon, T. I., "A neural PID controller for the pH neutralization process", *Ind. Eng. Chem. Res.*, 38, 978-987(1999)
11. Nascimento, C. A. O. and Giudici, R., Guardani R., "Neural network based approach for optimization of industrial chemical processes", *Comput. Chem. Eng.,* 24, 2303-2314(2000)
12. Harrell, G., Steam System Survey Guide, DOE(U.S.), 2002.
13. Abilov, A. and Zeybek Z., "Use of neural network for modeling of non-linear process integration technology in chemical engineering", *Chemical Engineering and Processing,* 39, 449-458(2000)
14. Pilavakis, P. A. and Perrin, M. A., Hydrocarbon Proc., p.83, 1983.
15. 이원욱, Utility 공정의 최적운전 시스템에 관한 연구, 한양대학교, 2002.
16. 수증기 분배 최적화 시스템, 한양대학교 Tech. report, 1996.
17. Boozarjomehry, R. B. and Svrcek, W. Y., "Automatic design of neural network structures", *Comput. Chem. Eng.*, 25, 1075-1088(2000)

부록

A. 최적화 기법

B. 역전파 신경망

C. 컴퓨터 프로그램

A. 최적화 기법

신경망의 훈련은 성능의 최적화를 기반으로 한다. 신경망 학습규칙의 중요한 부류인 성능 학습에서는 신경망의 성능이 최적화되도록 신경망 파라미터들이 조정된다. 신경망의 학습 및 훈련구조를 파악하기 위해서는 최적화 기법에 대한 충분한 이해가 요구된다. 여기에서 우리는 최적화에 관한 기본적인 사항들을 살펴보기로 한다.

A.1 방향미분과 최소점

신경망의 성능함수를 $F(x)$라 하면(x는 스칼라) 어떤 점 x^*에 대한 $F(x)$의 Taylor 팽창은 다음과 같다 :

$$\begin{aligned} F(x) &= F(x^*) + \frac{d}{dx}F(x)|_{x=x^*}(x-x^*) + \frac{1}{2}\frac{d^2}{dx^2}F(x)|_{x=x^*}(x-x^*)^2 + \cdots \\ &\quad + \frac{1}{n!}\frac{d^n}{dx^n}F(x)|_{x=x^*}(x-x^*)^n + \cdots \\ &= \sum_{k=0}^{\infty}\frac{1}{k!}\frac{d^k}{dx^k}F(x)|_{x=x^*}(x-x^*)^k \end{aligned}$$

일반적으로 신경망에서 성능함수는 가중치와 바이어스들의 함수로 주어진다. $\boldsymbol{x}$를 원소 수가 n 개인 벡터라 하면

$$F(\boldsymbol{x}) = F(x_1,\ x_2,\ \cdots,\ x_n)$$

따라서 $F(\boldsymbol{x})$의 Taylor 팽창은

$$\begin{aligned} F(\boldsymbol{x}) &= F(\boldsymbol{x}^*) + \frac{\partial}{\partial x_1}F(\boldsymbol{x})|_{\boldsymbol{x}=\boldsymbol{x}^*}(x_1-x_1^*) + \frac{\partial}{\partial x_2}F(\boldsymbol{x})|_{\boldsymbol{x}=\boldsymbol{x}^*}(x_2-x_2^*) + \\ &\quad + \cdots + \frac{\partial}{\partial x_n}F(\boldsymbol{x})|_{\boldsymbol{x}=\boldsymbol{x}^*}(x_n-x_n^*) + \\ &\quad + \frac{1}{2}\frac{\partial^2}{\partial x_1^2}F(\boldsymbol{x})|_{\boldsymbol{x}=\boldsymbol{x}^*}(x_1-x_1^*)^2 + \frac{1}{2}\frac{\partial^2}{\partial x_1 x_2}F(\boldsymbol{x})|_{\boldsymbol{x}=\boldsymbol{x}^*}(x_1-x_1^*)(x_2-x_2^*) + \cdots \end{aligned}$$

이를 행렬 형태로 나타내면

$$F(\boldsymbol{x}) = F(\boldsymbol{x}^*) + \nabla F(\boldsymbol{x})^T\big|_{\boldsymbol{x}=\boldsymbol{x}^*}(\boldsymbol{x}-\boldsymbol{x}^*) + \frac{1}{2}(\boldsymbol{x}-\boldsymbol{x}^*)^T\nabla^2 F(\boldsymbol{x})^T\big|_{\boldsymbol{x}=\boldsymbol{x}^*}(\boldsymbol{x}-\boldsymbol{x}^*) + \cdots$$

위에서 $\nabla F(\boldsymbol{x})$는 기울기(gradient)로서

$$\nabla F(\boldsymbol{x}) = \begin{bmatrix} \dfrac{\partial F(\boldsymbol{x})}{\partial x_1} \\ \dfrac{\partial F(\boldsymbol{x})}{\partial x_2} \\ \vdots \\ \dfrac{\partial F(\boldsymbol{x})}{\partial x_n} \end{bmatrix}$$

로 정의되며 $\nabla^2 F(\boldsymbol{x})$는 Hessian으로서

$$\nabla^2 F(\boldsymbol{x}) = \begin{bmatrix} \dfrac{\partial^2}{\partial x_1^2}F(\boldsymbol{x}) & \dfrac{\partial^2}{\partial x_1 \partial x_2}F(\boldsymbol{x}) & \cdots & \dfrac{\partial^2}{\partial x_1 \partial x_n}F(\boldsymbol{x}) \\ \dfrac{\partial^2}{\partial x_2 \partial x_1}F(\boldsymbol{x}) & \dfrac{\partial^2}{\partial x_2^2}F(\boldsymbol{x}) & \cdots & \dfrac{\partial^2}{\partial x_2 \partial x_n}F(\boldsymbol{x}) \\ \vdots & \vdots & & \vdots \\ \dfrac{\partial^2}{\partial x_n \partial x_1}F(\boldsymbol{x}) & \dfrac{\partial^2}{\partial x_n \partial x_2}F(\boldsymbol{x}) & \cdots & \dfrac{\partial^2}{\partial x_n^2}F(\boldsymbol{x}) \end{bmatrix}$$

로 정의된다.

기울기의 i 번째 원소 $\dfrac{\partial F(\boldsymbol{x})}{\partial x_i}$는 x_i축에 따른 성능함수 F의 1차미분이다. Hessian 행렬의 대각선상의 i 번째 원소 $\dfrac{\partial^2 F(\boldsymbol{x})}{\partial x_i^2}$는 x_i축에 따른 성능함수 F의 2차미분이다. 이제 미분을 구하고자 하는 방향으로의 벡터를 $\boldsymbol{p}$라 하면 방향미분은

$$\frac{\boldsymbol{p}^T \nabla F(\boldsymbol{x})}{\| \boldsymbol{p} \|}$$

와 같이 계산된다. 위에서 분자는 방향벡터 $\boldsymbol{p}$와 기울기의 내적임을 알 수 있다.

한편 p에 따른 2차 미분은

$$\frac{p^T \nabla^2 F(x) p}{\| p \|^2}$$

으로 주어진다.

보기 A-1.

$F(x) = x_1^2 + 2x_2^2$ 라 할 때 점 $x^* = \begin{bmatrix} 0.5 \\ 0.5 \end{bmatrix}$에서 방향 $p = \begin{bmatrix} 2 \\ -1 \end{bmatrix}$로의 1차 미분을 구하여라.

풀이

$$\nabla F(x)|_{x=x^*} = \begin{bmatrix} 2x_1 \\ 4x_2 \end{bmatrix}_{x=x^*} = \begin{bmatrix} 1 \\ 2 \end{bmatrix}$$

따라서

$$\frac{p^T \nabla F(x)}{\| p \|} = \frac{[2 \ -1]\begin{bmatrix} 1 \\ 2 \end{bmatrix}}{\| \begin{bmatrix} 2 \\ -1 \end{bmatrix} \|} = \frac{0}{\sqrt{5}} = 0$$

즉 주어진 함수에서 점 x^*로부터 p 방향으로의 기울기는 0이다. 1차 방향미분의 분자는 방향벡터와 기울기의 내적이므로 성능함수의 기울기와 수직인 방향의 기울기는 모두 0이 될 것이다.

■

기울기가 가장 큰 방향은 $p^T \nabla F(x)$가 최대일 때, 즉 p가 $\nabla F(x)$와 서로 같은 방향일 때이다. 즉 기울기 방향으로의 방향미분이 가장 큰 값을 가지며 기울기에 수직인 방향으로의 방향미분은 0이다.

편의상 최적점은 성능함수의 최소점이라고 가정한다. 최소점은 국부적 최소점, 약한 최소점, 그리고 광역 최소점으로 구분할 수 있다.

국부적 최소점: 모든 $\Delta \boldsymbol{x}$에 대하여 $F(\boldsymbol{x}^*) < F(\boldsymbol{x}^* + \Delta \boldsymbol{x})$ 가 성립되도록 하는 스칼라 $\delta > \| \Delta \boldsymbol{x} \| > 0$ 가 존재하는 경우 점 $\boldsymbol{x}^*$는 국부적 최소점이다. 국부적 최소점에서는 어느 방향으로든 약간만 움직여도 함수는 증가할 것이다. $\boldsymbol{x}^*$의 작은 이웃 외부에서는 함수값은 $F(\boldsymbol{x}^*)$보다 작을 수도 있다.

약한 최소점: 점 $\boldsymbol{x}^*$는 국부적 최소점이 아니며 모든 $\Delta \boldsymbol{x}$에 대하여 $F(\boldsymbol{x}^*) \le F(\boldsymbol{x}^* + \Delta \boldsymbol{x})$ 가 성립되도록 하는 스칼라 $\delta > \| \Delta \boldsymbol{x} \| > 0$ 가 존재하는 경우 점 $\boldsymbol{x}^*$는 약한 최소점이다. 약한 최소점에서는 어느 방향으로 움직이든 함수는 증가할 수 없다. 그러나 함수값이 변하지 않는 방향이 있을 수 있다.

광역 최소점: 모든 $\Delta x \neq 0$에 대하여 $F(x^*) < F(x^* + \Delta x)$ 이면 점 x^*는 $F(x)$의 유일한 광역 최소점이다.

보기 A-2.

$F(x) = 3x^4 - 7x^2 - \frac{1}{2}x + 6$ 라 할 때 그래프를 이용하여 이 함수의 최소점을 찾아보라.

풀이

이 함수의 그래프는 MATLAB을 이용하여 쉽게 얻을 수 있으며 그림 A-1에 보인 바와 같다. 그림으로부터 이 함수는 국부적 최소점과 광역 최소점을 가짐을 알 수 있다.

```
x = [-2:0.1:2];
f = 3*x.^4-7*x.^2-x./2+6;
plot(x,f)
axis([-2 2 0 8])
grid
```

국부적 최소점에서의 함수값은 다음으로부터 쉽게 얻을 수 있다.

```
min(f)
ans =
    1.3723
```

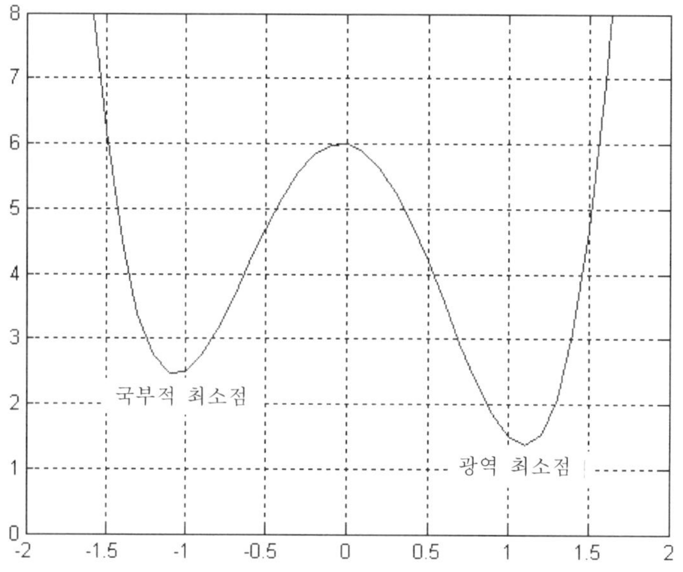

그림 A-1. 함수 $F(x) = 3x^4 - 7x^2 - \frac{1}{2}x + 6$**의 그래프**

■

보기 A-3.

$F(\boldsymbol{x}) = (x_2 - x_1)^4 + 8x_1x_2 - x_1 + x_2 + 3$ 의 그래프로부터 국부적 최소점과 광역 최소점을 구하여 보라.

풀이

이 함수의 그래프는 MATLAB을 이용하여 쉽게 얻을 수 있다. **그림 2-2**와 **2-3**은 이 함수에 대한 등고선 그래프와 격자 그래프를 보인 것이다.

```
% saddle.m
x1lim = [-2 2]; dx1 = 0.1;
x2lim = [-2 2]; dx2 = 0.1;
zlim = [0 12];
x1pts = x1lim(1):dx1:x1lim(2);
x2pts = x2lim(1):dx2:x2lim(2);
[X1,X2] = meshgrid(x1pts, x2pts);
x1tick = [-2 0 2];
x2tick = [-2 0 2];
ztick = [0 6 12];

% Evaluate function
F = (X2-X1).^4 + 8*X1.*X2 - X1 + X2 + 3;
F = min(max(F,zlim(1)),zlim(2));

% plot
figure(1);
Fmesh = mesh(x1pts, x2pts, F);
figure(2);
contour(X1,X2,F);
```

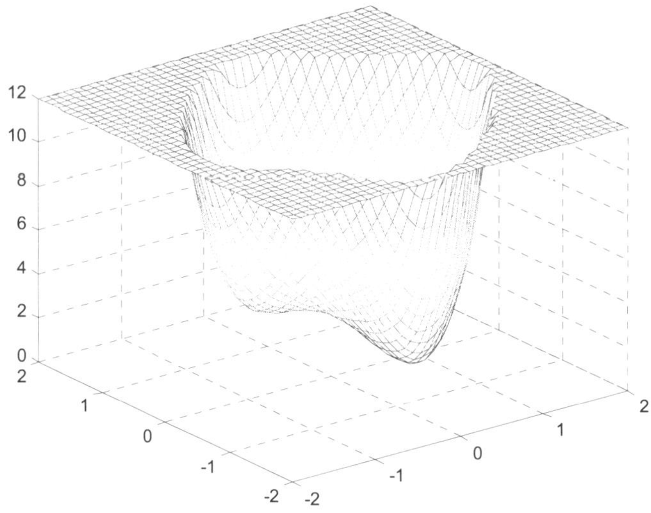

그림 A-2. 함수 $F(\boldsymbol{x}) = (x_2 - x_1)^4 + 8x_1x_2 - x_1 + x_2 + 3$의 격자그래프

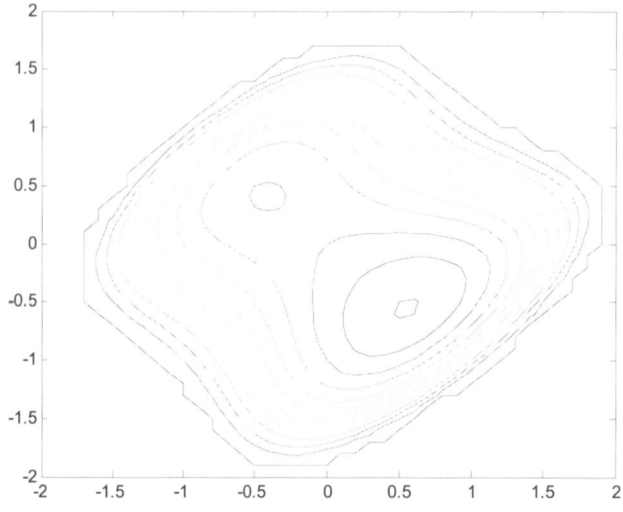

그림 A-3. 함수 $F(\boldsymbol{x}) = (x_2 - x_1)^4 + 8x_1x_2 - x_1 + x_2 + 3$의 등고선그래프

그래프로부터 점 (−0.42, 0.42)에서 국부적 최소값을, 그리고 점 (0.55, −0.55)에서 광역 최소값을 가짐을 알 수 있다. 광역 최소점에서의 함수값은 다음과 같이 얻는다.

```
min(min(F))
ans =
    0.9641
```

■

A.2 최적화의 필요조건

Taylor 팽창으로부터

$$F(\boldsymbol{x}) = F(\boldsymbol{x}^* + \Delta \boldsymbol{x}) = F(\boldsymbol{x}^*) + \nabla F(\boldsymbol{x})^T|_{\boldsymbol{x}=\boldsymbol{x}^*} \Delta \boldsymbol{x} + \frac{1}{2} \Delta \boldsymbol{x}^T \nabla^2 F(\boldsymbol{x})|_{\boldsymbol{x}=\boldsymbol{x}^*} \Delta \boldsymbol{x} + \cdots$$

위에서 $\Delta \boldsymbol{x} = \boldsymbol{x} - \boldsymbol{x}^*$이다. $\| \Delta \boldsymbol{x} \|$가 아주 작다면 고차항은 무시할 수 있으므로

$$F(\boldsymbol{x}^* + \Delta \boldsymbol{x}) \cong F(\boldsymbol{x}^*) + \nabla F(\boldsymbol{x})^T|_{\boldsymbol{x}=\boldsymbol{x}^*} \Delta \boldsymbol{x}$$

점 $\boldsymbol{x}^*$가 최소점이라면 $\Delta \boldsymbol{x}$가 0이 아닌 경우 함수값은 증가하여야 한다(혹은 더 이상 작아지지 않아야 한다). 위에서 우변의 두 번째 항이 음이 아닐 때에만 함수값은 증가한다(혹은 더 이상 작아지지 않는다). 즉

$$\nabla F(\boldsymbol{x})^T|_{\boldsymbol{x}=\boldsymbol{x}^*} \Delta \boldsymbol{x} \geq 0 \tag{i}$$

그러나 만일 이 항이 양이라면, 즉

$$\nabla F(\boldsymbol{x})^T|_{\boldsymbol{x}=\boldsymbol{x}^*} \Delta \boldsymbol{x} > 0 \tag{ii}$$

이면

$$F(\boldsymbol{x}^* - \Delta \boldsymbol{x}) \cong F(\boldsymbol{x}^*) - \nabla F(\boldsymbol{x})^T|_{\boldsymbol{x}=\boldsymbol{x}^*} \Delta \boldsymbol{x} < F(\boldsymbol{x}^*)$$

즉 함수값은 감소하며 이는 점 $\boldsymbol{x}^*$가 최소점이라는 가정에 어긋난다. 식 (i)이 성

립하고 (ii)가 성립하지 않는 유일한 경우는

$$\nabla F(\boldsymbol{x})^T|_{\boldsymbol{x}=\boldsymbol{x}^*}\Delta \boldsymbol{x} = 0$$

인 경우이다. 이는 임의의 $\Delta \boldsymbol{x}$에 대하여 참이어야 하므로

$$\nabla F(\boldsymbol{x})|_{\boldsymbol{x}=\boldsymbol{x}^*} = 0$$

따라서 최소점에서 기울기는 0이어야 한다. 위의 조건은 점 $\boldsymbol{x}^*$가 국부적 최소점이기 위한 1차 필요조건이다. 점 $\boldsymbol{x}^*$는 정류점(停留點, stationary point)이라 부른다.

정류점 $\boldsymbol{x}^*$를 알고 있다고 하자. 모든 정류점에서 $F(\boldsymbol{x})$의 기울기는 0이므로 Taylor 팽창으로부터

$$F(\boldsymbol{x}^* + \Delta \boldsymbol{x}) = F(\boldsymbol{x}^*) + \frac{1}{2}\Delta \boldsymbol{x}^T \nabla^2 F(\boldsymbol{x})|_{\boldsymbol{x}=\boldsymbol{x}^*}\Delta \boldsymbol{x} + \cdots$$

$\| \Delta \boldsymbol{x} \|$가 아주 작으며 $F(\boldsymbol{x})$는 위에서 우변의 처음 두 항으로 근사될 수 있다고 하면

$$\Delta \boldsymbol{x}^T \nabla^2 F(\boldsymbol{x})|_{\boldsymbol{x}=\boldsymbol{x}^*}\Delta \boldsymbol{x} > 0$$

일 때 $\boldsymbol{x}^*$에서 강한 최소점이 존재한다.

임의의 $\Delta \boldsymbol{x} \neq \mathbf{0}$에서 위의 관계가 참이려면 Hessian 행렬이 양수확정(positive definite)이어야 한다. 임의의 벡터 $\boldsymbol{z} \neq \mathbf{0}$에 대하여

$$\boldsymbol{z}^T A \boldsymbol{z} > 0$$

이면 행렬 A는 양수확정이다. 만일 임의의 벡터 $\boldsymbol{z}$에 대하여

$$\boldsymbol{z}^T A \boldsymbol{z} \geq 0$$

이면 행렬 A는 반 양수확정(positive semidefinite)이다.

Hessian 행렬이 양수확정이어야 한다는 조건은 강한 최소점이 존재하기 위한 충분조건이며 필요조건은 아니다. 강한 최소점을 갖기 위한 2차의 필요조건은 Hessian 행렬이 반 양수확정이어야 한다는 조건이다.

보기 A-4.

$F(x) = x_1^4 + x_2^2$일 때 정류점을 구하고 최소점을 위한 2차 조건을 확인하여라.

풀이

$$\nabla F(x) = \begin{bmatrix} 4x_1^3 \\ 2x_2 \end{bmatrix} = 0$$

따라서 정류점은 $x^* = 0$

한편

$$\nabla^2 F(x)|_{x=0} = \begin{bmatrix} 12x_1^2 & 0 \\ 0 & 2 \end{bmatrix}_{x=0} = \begin{bmatrix} 0 & 0 \\ 0 & 2 \end{bmatrix}$$

이 행렬은 반 양수확정이며 이는 $x^* = 0$이 강한 최소점이 되기 위한 필요조건이다. 위의 1차 및 2차 조건으로부터 x^*가 최소점임을 보장할 수는 없지만 그 가능성을 배제할 수는 없다. Hessian 행렬이 반 양수확정인 경우에도 $x^* = 0$는 강한 최소점이지만 앞에서 언급한 조건들로부터 이를 입증할 수는 없다.

■

A.3 2차 성능함수

성능함수는 대개 2차로 주어진다. 2차 함수의 일반적인 형태는 다음과 같다:

$$F(x) = \frac{1}{2}x^T A x + d^T x + c$$

위에서 A는 대칭행렬이다. h가 일정한 벡터이고 Q가 대칭행렬인 경우

$$\nabla (h^T x) = \nabla (x^T h) = h$$
$$\nabla x^T Q x = Qx + Q^T x = 2Qx$$

로 주어지는 관계를 이용하면

$$\nabla F(\boldsymbol{x}) = A\boldsymbol{x} + \boldsymbol{d}$$
$$\nabla^2 F(\boldsymbol{x}) = A$$

2차 함수의 일반적인 형태를 살펴보기 위하여 다음과 같은 간단한 함수를 고려하여 보자:

$$F(\boldsymbol{x}) = \frac{1}{2}\boldsymbol{x}^T A\boldsymbol{x}$$

Hessian 행렬 A의 고유벡터 $\boldsymbol{z}_i$들을 새로운 기저벡터로 이용하기로 한다. A가 대칭이므로 A의 고유벡터들은 서로 직교이다. 이제

$$B = [\boldsymbol{z}_1\ \boldsymbol{z}_2\ \cdots\ \boldsymbol{z}_n]$$

로 두면 $B^{-1} = B^T$이므로

$$A' = B^{-1}AB = B^TAB = \begin{bmatrix} \lambda_1 & 0 & \cdots & 0 \\ 0 & \lambda_2 & \cdots & 0 \\ \vdots & \vdots & & \vdots \\ 0 & 0 & \cdots & \lambda_n \end{bmatrix} = \Lambda$$

이로부터

$$A = B^{-T}\Lambda B^{-1} = (B^T)^T\Lambda B^T = B\Lambda B^T$$

벡터 $\boldsymbol{p}$ 방향으로의 함수 $F(\boldsymbol{x})$의 2차미분은

$$\frac{\boldsymbol{p}^T\nabla^2 F(\boldsymbol{x})\boldsymbol{p}}{\|\boldsymbol{p}\|^2} = \frac{\boldsymbol{p}^TA\boldsymbol{p}}{\|\boldsymbol{p}\|^2}$$

로 주어진다. 이제 벡터 $\boldsymbol{p}$ 를 A의 고유벡터에 대하여 나타낸 것을 $\boldsymbol{c}$라 하면

$$\boldsymbol{p} = B\boldsymbol{c}$$

로 쓸 수 있다.

이를 이용하면 $B^{-1} = B^T$인 관계로부터

$$\frac{\boldsymbol{p}^T A \boldsymbol{p}}{\| \boldsymbol{p} \|^2} = \frac{\boldsymbol{c}^T B^T (B \Lambda B^T) B \boldsymbol{c}}{\boldsymbol{c}^T B^T B \boldsymbol{c}} = \frac{\boldsymbol{c}^T B^{-1} B \Lambda B^{-1} B \boldsymbol{c}}{\boldsymbol{c}^T B^{-1} B \boldsymbol{c}} = \frac{\boldsymbol{c}^T \Lambda \boldsymbol{c}}{\boldsymbol{c}^T \boldsymbol{c}}$$
$$= \frac{\sum_{i=1}^{n} \lambda_i c_i^2}{\sum_{i=1}^{n} c_i^2}$$

위의 2차미분은 고유치들의 가중평균임을 알 수 있다. 따라서 2차미분은 가장 큰 고유치보다 결코 클 수 없으며 가장 작은 고유치보다 작을 수 없다. 즉

$$\lambda_{\min} \leq \frac{\boldsymbol{p}^T A \boldsymbol{p}}{\| \boldsymbol{p} \|^2} \leq \lambda_{\max}$$

2차미분의 크기가 어떤 경우에 가장 큰 고유치와 같게 되는지를 살펴보자. 가장 큰 고유치 $\lambda_{\max}$에 해당하는 고유벡터를 $\boldsymbol{z}_{\max}$라 하고

$$\boldsymbol{p} = \boldsymbol{z}_{\max}$$

라 두면

$$\boldsymbol{c} = B^T \boldsymbol{p} = B^T \boldsymbol{z}_{\max}$$

따라서

$$\frac{\boldsymbol{p}^T A \boldsymbol{p}}{\| \boldsymbol{p} \|^2} = \frac{\boldsymbol{z}_{\max}^T A \boldsymbol{z}_{\max}}{\| \boldsymbol{z}_{\max} \|^2} = \frac{\sum_{i=1}^{n} \lambda_i c_i^2}{\sum_{i=1}^{n} c_i^2} = \lambda_{\max}$$

따라서 2차미분은 최대 고유치에 해당하는 고유벡터 방향일 때 최대가 된다. 실제로 각 고유벡터 방향에서 2차미분의 크기는 해당되는 고유치와 같다. 즉 고유치는 고유벡터 방향으로의 2차미분이다.

보기 A-5.

주어진 함수에서 고유치와 고유벡터를 구하여라.

(1) $F(\boldsymbol{x}) = x_1^2 + x_2^2 = \frac{1}{2}\boldsymbol{x}^T\begin{bmatrix} 2 & 0 \\ 0 & 2 \end{bmatrix}\boldsymbol{x}$

(2) $F(\boldsymbol{x}) = x_1^2 + x_1x_2 + x_2^2 = \frac{1}{2}\boldsymbol{x}^T\begin{bmatrix} 2 & 1 \\ 1 & 2 \end{bmatrix}\boldsymbol{x}$

풀이

(1) $A = \begin{bmatrix} 2 & 0 \\ 0 & 2 \end{bmatrix}$

MATLAB으로부터 고유벡터 $\boldsymbol{z}$와 고유치 s는 다음과 같이 주어진다.

```
A = [2 0; 0 2];
[z s] = eig(A)
z =
     1     0
     0     1
s =
     2     0
     0     2
```

이 함수의 등고선 그래프와 격자 그래프는 다음으로부터 얻을 수 있다.

```
x1lim = [-2 2]; dx1 = 0.1;
x2lim = [-2 2]; dx2 = 0.1;
zlim = [0 4];
x1pts = x1lim(1):dx1:x1lim(2);
x2pts = x2lim(1):dx2:x2lim(2);
[X1,X2] = meshgrid(x1pts, x2pts);
x1tick = [-2 0 2];
x2tick = [-2 0 2];
ztick = [0 2 4];
```

```
% Evaluate function
F = X1.^2 + X2.^2;
F = min(max(F,zlim(1)),zlim(2));
% plot
figure(1);
Fmesh = mesh(x1pts, x2pts, F);
figure(2);
contour(X1,X2,F);
```

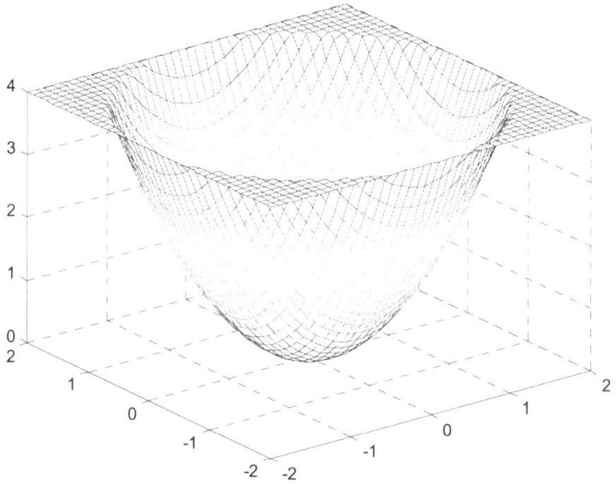

그림 A-4. 함수 $F(x) = x_1^2 + x_2^2$의 격자그래프

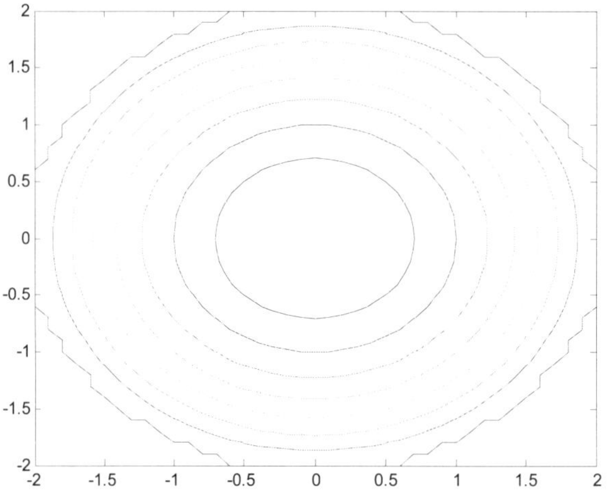

그림 A-5. 함수 $F(\boldsymbol{x}) = x_1^2 + x_2^2$의 등고선그래프

(2) $A = \begin{bmatrix} 2 & 1 \\ 1 & 2 \end{bmatrix}$

MATLAB으로부터 고유벡터 $\boldsymbol{z}$와 고유치 s는 다음과 같이 주어진다.

```
A = [2 1; 1 2];
[z s] = eig(A)
z =
   -0.7071    0.7071
    0.7071    0.7071
s =
     1     0
     0     3
```

이 함수의 등고선 그래프와 격자 그래프는 다음과 같다.

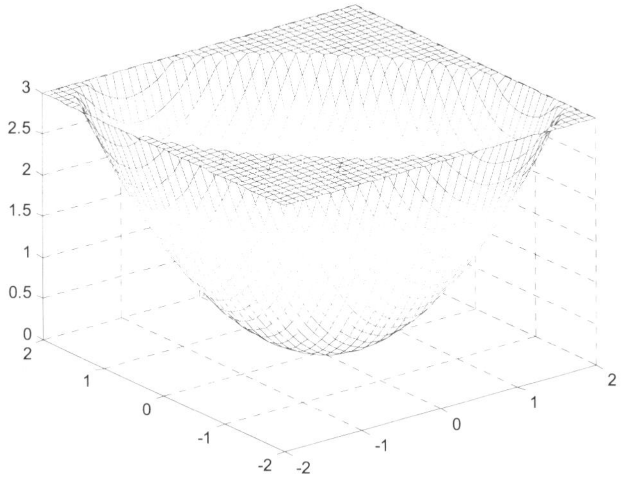

그림 A-6. 함수 $F(\boldsymbol{x}) = x_1^2 + x_1x_2 + x_2^2$의 격자그래프

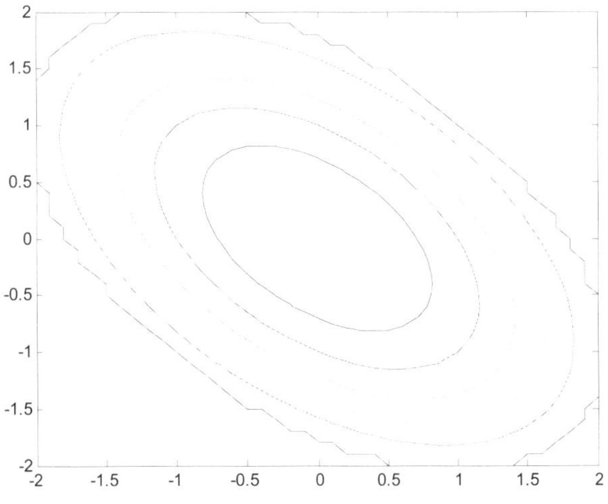

그림 A-7. 함수 $F(\boldsymbol{x}) = x_1^2 + x_1x_2 + x_2^2$의 등고선그래프

A.4 최대하향경사

성능함수 $F(\boldsymbol{x})$의 최적화는 $F(\boldsymbol{x})$를 최소로 하여주는 $\boldsymbol{x}$를 찾는 것을 의미한다. 최적화 알고리듬은 대부분 반복적인 단계들로 이루어진다. 즉 출발점 $\boldsymbol{x}_0$를 가정하고 매 단계에서 다음 관계에 따라 최적점을 찾아나간다:

$$\boldsymbol{x}_{k+1} = \boldsymbol{x}_k + \alpha_k \boldsymbol{p}_k$$

혹은

$$\Delta \boldsymbol{x}_k = \boldsymbol{x}_{k+1} - \boldsymbol{x}_k = \alpha_k \boldsymbol{p}_k$$

위에서 $\boldsymbol{p}_k$는 탐색방향을 나타내며 스칼라 α_k (>0)는 그 단계의 길이를 결정하는 학습률이다. 최적화 알고리듬들은 탐색방향 $\boldsymbol{p}_k$와 학습률 α_k를 결정하는 방법에 따라 구별된다.

최적점을 찾아나가는 경우 매 반복단계에서 함수값이 감소되도록, 즉

$$F(\boldsymbol{x}_{k+1}) < F(\boldsymbol{x}_k)$$

의 관계가 만족되도록 $\boldsymbol{x}_k$를 보정하여 준다. Taylor 순열팽창으로부터

$$F(\boldsymbol{x}_{k+1}) = F(\boldsymbol{x}_k + \Delta \boldsymbol{x}_k) \approx F(\boldsymbol{x}_k) + \boldsymbol{g}_k^T \Delta \boldsymbol{x}_k$$

위에서 $\boldsymbol{g}_k$는 점 $\boldsymbol{x}_k$에서의 기울기로서

$$\boldsymbol{g}_k = \nabla F(\boldsymbol{x})|_{\boldsymbol{x}=\boldsymbol{x}_k}$$

로 주어진다. 이들 관계로부터

$$F(\boldsymbol{x}_{k+1}) - F(\boldsymbol{x}_k) \approx \boldsymbol{g}_k^T \Delta \boldsymbol{x}_k = \alpha_k \boldsymbol{g}_k^T \boldsymbol{p}_k$$

따라서 (2−36)의 관계가 성립하기 위해서는

$$\alpha_k \boldsymbol{g}_k^T \boldsymbol{p}_k < 0$$

3이어야 한다. 그런데 $\alpha_k > 0$이므로

$$g_k^T p_k < 0$$

위의 관계를 만족하는 임의의 벡터 p_k는 하향방향의 벡터이다. $g_k^T p_k$는 기울기와 방향벡터의 내적이므로 방향벡터와 기울기가 이루는 각이 180° 일 때, 즉 방향벡터가 기울기의 음과 같을때 $g_k^T p_k$는 가장 작은 음의 값을 가질 것이다. 즉

$$p_k = -g_k$$

일 때 $g_k^T p_k$는 가장 작은 음의 값을 갖는다.

앞의 식들로부터

$$x_{k+1} = x_k - \alpha_k g_k$$

이는 최대하향경사 방법이라고 불린다. 학습률 α_k로는 일정한 값, 또는 사전에 정한 값(예: $\alpha_k = \frac{1}{k}$ 등)을 이용하거나 매 반복단계에서 성능함수 $F(x)$를 최적화시켜주는 α_k를 구하여 적용한다. 이 경우에는 성능함수를 선 $x_k - \alpha_k g_k$에 따라 최소화시킨다.

보기 A-6.

성능함수가 $F(x) = x_1^2 + 10x_2^2$ 로 주어졌을 때 최대하향경사 방법을 적용하여 보라. 초기점은 $x_0 = \begin{bmatrix} 0.5 \\ 0.5 \end{bmatrix}$로 하며 학습률은 $\alpha = 0.01$로 일정하다고 가정한다.

풀이

$$\nabla F(x) = \begin{bmatrix} \dfrac{\partial F(x)}{\partial x_1} \\ \dfrac{\partial F(x)}{\partial x_2} \end{bmatrix} = \begin{bmatrix} 2x_1 \\ 20x_2 \end{bmatrix}$$

따라서

$$g_0 = \nabla F(x)|_{x=x_0} = \begin{bmatrix} 1 \\ 10 \end{bmatrix}$$

그러므로

$$x_1 = x_0 - \alpha_0 g_0 = \begin{bmatrix} 0.5 \\ 0.5 \end{bmatrix} - (0.01)\begin{bmatrix} 1 \\ 10 \end{bmatrix} = \begin{bmatrix} 0.49 \\ 0.4 \end{bmatrix}$$

$$x_2 = x_1 - \alpha_1 g_1 = \begin{bmatrix} 0.49 \\ 0.4 \end{bmatrix} - (0.01)\begin{bmatrix} 0.98 \\ 8 \end{bmatrix} = \begin{bmatrix} 0.4802 \\ 0.32 \end{bmatrix}$$

■

성능함수가 다음과 같은 2차함수라고 하자:

$$F(x) = \frac{1}{2}x^T A x + d^T x + c$$

그러면

$$g_k = \nabla F(x_k) = A x_k + d$$

따라서 학습률이 일정하다면

$$x_{k+1} = x_k - \alpha(Ax_k + d) = [I - \alpha A]x_k - \alpha d$$

위의 관계는 선형 시스템으로서 행렬 $[I-\alpha A]$의 고유치들의 크기가 1보다 작으면 안정하다. Hessian 행렬 A의 고유치와 고유벡터를 각각 $\{\lambda_1, \lambda_2, \cdots, \lambda_n\}$ 및 $\{z_1, z_2, \cdots, z_n\}$이라 하면

$$[I-\alpha A]z_i = z_i - \alpha A z_i = z_i - \alpha\lambda_i z_i = (1-\alpha\lambda_i)z_i$$

즉 $[I-\alpha A]$의 고유벡터는 A의 고유벡터와 동일하며 $[I-\alpha A]$의 고유치는 $(1-\alpha\lambda_i)$가 된다. 그러므로 $[I-\alpha A]$의 고유치들의 크기가 1보다 작아야 한다는 조건으로부터 최대하향경사 알고리듬의 안정성 조건은

$$|1-\alpha\lambda_i| < 1$$

과 같이 나타낼 수 있다. 성능함수가 강한 최소점을 갖는다면 Hessian 행렬의 고

유치들은 양수여야 하므로

$$0 < \alpha < \frac{2}{\lambda_i}$$

위의 관계는 Hessian 행렬의 모든 고유치들에 대하여 성립하여야 하므로

$$0 < \alpha < \frac{2}{\lambda_{max}}$$

즉 안정한 학습률은 2차함수의 최대 굴곡에 반비례한다.

보기 A-7.

성능함수가 $F(\boldsymbol{x}) = x_1^2 + 10x_2^2$ 와 같을 때 가능한 최대 학습률을 구하여라.

풀이

$F(\boldsymbol{x}) = \frac{1}{2}\boldsymbol{x}^T\begin{bmatrix}2 & 0\\0 & 20\end{bmatrix}\boldsymbol{x}$, 즉 $A = \begin{bmatrix}2 & 0\\0 & 20\end{bmatrix}$이므로 A의 고유치(s) 및 고유벡터(v)는 다음과 같다:

```
A = [2 0; 0 20];
[v s] = eig(A)
v =
      1     0
      0     1
s =
      2     0
      0    20
```

이로부터 $\lambda_{max} = 20$ 이므로 $\alpha < \frac{2}{\lambda_{max}} = \frac{2}{20} = 0.1$

■

학습률을 정하는 또 한 가지 방법은 앞에서 언급했던 바와 같이 매 반복단계에서 선 $\boldsymbol{x}_k - \alpha_k \boldsymbol{g}_k = \boldsymbol{x}_k + \alpha_k \boldsymbol{p}_k$에 따라 성능함수를 α_k에 대하여 최소화 시켜주는 것이다. 최소점에서는 성능함수 $F(\boldsymbol{x}) = F(\boldsymbol{x}_k + \alpha_k \boldsymbol{p}_k)$의 α_k에 대한 1차 미분이 0이다. 즉

$$\frac{d}{d\alpha_k} F(\boldsymbol{x}_k + \alpha_k \boldsymbol{p}_k) = 0$$

$F(\boldsymbol{x}) = F(\boldsymbol{x}_k + \alpha_k \boldsymbol{p}_k)$의 Taylor 팽창

$$F(\boldsymbol{x}_k + \alpha_k \boldsymbol{p}_k) \approx F(\boldsymbol{x}_k) + \nabla F(\boldsymbol{x})^T|_{\boldsymbol{x}=\boldsymbol{x}_k} \alpha_k \boldsymbol{p}_k + \frac{1}{2}\alpha_k^2 \boldsymbol{p}_k^T \nabla^2 F(\boldsymbol{x})|_{\boldsymbol{x}=\boldsymbol{x}_k} \boldsymbol{p}_k$$

으로부터

$$\begin{aligned} \frac{d}{d\alpha_k} F(\boldsymbol{x}_k + \alpha_k \boldsymbol{p}_k) &\approx \nabla F(\boldsymbol{x})^T|_{\boldsymbol{x}=\boldsymbol{x}_k} \boldsymbol{p}_k + \alpha_k \boldsymbol{p}_k^T \nabla^2 F(\boldsymbol{x})|_{\boldsymbol{x}=\boldsymbol{x}_k} \boldsymbol{p}_k \\ &= \boldsymbol{g}_k^T \boldsymbol{p}_k + \alpha_k \boldsymbol{p}_k^T A_k \boldsymbol{p}_k = 0 \end{aligned}$$

이로부터

$$\alpha_k = -\frac{\boldsymbol{g}_k^T \boldsymbol{p}_k}{\boldsymbol{p}_k^T A_k \boldsymbol{p}_k}$$

위에서 $\boldsymbol{g}_k = \nabla F(\boldsymbol{x})|_{\boldsymbol{x}=\boldsymbol{x}_k}$, $A_k = \nabla^2 F(\boldsymbol{x})|_{\boldsymbol{x}=\boldsymbol{x}_k}$ 이다.

보기 A-8.

성능함수가 $F(\boldsymbol{x}) = \frac{1}{2}\boldsymbol{x}^T \begin{bmatrix} 3 & 1 \\ 1 & 3 \end{bmatrix} \boldsymbol{x}$ 와 같을 때 최대하향경사 방법을 적용하여 보자. 초기점은 $\boldsymbol{x}_0 = \begin{bmatrix} 1 \\ -0.5 \end{bmatrix}$로 한다.

풀이

$$\nabla F(\boldsymbol{x}) = A\boldsymbol{x} = \begin{bmatrix} 3x_1 + x_2 \\ x_1 + 3x_2 \end{bmatrix}.$$ 따라서 $\boldsymbol{p}_0 = -\boldsymbol{g}_0 = -\nabla F(\boldsymbol{x})|_{\boldsymbol{x}=\boldsymbol{x}_0} = \begin{bmatrix} -2.5 \\ 0.5 \end{bmatrix}$

그러므로

$$\alpha_0 = -\frac{[2.5 \ \ -0.5]\begin{bmatrix}-2.5\\0.5\end{bmatrix}}{[-2.5 \ \ 0.5]\begin{bmatrix}3 & 1\\1 & 3\end{bmatrix}\begin{bmatrix}-2.5\\0.5\end{bmatrix}} = 0.382$$

이로부터 첫 번째 하향경사 단계는

$$\boldsymbol{x}_1 = \boldsymbol{x}_0 - \alpha_0 \boldsymbol{g}_0 = \begin{bmatrix}1\\-0.5\end{bmatrix} - 0.382\begin{bmatrix}2.5\\-0.5\end{bmatrix} = \begin{bmatrix}0.045\\-0.309\end{bmatrix}$$

MATLAB을 이용하면 약 7번의 반복단계 후에 최소점 $[0 \ \ 0]^T$에 이르게 됨을 알 수 있다.

```
% Example: steepest descent algorithm
A = [3 1; 1 3]; % Hessian matrix given
x = [1; -0.5]; % initial point:
kmax = 100;   % maximum iteration
eps = 1.e-6;
for k = 1:kmax
    g = grad1(x);  p = -g; a = - g'*p/(p'*A*p);
    xold = x;  x = xold - a*g;
    fprintf('  %d   %7.4f  %7.4f \n', k, x);
    if ( (x(1)-xold(1))^2 + (x(2)-xold(2))^2 ) < eps
        break;
    end
end

function f = grad1(x)
f = [3*x(1)+x(2); x(1)+3*x(2)];
```

MATLAB 수행결과는 다음과 같다:

```
1    0.0441  -0.3088
2    0.0963  -0.0481
3    0.0042  -0.0297
4    0.0093  -0.0046
```

5	0.0004	−0.0029
6	0.0009	−0.0004
7	0.0000	−0.0003

■

A.5 Newton 방법

최대하향경사 알고리듬은 1차 Taylor 근사에 근거하고 있다. Newton 방법은 2차 Taylor 근사를 기반으로 한다:

$$F(\boldsymbol{x}_{k+1}) = F(\boldsymbol{x}_k + \Delta\boldsymbol{x}_k) \approx F(\boldsymbol{x}_k) + \boldsymbol{g}_k^T\Delta\boldsymbol{x}_k + \frac{1}{2}\Delta\boldsymbol{x}_k^T A_k \Delta\boldsymbol{x}_k$$

Newton 방법에서는 2차 Taylor 근사의 정류점이 $F(\boldsymbol{x})$의 정류점과 같다고 간주한다. 위의 관계를 $\Delta\boldsymbol{x}_k$로 미분하고 그 결과를 0으로 두면

$$\frac{dF(\boldsymbol{x}_{k+1})}{d\Delta\boldsymbol{x}_k} = \boldsymbol{g}_k + A_k\Delta\boldsymbol{x}_k = \boldsymbol{0}$$

이를 $\Delta\boldsymbol{x}_k$에 대하여 풀면

$$\Delta\boldsymbol{x}_k = -A_k^{-1}\boldsymbol{g}_k$$

따라서 Newton 방법은 다음과 같이 정의된다:

$$\boldsymbol{x}_{k+1} = \boldsymbol{x}_k + \Delta\boldsymbol{x}_k = \boldsymbol{x}_k - A_k^{-1}\boldsymbol{g}_k$$

보기 A-9.

성능함수가 $F(\boldsymbol{x}) = x_1^2 + 10x_2^2$ 와 같을 때 Newton 방법을 적용하여 보자. 초기점은 $\boldsymbol{x}_0 = \begin{bmatrix} 1 \\ -0.5 \end{bmatrix}$로 한다.

풀이

기울기 및 Hessian 행렬은 $\nabla F(\boldsymbol{x}) = \begin{bmatrix} 2x_1 \\ 20x_2 \end{bmatrix}$, $\nabla^2 F(\boldsymbol{x}) = A = \begin{bmatrix} 2 & 0 \\ 0 & 20 \end{bmatrix}$ 이므로

$A^{-1} = \begin{bmatrix} 0.5 & 0 \\ 0 & 0.05 \end{bmatrix}$. 따라서 식 (2-53)으로부터

$$\boldsymbol{x}_1 = \boldsymbol{x}_0 - A^{-1}\boldsymbol{g}_0 = \begin{bmatrix} 1 \\ -0.5 \end{bmatrix} - \begin{bmatrix} 0.5 & 0 \\ 0 & 0.05 \end{bmatrix} \begin{bmatrix} 2 \\ -10 \end{bmatrix} = \begin{bmatrix} 0 \\ 0 \end{bmatrix}$$

즉 한 번의 단계로 최소점에 이르게 된다.

■

보기 A-10.

성능함수가 $F(\boldsymbol{x}) = (x_2 - x_1)^4 + 6x_1x_2 - x_1 + x_2 + 4$ 와 같을 때 Newton 방법을 적용하여 최소점을 구하여라. 초기점은 $\boldsymbol{x}_0 = \begin{bmatrix} 1 \\ -1 \end{bmatrix}$로 한다.

풀이

$$\nabla F(\boldsymbol{x}) = \begin{bmatrix} -4(x_2 - x_1)^3 + 6x_2 - 1 \\ 4(x_2 - x_1)^3 + 6x_1 + 1 \end{bmatrix}, \quad \nabla^2 F(\boldsymbol{x}) = \begin{bmatrix} 12(x_2 - x_1)^2 & -12(x_2 - x_1)^2 + 6 \\ -12(x_2 - x_1)^2 + 6 & 12(x_2 - x_1)^2 \end{bmatrix}$$

MATLAB을 이용하여 식 (2-53)의 계산을 용이하게 수행할 수 있다.

```
% Example: Newton's algorithm
x = [1; -1];    % initial point:
kmax = 100;    % maximum iteration
eps = 1.e-6;
for k = 1:kmax
    gk = ngrad1(x);
    Ak = ngrad2(x);       % Hessian at x(k)
    xold = x;
    x = xold - inv(Ak)*gk;
    fprintf('  %d    %7.4f   %7.4f \n', k, x);
```

```
    if ( (x(1)-xold(1))^2 + (x(2)-xold(2))^2 ) < eps
        break;
    end
end

function f = ngrad1(x)
f = [-4*(x(2)-x(1))^3+6*x(2)-1; 4*(x(2)-x(1))^3+6*x(1)+1];

function f = ngrad2(x)
f = [12*(x(2)-x(1))^2       -12*(x(2)-x(1))^2+6;
     -12*(x(2)-x(1))^2+6    12*(x(2)-x(1))^2];
```

수행 결과는 다음과 같다:

```
1   0.7222  -0.7222
2   0.5697  -0.5697
3   0.5101  -0.5101
4   0.5003  -0.5003
5   0.5000  -0.5000
```

■

앞에서 $A_k = A_k^{-1} = I$ 이고 $\alpha_k = 1$일 때 최대하향경사와 Newton 방법은 서로 같아짐을 알 수 있다.

A.6 켤레 기울기

2차함수를 최소화시키는 Newton 방법에서는 2차미분의 계산이 요구된다. 변수나 파라미터들의 수가 많아지면 2차미분의 계산이 번거롭고 복잡해진다. 따라서 1차미분만을 이용하여 2차함수를 최소화시키는 방법이 보다 효과적일 것이다.

다음과 같은 2차함수의 최소점을 구한다고 하자:

$$F(\boldsymbol{x}) = \frac{1}{2}\boldsymbol{x}^T A \boldsymbol{x} + \boldsymbol{d}^T \boldsymbol{x} + c$$

벡터집합 $\{\boldsymbol{p}_k\}$는 다음 관계가 성립하는 경우 양수확정(positive definite) Hessian 행렬 A에 대하여 서로 켤레(conjugate)라고 말한다:

$$\boldsymbol{p}_i^T A \boldsymbol{p}_j = 0 \quad (i \neq j)$$

직교벡터들과 마찬가지로 주어진 n 차원 공간에는 무한한 상호 켤레벡터 집합들이 존재한다. 행렬 A의 고유치와 고유벡터를 각각 $\{\lambda_1, \lambda_2, \cdots, \lambda_n\}$ 및 $\{\boldsymbol{z}_1, \boldsymbol{z}_2, \cdots, \boldsymbol{z}_n\}$이라 하자. 위 식에서 $\boldsymbol{p}_k$를 $\boldsymbol{z}_k$로 대체하면 대칭행렬의 고유벡터는 서로 직교(즉 $\boldsymbol{z}_i^T \boldsymbol{z}_k = 0,\ i \neq j$)라는 사실로부터

$$\boldsymbol{z}_i^T A \boldsymbol{z}_j = \lambda_j \boldsymbol{z}_i^T \boldsymbol{z}_j = 0 \quad (i \neq j)$$

즉 고유벡터들은 켤레이면서 직교이다.

2차함수의 경우 $\nabla F(\boldsymbol{x}) = \boldsymbol{g} = A\boldsymbol{x} + \boldsymbol{d}$, $\nabla^2 F(\boldsymbol{x}) = A$ 이므로

$$\Delta \boldsymbol{g}_k = \boldsymbol{g}_{k+1} - \boldsymbol{g}_k = (A\boldsymbol{x}_{k+1} + \boldsymbol{d}) - (A\boldsymbol{x}_k + \boldsymbol{d}) = A \Delta \boldsymbol{x}_k$$

그런데

$$\Delta \boldsymbol{x}_k = (\boldsymbol{x}_{k+1} - \boldsymbol{x}_k) = \alpha_k \boldsymbol{p}_k$$

이므로 α_k는 방향 $\boldsymbol{p}_k$에서 $F(\boldsymbol{x})$가 최소가 되도록 정하여진다.

$$\alpha_k \boldsymbol{p}_k^T A \boldsymbol{p}_j = \Delta \boldsymbol{x}_k^T A \boldsymbol{p}_j = \Delta \boldsymbol{g}_k^T \boldsymbol{p}_j = 0 \quad (k \neq j)$$

즉 탐색방향 $\boldsymbol{p}_k$가 기울기의 변화에 대하여 직교이면 켤레벡터가 된다.

첫 번째 탐색방향 $\boldsymbol{p}_0$는 최대하향경사 방향으로 정하는 것이 일반적이다:

$$\boldsymbol{p}_0 = -\boldsymbol{g}_0$$

다음에 매 반복단계에서 $\{\Delta \boldsymbol{g}_0, \Delta \boldsymbol{g}_1, \cdots, \Delta \boldsymbol{g}_{k-1}\}$에 직교가 되도록 $\boldsymbol{p}_k$를 구한다. 이 과정은 Gram-Schmidt 직교화와 유사하며 다음과 같이 나타낼 수 있다:

$$\boldsymbol{p}_k = -\boldsymbol{g}_k + \beta_k \boldsymbol{p}_{k-1}$$

위에서 스칼라 β_k는 여러 가지 방법으로 정할 수 있다:

Hestenes과 Steifel 방법: $\beta_k = \dfrac{\Delta \boldsymbol{g}_{k-1}^T \boldsymbol{g}_k}{\Delta \boldsymbol{g}_{k-1}^T \boldsymbol{p}_{k-1}}$

Fletcher와 Reeves 방법: $\beta_k = \dfrac{\boldsymbol{g}_k^T \boldsymbol{g}_k}{\boldsymbol{g}_{k-1}^T \boldsymbol{g}_{k-1}}$

Pol마과 Ribiere 방법: $\beta_k = \dfrac{\Delta \boldsymbol{g}_{k-1}^T \boldsymbol{g}_k}{\boldsymbol{g}_{k-1}^T \boldsymbol{g}_{k-1}}$

켤레기울기 방법을 요약하면:

1) 첫 번째 탐색방향을 정한다: $\boldsymbol{p}_0 = -\boldsymbol{g}_0$

2) 학습률 α_k를 정하고 다음 단계를 구한다: $\Delta \boldsymbol{x}_k = (\boldsymbol{x}_{k+1} - \boldsymbol{x}_k) = \alpha_k \boldsymbol{p}_k$

   2차함수의 경우 α_k는 $\alpha_k = -\dfrac{\boldsymbol{g}_k^T \boldsymbol{p}_k}{\boldsymbol{p}_k^T A_k \boldsymbol{p}_k}$로부터 얻는다.

3) 적절한 방법에 따라 β_k를 정하고 다음 탐색방향을 구한다: $\boldsymbol{p}_k = -\boldsymbol{g}_k + \beta_k \boldsymbol{p}_{k-1}$

4) 수렴되지 않으면 단계 2)로 되돌아간다.

보기 A-11.

성능함수가 $F(\boldsymbol{x}) = x_1^2 + x_1 x_2 + x_2^2 = \dfrac{1}{2}\boldsymbol{x}^T \begin{bmatrix} 2 & 1 \\ 1 & 2 \end{bmatrix} \boldsymbol{x}$ 와 같을 때 켤레기울기 방법을 적용하여 보자. 초기점은 $\boldsymbol{x}_0 = \begin{bmatrix} 0.8 \\ -0.25 \end{bmatrix}$로 한다.

풀이

$\nabla F(\boldsymbol{x}) = A\boldsymbol{x} = \begin{bmatrix} 2x_1 + x_2 \\ x_1 + 2x_2 \end{bmatrix}$. 따라서 $\boldsymbol{p}_0 = -\boldsymbol{g}_0 = -\nabla F(\boldsymbol{x})|_{\boldsymbol{x}=\boldsymbol{x}_0} = \begin{bmatrix} -1.35 \\ -0.3 \end{bmatrix}$

다음과 같이 MATLAB을 이용할 수 있다.

```
% Example: Conjugate gradient
x = [0.8; -0.25];   % initial point:
A = [2 1;1 2];
kmax = 100;   % maximum iteration
eps = 1.e-6;
k = 0;
g = cgrad1(x); % initial gradient
p = -g;  % initial search direction
fprintf('  k       p(1)       p(2)        x(1)        x(2) \n');
f          p          r          i          n          t          f          (          '
----------------------------------------------------------\
n');
fprintf('  %d    %7.4f    %7.4f    %7.4f    %7.4f\n', k, p, x);
for k = 1:kmax
    a = - g'*p/(p'*A*p);  %learning rate
    xold = x;
    gold = g;
    x = x+a*p;    % new point
    g = cgrad1(x);  %gradient at the new point
    b = g'*g/(gold'*gold); % beta: Fletcher & Reeves method
    p = -g+b*p;  % new search direction
    fprintf('  %d    %7.4f    %7.4f    %7.4f    %7.4f\n', k, p, x);
    if ( (x(1)-xold(1))^2 + (x(2)-xold(2))^2 ) < eps
        break;
    end
end
function f = cgrad1(x)
f = [2*x(1)+x(2); x(1)+2*x(2)];
```

수행 결과는 다음과 같다:

k	p(1)	p(2)	x(1)	x(2)
0	−1.3500	−0.3000	0.8000	−0.2500
1	−0.3008	0.4627	0.2430	−0.3738
2	−0.0000	0.0000	0.0000	−0.0000
3	−0.0000	0.0000	0.0000	−0.0000

두 번째 반복단계에서 최소점에 도달함을 알 수 있다.

■

A.7 Levenberg-Marquardt 알고리듬

Levenberg−Marquardt 알고리듬은 Newton 방법의 한 가지 변형으로서 비선형 함수들의 제곱의 합을 최소화 시키도록 고안되었다. 인공신경망에서 성능함수가 평균자승오차인 경우 이 알고리듬은 신경망의 훈련에 매우 적합하다.

Newton 방법은 다음과 같다.

$$\boldsymbol{x}_{k+1} = \boldsymbol{x}_k + \Delta \boldsymbol{x}_k = \boldsymbol{x}_k - A_k^{-1} \boldsymbol{g}_k$$

여기에서 $A_k \equiv \nabla^2 F(\boldsymbol{x})|_{\boldsymbol{x}=\boldsymbol{x}_k}$, $\boldsymbol{g}_k \equiv \nabla F(\boldsymbol{x})|_{\boldsymbol{x}=\boldsymbol{x}_k}$ 이다. 성능함수 $F(\boldsymbol{x})$가 다음과 같이 함수들의 제곱의 합이라고 하자:

$$F(\boldsymbol{x}) = \sum_{i=1}^{N} v_i^2(\boldsymbol{x}) = \boldsymbol{v}^T(\boldsymbol{x})\boldsymbol{v}(\boldsymbol{x})$$

이 경우 기울기의 j 번째 원소는

$$[\nabla F(\boldsymbol{x})]_j = \frac{\partial F(\boldsymbol{x})}{\partial x_j} = 2\sum_{i=1}^{N} v_i(\boldsymbol{x}) \frac{\partial v_i(\boldsymbol{x})}{\partial x_j}$$

기울기는 다음과 같이 Jacobian을 이용한 행렬 형태로 나타낼 수 있다.

$$\nabla F(\boldsymbol{x}) = 2J^T(\boldsymbol{x})v(\boldsymbol{x})$$

위에서 Jacobian J는 다음과 같다:

$$J(\boldsymbol{x}) = \begin{bmatrix} \frac{\partial v_1(\boldsymbol{x})}{\partial x_1} & \frac{\partial v_1(\boldsymbol{x})}{\partial x_2} & \cdots & \frac{\partial v_1(\boldsymbol{x})}{\partial x_n} \\ \frac{\partial v_2(\boldsymbol{x})}{\partial x_1} & \frac{\partial v_2(\boldsymbol{x})}{\partial x_2} & \cdots & \frac{\partial v_2(\boldsymbol{x})}{\partial x_n} \\ \vdots & \vdots & \cdots & \vdots \\ \frac{\partial v_N(\boldsymbol{x})}{\partial x_N} & \frac{\partial v_1(\boldsymbol{x})}{\partial x_2} & \cdots & \frac{\partial v_N(\boldsymbol{x})}{\partial x_n} \end{bmatrix}$$

이제 Hessian 행렬을 구하여 보기로 한다. Hessian 행렬의 k, j 번째 원소는

$$[\nabla^2 F(\boldsymbol{x})]_{k,j} = \frac{\partial F(\boldsymbol{x})}{\partial x_k \partial x_j} = 2\sum_{i=1}^{N}\left[\frac{\partial v_i(\boldsymbol{x})}{\partial x_k}\frac{\partial v_i(\boldsymbol{x})}{\partial x_j} + v_i(\boldsymbol{x})\frac{\partial^2 v_i(\boldsymbol{x})}{\partial x_k \partial x_j}\right]$$

Hessian 행렬은 다음과 같이 행렬 형태로 나타낼 수 있다:

$$\nabla^2 F(\boldsymbol{x}) = 2J^T(\boldsymbol{x})J(\boldsymbol{x}) + 2\sum_{i=1}^{N} v_i(\boldsymbol{x})\nabla^2 v_i(\boldsymbol{x}) \cong 2J^T(\boldsymbol{x})J(\boldsymbol{x})$$

이들로부터

$$\begin{aligned} \boldsymbol{x}_{k+1} &= \boldsymbol{x}_k - [2J^T(\boldsymbol{x}_k)J(\boldsymbol{x}_k)]^{-1} \cdot 2J^T(\boldsymbol{x}_k)\boldsymbol{v}(\boldsymbol{x}_k) \\ &= \boldsymbol{x}_k - [J^T(\boldsymbol{x}_k)J(\boldsymbol{x}_k)]^{-1} J^T(\boldsymbol{x}_k)\boldsymbol{v}(\boldsymbol{x}_k) \end{aligned}$$

위의 식은 Gauss-Newton 방법이라 불린다. Gauss-Newton 방법에서는 Newton 방법에서와 같이 2차 미분(A_k)을 구할 필요가 없다는 장점이 있다. 그러나 행렬 $H = J^T J$의 역행렬이 존재하지 않을 수도 있다. 이 경우 다음과 같이 보정된 Hessian 행렬을 이용하면 역행렬을 구할 수 없는 문제를 극복할 수 있다.

$$G = H + \mu I = J^T J + \mu I$$

이를 이용하면

$$x_{k+1} = x_k - [J^T(x_k)J(x_k) + \mu_k I]^{-1} J^T(x_k)v(x_k)$$

또는

$$\Delta x_k = x_{k+1} - x_k = -[J^T(x_k)J(x_k) + \mu_k I]^{-1} J^T(x_k)v(x_k)$$

이는 Levenberg-Marquardt 알고리듬이다. μ_k가 증가할 수록 이 알고리듬은 학습률이 작은 최대 하향경사 알고리듬에 근접한다. 즉 μ_k가 아주 크면

$$x_{k+1} \cong x_k - \frac{1}{\mu_k} J^T(x_k)v(x_k) = x_k - \frac{1}{2\mu_k} \nabla F(x_k)$$

μ_k가 작아져서 0이 되면 Levenberg-Marquardt 알고리듬은 Gauss-Newton 방법이 된다. Levenberg-Marquardt 알고리듬에서는 처음에 μ_k를 작게 설정하여 준다. 계산단계에서 $F(x)$ 값이 줄어들지 않으면 μ_k에 어떤 인자 $\theta\,(>1)$를 곱하여 다시 계산한다.

연습문제

A.1) 다음과 같은 함수 $F(x)$는 두 최소점을 가짐을 확인하고 이들 최소점에서 주어진 함수에 대한 2차 Taylor 수열을 구하여라:

$$F(x) = (x_2 - x_1)^4 + 8x_1x_2 - x_1 + x_2 + 3$$

A.2) 다음과 같은 4차 함수 $F(x)$의 정류점을 구하고 이들이 최소점인지를 확인하여라.

$$F(x) = x^4 - \frac{2}{3}x^3 - 2x^2 + 2x + 4$$

A.3) 다음 그림에 보인 바와 같은 선형 신경망에서 원하는 입력/출력 쌍이 다음과 같다고 가정하자:

$$\{(p_1 = 2),\ (t_1 = 0.5)\},\ \ \{(p_2 = -1),\ (t_2 = 0)\}$$

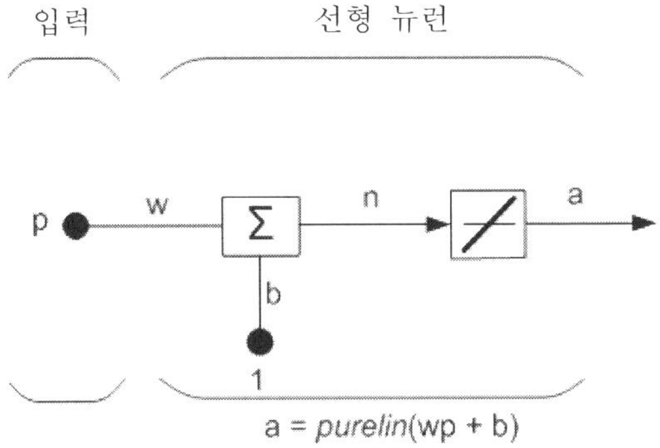

그림 A-8. 선형 신경망

이 신경망에 대하여 성능함수가 다음과 같다고 할 때 이 함수가 2차함수임을 밝히고 정류점과 Hessian을 구하여라. :

$$F(x) = (t_1 - a_1(x))^2 + (t_2 - a_2(x))^2$$

위에서 $x = \begin{bmatrix} w \\ b \end{bmatrix}$ 이며 $a_i = wp_i + b = [p_i 1]x$ 이다.

A.4) 성능함수 $F(x)$**가 다음과 같이 주어졌다:**

$$F(x) = 6x_1^2 - 4x_1x_2 + 6x_2^2 + 3x_1 + 3x_2$$

(1) 정류점을 구하여라.
(2) 안정한 최대 학습률은 얼마인가?

A.5) 성능함수 $F(x)$**가** $F(x) = 6x_1^2 - 4x_1x_2 + 6x_2^2 + 3x_1 + 3x_2$ **와 같을 때 최대하향경사 알고리듬을 두 단계 수행하여** x_2**를 구하여라.** (초기점은 $x_0 = \begin{bmatrix} 0 \\ -2 \end{bmatrix}$로 한다.)

A.6) 그림 A-8에 보인 선형 신경망의 성능함수는 $F(x) = (t_1 - a_1(x))^2 + (t_2 - a_2(x))^2$

로 주어지며 여기에서 $x = \begin{bmatrix} w \\ b \end{bmatrix}$**,** $a_i = wp_i + b = [p_i 1]x$ **이다. 다음과 같은 입출력 쌍을 이용하여 이 신경망을 훈련시키고자 한다.**

i	입력, p_i	목표치, t_i
1	2	0.5
2	-1	0

(1) 최대하향경사 방법을 이용하여 이 신경망에 대한 최적 파라미터 값(즉 x의 최적값)을 구하여라. 초기점은 $x_0 = \begin{bmatrix} 1 \\ 1 \end{bmatrix}$로 하며 학습률은 $\alpha = 0.05$로 한다.
(2) 안정한 최대 학습률은 얼마인가?

A.7) 성능함수가 $F(x) = \exp(x_1^2 - x_1 + 2x_2^2 + 4)$ **와 같을 때 Newton 방법의 첫 번째 단계를 수행하여라.** (초기점은 $x_0 = \begin{bmatrix} 1 \\ -2 \end{bmatrix}$로 한다.)

연습문제 풀이

A.1 (풀이)

기울기를 구하면

$$\nabla F(x) = \begin{bmatrix} \dfrac{\partial F(x)}{\partial x_1} \\ \dfrac{\partial F(x)}{\partial x_2} \end{bmatrix} = \begin{bmatrix} -4(x_2 - x_1)^3 + 8x_2 - 1 \\ 4(x_2 - x_1)^3 + 8x_1 + 1 \end{bmatrix} \tag{i}$$

Hessian 행렬을 구하면

$$\nabla^2 F(\boldsymbol{x}) = \begin{bmatrix} \dfrac{\partial^2 F(\boldsymbol{x})}{\partial x_1^2} & \dfrac{\partial^2 F(\boldsymbol{x})}{\partial x_1 \partial x_2} \\ \dfrac{\partial^2 F(\boldsymbol{x})}{\partial x_2 \partial x_1} & \dfrac{\partial^2 F(\boldsymbol{x})}{\partial x_2^2} \end{bmatrix} = \begin{bmatrix} 12(x_2 - x_1)^2 & -12(x_2 - x_1)^2 + 8 \\ -12(x_2 - x_1)^2 + 8 & 12(x_2 - x_1)^2 \end{bmatrix} \qquad \text{(ii)}$$

다음과 같이 초기값을 달리 하여 MATLAB으로부터 (i)을 풀어 정류점을 얻는다.

```
x0 = [-1; 1];
options = optimset('Display', 'iter');
[x,fval] = fsolve(@eqns, x0, options)
x =
   -0.4188
    0.4188

x0 = [1; -1];
options = optimset('Display', 'iter');
[x,fval] = fsolve(@eqns, x0, options)
x =
    0.5536
   -0.5536
```

즉 $x_1^* = \begin{bmatrix} -0.42 \\ 0.42 \end{bmatrix}$, $x_2^* = \begin{bmatrix} 0.55 \\ -0.55 \end{bmatrix}$ 이다. 위에서 eqns는 식 (i)로서 다음과 같이 정의된다:

```
function f = eqns(x)
f(1) = -4*(x(2)-x(1))^3 + 8*x(2) - 1;
f(2) = 4*(x(2)-x(1))^3 + 8*x(1) + 1;
```

따라서

$$F(\boldsymbol{x}) = F(\boldsymbol{x}^* + \triangle \boldsymbol{x}) = F(\boldsymbol{x}^*) + \nabla F(\boldsymbol{x})^T|_{\boldsymbol{x}=\boldsymbol{x}^*} \cdot \triangle \boldsymbol{x} + \frac{1}{2} \triangle \boldsymbol{x}^T \nabla^2 F(\boldsymbol{x})|_{\boldsymbol{x}=\boldsymbol{x}^*} \cdot \triangle \boldsymbol{x}$$

로부터

$$F^1(\boldsymbol{x}) = 4.49 - [-3.7128 \ \ 3.7128]\boldsymbol{x} + \frac{1}{2}\boldsymbol{x}^T\begin{bmatrix} 8.42 & -0.42 \\ -0.42 & 8.42 \end{bmatrix}\boldsymbol{x}$$
$$F^2(\boldsymbol{x}) = 7.41 - [11.781 \ \ -11.781]\boldsymbol{x} + \frac{1}{2}\boldsymbol{x}^T\begin{bmatrix} 14.71 & -6.71 \\ -6.71 & 14.71 \end{bmatrix}\boldsymbol{x}$$

를 얻는다.

A.2 (풀이)

F(x)의 1차미분을 0으로 두어 정류점을 구한다.

$$\frac{d}{dx}F(x) = 4x^3 - 2x^3 - 4x + 2$$

이므로 다음과 같이 근을 구한다.

```
p = [4 -2 -4 2];
s = roots(p)
s =
   -1.0000
    1.0000
    0.5000
```

F(x)의 2차미분은 $\frac{d^2}{dx^2}F(x) = 12x^2 - 4x - 4$ 이므로 정류점에서 2차미분의 값은 각각 12, 4, −3 이다. 따라서 2차미분이 +인 −1과 1에서 국부적 최소값을 가지며 0.5에서 국부적 최대값을 갖는다. 함수값은 F(−1)=5/3, F(1)=13/3 이므로 −1에서 광역 최소값을 갖는다.

F(x)의 그래프는 다음으로부터 얻을 수 있다:

```
ezplot('x^4 - 2*x^3/3-2*x^2+2*x+4', [-2 2])
```

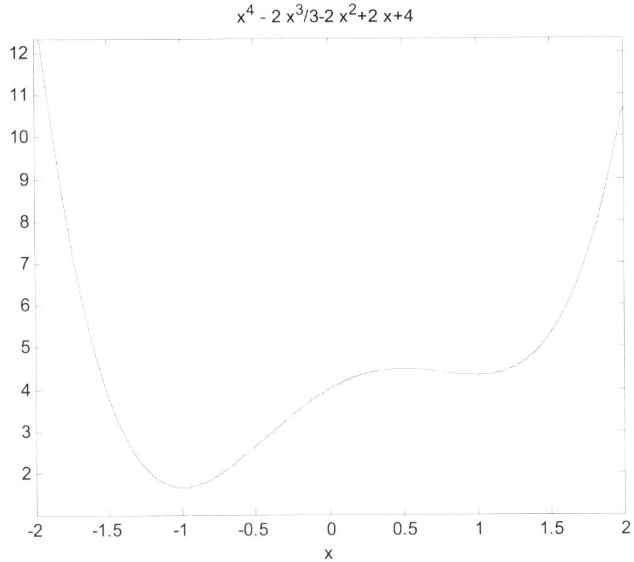

그림 A-9. F(x)의 그래프

A.3 (풀이)

이제 오차를

$$e_1 = t_1 - a_1 = t_1 - (wp_1 + b),\ \ e_2 = t_2 - a_2 = t_2 - (wp_2 + b)$$

로 두면

$$\boldsymbol{e} = \begin{bmatrix} e_1 \\ e_2 \end{bmatrix} = \begin{bmatrix} t_1 \\ t_2 \end{bmatrix} - \begin{bmatrix} p_1 & 1 \\ p_2 & 1 \end{bmatrix} \begin{bmatrix} w \\ b \end{bmatrix} = \boldsymbol{t} - \begin{bmatrix} p_1 & 1 \\ p_2 & 1 \end{bmatrix} \boldsymbol{x} = \boldsymbol{t} - \boldsymbol{G}\boldsymbol{x}$$

따라서

$$F(\boldsymbol{x}) = \boldsymbol{e}^T\boldsymbol{e} = [\boldsymbol{t} - \boldsymbol{G}\boldsymbol{x}]^T[\boldsymbol{t} - \boldsymbol{G}\boldsymbol{x}] = \boldsymbol{t}^T\boldsymbol{t} - 2\boldsymbol{t}^T\boldsymbol{G}\boldsymbol{x} + \boldsymbol{x}^T\boldsymbol{G}^T\boldsymbol{G}\boldsymbol{x}$$

이를 식 (2-18)의 2차함수

$$F(\boldsymbol{x}) = \frac{1}{2}\boldsymbol{x}^T A\boldsymbol{x} + \boldsymbol{d}^T\boldsymbol{x} + c$$

와 비교하면

$$c = t^T t,\ d = -2G^T x,\ A = 2G^T G$$

가 된다. 2차함수의 기울기는

$$\nabla F(x) = Ax + d = 2G^T Gx - 2G^T t$$

정류점은 기울기가 0일때의 점이므로

$$x^* = -A^{-1}d = [G^T G]^{-1} G^T t$$

한편 Hessian은

$$\nabla^2 F(x) = A = 2G^T G$$

이다. 주어진 데이터로부터

$$G = \begin{bmatrix} p_1 & 1 \\ p_2 & 1 \end{bmatrix} = \begin{bmatrix} 2 & 1 \\ -1 & 1 \end{bmatrix},\ t = \begin{bmatrix} 0.5 \\ 0 \end{bmatrix}$$

이므로 다음과 같이 정류점과 Hessian을 얻는다:

```
G = [2 1;-1 1];
t = [0.5; 0];
xs = inv(G'*G)*G'*t
xs =
    0.1667
    0.1667

Hessian = 2*G'*G
Hessian =
    10    2
     2    4
```

A.4 (풀이)

(1) $F(x) = \frac{1}{2}x^T Ax + d^T x + c = \frac{1}{2}x^T \begin{bmatrix} 12 & -4 \\ -4 & 12 \end{bmatrix} x + [3\ \ 3]x$

따라서 $\nabla F(x) = Ax + d = \begin{bmatrix} 12 & -4 \\ -4 & 12 \end{bmatrix} x + \begin{bmatrix} 3 \\ 3 \end{bmatrix} = \begin{bmatrix} 0 \\ 0 \end{bmatrix}$

이로부터 $x^* = -A^{-1}d = \begin{bmatrix} -0.375 \\ -0.375 \end{bmatrix}$

다음과 같이 MATLAB을 이용할 수도 있다.

```
A = [12 -4; -4 12];
d = [3; 3];
xs = -inv(A)*d
xs =
    -0.3750
    -0.3750
```

(2) 고유벡터 v와 고유치 s(아래 결과에서 대각행렬 s의 원소가 고유치이다)는 다음과 같다:

```
[v, s] = eig(A)
v =
    -0.7071    -0.7071
    -0.7071     0.7071
s =
       8      0
       0     16
```

따라서 $\alpha < \frac{2}{\lambda_{max}} = \frac{2}{16} = 0.125$

A.5 (풀이)

$F(x) = \frac{1}{2} x^T \begin{bmatrix} 12 & -4 \\ -4 & 12 \end{bmatrix} x + [3\ 3]x$ 이므로 $\nabla F(x) = Ax + d = \begin{bmatrix} 12 & -4 \\ -4 & 12 \end{bmatrix} x + \begin{bmatrix} 3 \\ 3 \end{bmatrix}$.

따라서 $g_0 = \nabla F(x_0) = \begin{bmatrix} 11 \\ -21 \end{bmatrix}$, $p_0 = -g_0$

$$\alpha_0 = -\frac{g_0^T p_0}{p_0^T A p_0} = -\frac{[11 \; -21]\begin{bmatrix}-11\\21\end{bmatrix}}{[-11 \; 21]\begin{bmatrix}12 & -4\\-4 & 12\end{bmatrix}\begin{bmatrix}-11\\21\end{bmatrix}} = 0.0654$$

이로부터

$$x_1 = x_0 + \alpha_0 p_0 = \begin{bmatrix}0\\-2\end{bmatrix} + 0.0654\begin{bmatrix}-11\\21\end{bmatrix} = \begin{bmatrix}-0.7194\\-0.6266\end{bmatrix}$$

$$g_1 = \nabla F(x_1) = \begin{bmatrix}-3.1264\\-1.6416\end{bmatrix}, \quad p_1 = -g_1$$

$$\alpha_1 = -\frac{g_1^T p_1}{p_1^T A p_1} = -\frac{[-3.1264 \; -1.6416]\begin{bmatrix}3.1264\\1.6416\end{bmatrix}}{[3.1264 \; 1.6416]\begin{bmatrix}12 & -4\\-4 & 12\end{bmatrix}\begin{bmatrix}3.1264\\1.6416\end{bmatrix}} = 0.1148$$

이로부터

$$x_2 = x_1 + \alpha_1 p_1 = \begin{bmatrix}-0.7194\\-0.6266\end{bmatrix} + 0.1148\begin{bmatrix}3.1264\\1.6416\end{bmatrix} = \begin{bmatrix}-0.36\\-0.438\end{bmatrix}$$

이들 과정을 수행하는 MATLAB 프로그램은 다음과 같다.

```
% prob_steepdes.m
A = [12 -4; -4 12]; % Hessian matrix given
d = [3; 3];
x = [0; -2]; % initial point:
kmax = 100;   % maximum iteration
k = 0;
eps = 1.e-6;
fprintf('  k       x(1)       x(2) \n');
fprintf(' -------------------------\n');
fprintf('  %d    %7.4f    %7.4f\n', k, x);
for k = 1:kmax
   xold = x;
   g = gradp1(x);
   p = -g;
   a = - g'*p/(p'*A*p);
```

```
    x = xold - a*g;
    fprintf('  %d    %7.4f    %7.4f\n', k, x);
    if ( (x(1)-xold(1))^2 + (x(2)-xold(2))^2 ) < eps
        break;
    end
end
fval = x'*A*x/2 + d'*x;
fprintf('  function value = %7.4f\n', fval);

function f = gradp1(x)
f = [12*x(1)-4*x(2)+3; -4*x(1)+12*x(2)+3];
```

수행 결과는 다음과 같다:

```
prob_steepdes
  k       x(1)        x(2)
 ----------------------
  0     0.0000    -2.0000
  1    -0.7195    -0.6264
  2    -0.3604    -0.4383
  3    -0.3884    -0.3848
  4    -0.3744    -0.3775
  5    -0.3755    -0.3754
  6    -0.3750    -0.3751
function value = -1.1250
```

A.6 (풀이)

(1) $$a_1(\boldsymbol{x}) = wp_1 + b = \boldsymbol{x}^T\begin{bmatrix} p_1 \\ 1 \end{bmatrix} = [p_1\,1]\boldsymbol{x} = \boldsymbol{h}_1^T\boldsymbol{x}$$

$$a_2(\boldsymbol{x}) = wp_2 + b = \boldsymbol{x}^T\begin{bmatrix} p_2 \\ 1 \end{bmatrix} = [p_2\,1]\boldsymbol{x} = \boldsymbol{h}_2^T\boldsymbol{x}$$

따라서

$$
\begin{aligned}
F(\boldsymbol{x}) &= (t_1-\boldsymbol{h}_1^T\boldsymbol{x})^2+(t_2-\boldsymbol{h}_2^T\boldsymbol{x})^2 = (t_1-\boldsymbol{h}_1^T\boldsymbol{x})^T(t_1-\boldsymbol{h}_1^T\boldsymbol{x})+(t_2-\boldsymbol{h}_2^T\boldsymbol{x})^T(t_2-\boldsymbol{h}_2^T\boldsymbol{x}) \\
&= t_1^2-2t_1\boldsymbol{h}_1^T\boldsymbol{x}+\boldsymbol{x}^T\boldsymbol{h}_1\boldsymbol{h}_1^T\boldsymbol{x}+t_2^2-2t_2\boldsymbol{h}_2^T\boldsymbol{x}+\boldsymbol{x}^T\boldsymbol{h}_2\boldsymbol{h}_2^T\boldsymbol{x} \\
&= \boldsymbol{t}^T\boldsymbol{t}-2\boldsymbol{t}^TH^T\boldsymbol{x}+\boldsymbol{x}^THH^T\boldsymbol{x}
\end{aligned}
$$

위에서 $\boldsymbol{t}=\begin{bmatrix} t_1 \\ t_2 \end{bmatrix}$, $H=[\boldsymbol{h}_1\ \boldsymbol{h}_2]=\begin{bmatrix} p_1 & p_2 \\ 1 & 1 \end{bmatrix}$ 이다. 위의 관계를

$$F(\boldsymbol{x})=\frac{1}{2}\boldsymbol{x}^TA\boldsymbol{x}+\boldsymbol{d}^T\boldsymbol{x}+c$$

와 서로 비교하면

$$A=2HH^T=2\begin{bmatrix} p_1 & p_2 \\ 1 & 1 \end{bmatrix}\begin{bmatrix} p_1 & 1 \\ p_2 & 1 \end{bmatrix}=2\begin{bmatrix} 2 & -1 \\ 1 & 1 \end{bmatrix}\begin{bmatrix} 2 & 1 \\ -1 & 1 \end{bmatrix}=\begin{bmatrix} 10 & 2 \\ 2 & 4 \end{bmatrix},$$

$$\boldsymbol{d}^T=-2\boldsymbol{t}^TH^T=-2[0.5\ 0]\begin{bmatrix} 2 & 1 \\ -1 & 1 \end{bmatrix}=[-2\ \ -1],$$

$$c=\boldsymbol{t}^T\boldsymbol{t}=[0.5\ 0]\begin{bmatrix} 0.5 \\ 0 \end{bmatrix}=0.25$$

이로부터

$$\boldsymbol{g}_0=\nabla F(\boldsymbol{x}_0)=A\boldsymbol{x}_0+\boldsymbol{d}=\begin{bmatrix} 10 & 2 \\ 2 & 4 \end{bmatrix}\begin{bmatrix} 1 \\ 1 \end{bmatrix}+\begin{bmatrix} -2 \\ -1 \end{bmatrix}=\begin{bmatrix} 10 \\ 5 \end{bmatrix}$$

$$\boldsymbol{x}_1=\boldsymbol{x}_0-\alpha\boldsymbol{g}_0=\begin{bmatrix} 1 \\ 1 \end{bmatrix}-0.05\begin{bmatrix} 10 \\ 5 \end{bmatrix}=\begin{bmatrix} 0.5 \\ 0.75 \end{bmatrix}$$

따라서

$$\boldsymbol{g}_1=\nabla F(\boldsymbol{x}_1)=A\boldsymbol{x}_0+\boldsymbol{d}=\begin{bmatrix} 10 & 2 \\ 2 & 4 \end{bmatrix}\begin{bmatrix} 0.5 \\ 0.75 \end{bmatrix}+\begin{bmatrix} -2 \\ -1 \end{bmatrix}=\begin{bmatrix} 4.5 \\ 3 \end{bmatrix}$$

$$\boldsymbol{x}_2=\boldsymbol{x}_1-\alpha\boldsymbol{g}_1=\begin{bmatrix} 0.5 \\ 0.75 \end{bmatrix}-0.05\begin{bmatrix} 4.5 \\ 3 \end{bmatrix}=\begin{bmatrix} 0.275 \\ 0.6 \end{bmatrix}$$

다음과 같이 MATLAB을 이용할 수도 있다.

```
% proba_steepdes.m : Steepest descent method with constant learning
rate
A = [10 2; 2 4]; % Hessian matrix given
d = [-2; -1];
```

```
c = 0.25;
x = [1; 1]; % initial point
alpha = 0.05;
kmax = 100;   % maximum iteration
k = 0;
eps = 1.e-6;
fprintf('  k       x(1)        x(2) \n');
fprintf(' --------------------------\n');
fprintf('  %d    %7.4f    %7.4f\n', k, x);
for k = 1:kmax
    xold = x;
    g = gradp1(x);
    p = -g;
    x = xold - alpha*g;
    fprintf('  %d    %7.4f    %7.4f\n', k, x);
    if ( (x(1)-xold(1))^2 + (x(2)-xold(2))^2 ) < eps
        break;
    end
end
fval = x'*A*x/2 + d'*x + c;
fprintf('  function value = %7.4f\n', fval);

function f = gradp1(x)
f = [10*x(1)+2*x(2)-2; 2*x(1)+4*x(2)-1];
```

이의 수행결과는 다음과 같다:

```
  k       x(1)        x(2)
 ----------------------
  0    1.0000    1.0000
  1    0.5000    0.7500
  2    0.2750    0.6000
  3    0.1775    0.5025
  ⋮       ⋮         ⋮
```

```
24      0.1648      0.1728
25      0.1651      0.1718
26      0.1654      0.1709
function value =  0.0000
```

위의 결과는 학습률을 0.05로 일성하게 두고 수행한 것이다. 학습률을 매 단계에서 보정해 준다면 다음에 보인 바와 같이 빠른 수렴을 달성할 수 있다.

```
A = [10 2; 2 4]; % Hessian matrix given
d = [-2; -1];
c = 0.25;
x = [1; 1]; % initial point:
kmax = 100;   % maximum iteration
k = 0;
eps = 1.e-6;
fprintf('  k        x(1)        x(2) \n');
fprintf(' -------------------------\n');
fprintf('  %d    %7.4f    %7.4f\n', k, x);
for k = 1:kmax
    xold = x;
    g = gradp1(x);
    p = -g;
    a = - g'*p/(p'*A*p);
    x = xold - a*g;
    fprintf('  %d    %7.4f    %7.4f\n', k, x);
    if ( (x(1)-xold(1))^2 + (x(2)-xold(2))^2 ) < eps
        break;
    end
end
fval = x'*A*x/2 + d'*x + c;
fprintf('  function value = %7.4f\n', fval);


function f = gradp1(x)
```

```
f = [10*x(1)+2*x(2)-2; 2*x(1)+4*x(2)-1];
```

다음은 위의 수행결과로서 6번째 단계에서 최소점이 얻어짐을 알 수 있다.

```
prob_steepdes
 k       x(1)        x(2)
--------------------------
 0     1.0000      1.0000
 1     0.0385      0.5192
 2     0.1987      0.1987
 3     0.1617      0.1802
 4     0.1679      0.1679
 5     0.1665      0.1672
 6     0.1667      0.1667
function value =  0.0000
```

(2) 고유치와 고유벡터는 다음과 같다:

```
A = [10 2;2 4];
[v s] = eig(A)
v =
    0.2898   -0.9571
   -0.9571   -0.2898
s =
    3.3944         0
         0   10.6056
```

이로부터 $\alpha < \dfrac{2}{\lambda_{max}} = \dfrac{2}{10.6056} = 0.1886$

A.7 (풀이)

$$\boldsymbol{x}_{k+1} = \boldsymbol{x}_k - A_k^{-1}\boldsymbol{g}_k, \quad A_k = \nabla^2 F(\boldsymbol{x})|_{\boldsymbol{x}=\boldsymbol{x}_k}$$

$$\nabla F(\boldsymbol{x}) = \begin{bmatrix} \dfrac{\partial F(\boldsymbol{x})}{\partial x_1} \\ \dfrac{\partial F(\boldsymbol{x})}{\partial x_2} \end{bmatrix} = e^{x_1^2 - x_1 + 2x_2^2 + 4} \begin{bmatrix} 2x_1 - 1 \\ 4x_2 \end{bmatrix}$$

$$\nabla^2 F(\boldsymbol{x}) = \begin{bmatrix} \dfrac{\partial^2 F(\boldsymbol{x})}{\partial x_1^2} & \dfrac{\partial^2 F(\boldsymbol{x})}{\partial x_1 \partial x_2} \\ \dfrac{\partial^2 F(\boldsymbol{x})}{\partial x_2 \partial x_1} & \dfrac{\partial^2 F(\boldsymbol{x})}{\partial x_2^2} \end{bmatrix} = e^{x_1^2 - x_1 + 2x_2^2 + 4} \begin{bmatrix} 4x_1^2 - 4x_1 + 3 & 4(2x_1 - 1)x_2 \\ 4(2x_1 - 1)x_2 & 16x_2^2 + 4 \end{bmatrix}$$

따라서

$$\boldsymbol{g}_0 = \nabla F(\boldsymbol{x}_0) = 162750 \begin{bmatrix} 1 \\ -8 \end{bmatrix}, \quad A_0 = \nabla^2 F(\boldsymbol{x}_0) = 162750 \begin{bmatrix} 3 & -8 \\ -8 & 68 \end{bmatrix}$$

이로부터

$$\boldsymbol{x}_1 = \boldsymbol{x}_0 - A_0^{-1} \boldsymbol{g}_0 = \begin{bmatrix} 1 \\ -2 \end{bmatrix} - \frac{1}{162750} \begin{bmatrix} 3 & -8 \\ -8 & 68 \end{bmatrix} \begin{bmatrix} 1 \\ -8 \end{bmatrix} \cdot 162750 = \begin{bmatrix} 0.9714 \\ -1.8857 \end{bmatrix}$$

MATLAB을 이용하면 13번째 단계에서 최소점에 도달함을 알 수 있다.

```
% prob_newton.m : Newton's algorithm
x = [1; -2];    % initial point:
kmax = 100;     % maximum iteration
k = 0;
eps = 1.e-6;
fprintf('  k        x(1)        x(2) \n');
fprintf(' -------------------------\n');
fprintf('  %d    %7.4f    %7.4f\n', k, x);
for k = 1:kmax
    gk = pgrad1(x);
    Ak = pgrad2(x);     % Hessian at x(k)
    xold = x;
    x = xold - inv(Ak)*gk;
    fprintf('  %d    %7.4f    %7.4f\n', k, x);
    if ( (x(1)-xold(1))^2 + (x(2)-xold(2))^2 ) < eps
```

```
        break;
    end
end
function f = pgrad1(x)
f = [2*x(1)-1; 4*x(2)]*exp(x(1)^2-x(1)+2*x(2)^2+4);

function f = pgrad2(x)
f = [4*x(1)^2-4*x(1)+3  4*(2*x(1)-1)*x(2);
    4 * ( 2 * x ( 1 ) - 1 ) * x ( 2 )
16*x(2)^2+4]*exp(x(1)^2-x(1)+2*x(2)^2+4);
```

```
prob_newton
  k        x(1)        x(2)
 ------------------------
  0     1.0000    -2.0000
  1     0.9714    -1.8857
  2     0.9413    -1.7654
  3     0.9095    -1.6379
  ⋮        ⋮          ⋮
  12     0.5026    -0.0105
  13     0.5000    -0.0000
  14     0.5000    -0.0000
```

B. 역전파(Backpropagation) 신경망

B.1 서 론

역전파(backpropagation)는 Widrow-Hoff 학습규칙을 다층 신경망과 미분 가능한 비선형 전달함수로 일반화시킴으로써 생성된다. 입력벡터와 해당되는 목표치 벡터들을 사용하여 훈련시킴으로써 신경망이 함수를 근사하고 입력벡터와 특정 출력벡터를 연관지우거나 혹은 적절한 방법에 따라 입력벡터들을 분류하도록 할 수 있다. 바이어스와 시그모이드 층, 그리고 선형 출력층을 갖는 신경망은 제한된 수의 불연속점을 갖는 임의의 함수를 근사할 수 있다.

표준적인 역전파는 Widrow-Hoff 학습규칙에서와 같이 하향기울기 알고리듬으로서 신경망 가중치들은 성능함수의 음의 기울기를 따라 변해간다. 역전파라는 용어는 비선형 다층 신경망에 대하여 기울기가 계산되는 방식을 의미한다. 기본 알고리듬을 변형시킨 것으로서 켤레 기울기(conjugate gradient)나 Newton 방법과 같은 다른 표준적인 최적화 기법에 바탕을 둔 것들이 많이 있다. 신경망 툴박스에는 이러한 변형 알고리듬들이 많이 설치되어 있다.

적절히 훈련된 역전파 신경망은 생소한 입력들을 도입하여도 그럴듯한 해를 제공하여 준다. 통상 새로운 입력이 도입되면 이와 유사한 입력이 훈련에 이용되었을 때 얻은 바른 출력과 비슷한 출력이 얻어진다. 이러한 일반화 특성으로 인하여 대표적인 입력/목표치 쌍의 집합에 대하여 신경망을 훈련시킬 수 있으며 모든 가능한 입력/출력 쌍들에 대하여 훈련시키지 않고도 좋은 결과를 얻을 수 있다. 신경망 툴박스에는 신경망의 일반화를 향상시키기 위해 고안된 조직화 및 조기 종료라는 두 가지 특징이 있다.

B.2 다층 신경망의 구조

그림 B-1은 층이 3 개인 선형 신경망을 보인 것이다. 신경망은 다수의 층을 가질 수 있으며 각 층은 가중치 행렬 W, 바이어스 벡터 b, 그리고 출력벡터 a를 갖는다. 그림에서 이들 각 층에 대하여 가중치 행렬 및 출력벡터 등을 서로 구분하기 위하여 층의 번호를 관심있는 변수의 위첨자로 붙여준다. **그림** B-1에 보인 신경망은 R^1개의 입력을 가지며 첫 번째 층에는 S^1개의 뉴런, 두 번째 층에는 S^2개의 뉴런, 세 번째 층에는 S^3개의 뉴런을 갖는다. 층마다 다른 수의 뉴런을 가지는 것이 보통이다. 각 뉴런에는 일정한 입력 1이 바이어스에 도입되고 있다.

각 중간층의 출력들은 이어지는 다음 층의 입력이 된다. 따라서 2번 층은 S^1개의 입력 및 S^2개의 뉴런과 S^2xS^1 가중행렬 W^2를 갖는 단일층 신경망으로 인식될 수 있다. 2번 층으로의 입력은 a1이며 출력은 a2이다. 이제 2번 층의 모든 벡터와 행렬들을 인식하였으므로 이 층을 그 자체로서 하나의 단일층 신경망으로 간주할 수 있다. 이는 신경망의 어느 층에 대해서도 마찬가지이다.

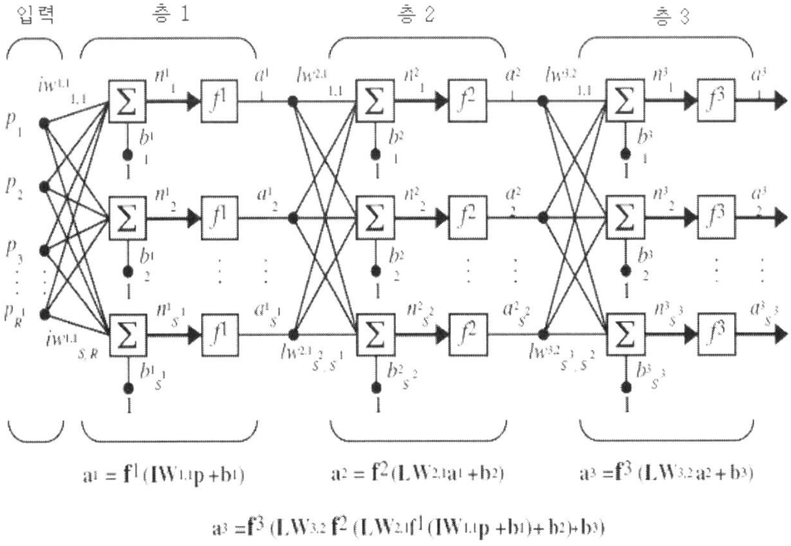

그림 B-1. 3층 신경망

그림 B-1에 보인 3층 신경망 역시 편리한 축약 표기방법을 사용하여 **그림 B-2**와 같이 나타낼 수 있다.

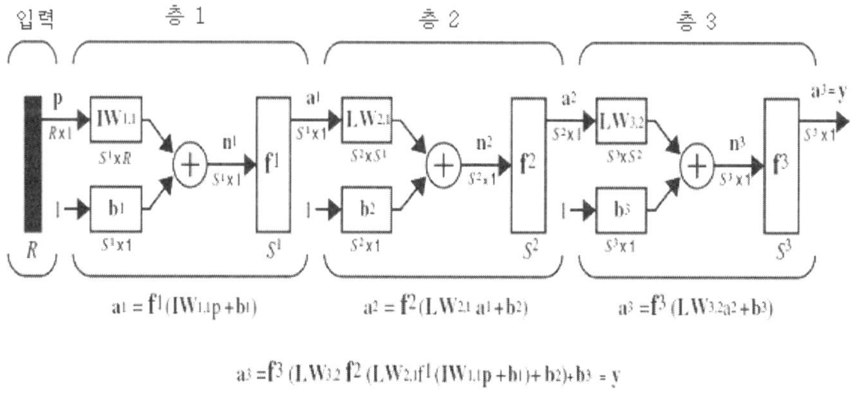

그림 B-2. 축약 표기방법으로 나타낸 3층 신경망

역전파에서는 사용되는 전달함수가 어떤 것이든 그의 미분을 계산할 수 있는 것이 중요하다. 다층 신경망에서는 흔히 **그림 B-3**에 보인 바와 같은 로그-시그모이드 전달함수가 사용된다. 뉴런으로의 입력이 $-\infty$에서 $+\infty$로 이르게 됨에 따라 전달함수 logsig는 0과 1 사이의 출력을 생성한다. 이외에도 탄-시그모이드 전달함수가 사용되기도 하며 때로는 선형 전달함수가 역전층 신경망에 사용된다.

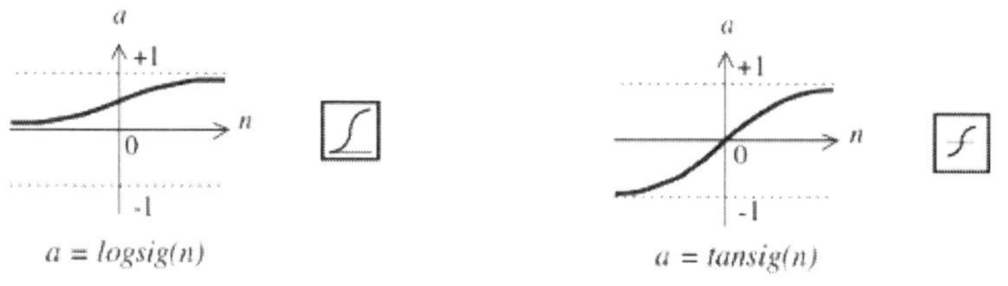

그림 B-3. 다층 신경망에 사용되는 전달함수

만일 다층 신경망의 마지막 층이 시그모이드 뉴런이면 신경망의 출력은 작은 범위로 제한된다. 선형 출력 뉴런이 사용되는 경우 신경망 출력은 어떤 값이든 취할 수 있다. 앞먹임 신경망은 흔히 하나, 혹은 그 이상의 시그모이드 뉴런 은닉층을 가지며 선형 뉴런의 출력층이 그 다음에 이어진다. 비선형 전달함수를 지닌 다층 뉴런들에 의하여 신경망은 입력과 출력벡터 사이의 비선형 및 선형관계들을 학습할 수 있다. 선형 출력층으로 인하여 신경망으로부터 −1과 +1 범위 바깥의 값들이 생성될 수 있다. 신경망의 출력을 제한하기를 원한다면(0과 1 사이 등으로) 출력층에는 (logsig와 같은) 시그모이드 전달함수가 사용되어야 한다. R 개의 입력과 S 개의 로그-시그모이드 뉴런을 갖는 단일층 신경망은 **그림 B-4**에 보인 바와 같다.

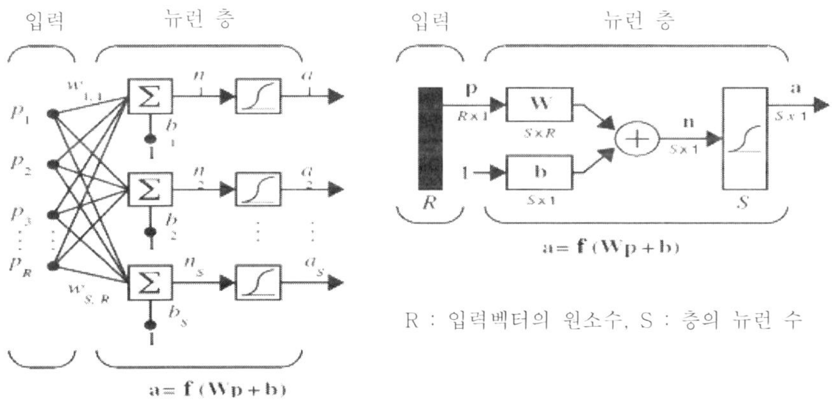

그림 B-4. 로그-시그모이드 단일층 신경망

그림 B-5는 층이 두 개인 신경망을 보인 것이다. 이 신경망은 첫 번째 층이 시그모이드이고 두 번째 층이 선형인 신경망으로서 (제한된 수의 불연속점이 있는) 일반적인 함수 근사기로 사용될 수 있다. 이 신경망은 은닉층에 충분한 수의 뉴런이 주어졌을 경우 제한된 수의 불연속점을 갖는 임의의 함수를 근사할 수 있다. 이러한 종류의 2층 신경망은 대표적인 역전파 신경망으로서 광범위하게 이용된다.

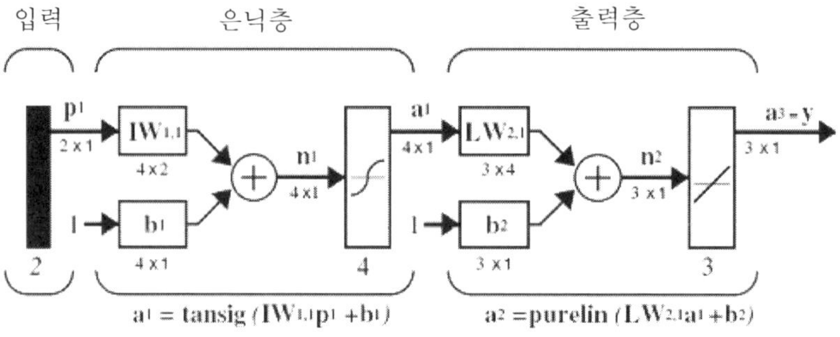

그림 B-5. 2층 신경망

B.3 역전파 알고리듬

그림 B-2에 보인 바와 같은 복수층 신경망에서 가중치 행렬을 간단히 W로 나타내면 하나의 층으로부터의 출력은 이어지는 다음 층으로의 입력이 된다. 따라서

$$a^{m+1} = f^{m+1}(W^{m+1}a^m + b^{m+1}) \qquad (m = 0,\ 1,\ \cdots,\ M-1)$$

위에서 M은 층의 수이다. 첫 번째 층의 뉴런들에는 외부로부터 입력들이 도입된다. 즉

$$a^0 = p$$

마지막 층의 뉴런들로부터의 출력은 신경망의 출력이 된다. 즉

$$a = a^M$$

다층 신경망에서 역전파 알고리듬은 최소 평균자승(LMS) 알고리듬을 일반화시킨 것으로 볼 수 있다. 이들 두 알고리듬에서는 평균자승 오차가 성능함수로 이용된다. 신경망의 입력 p_i와 목표치 t_i가

$$\{p_1,\ t_1\},\ \{p_2,\ t_2\},\ \cdots,\ \{p_Q,\ t_Q\}$$

와 같이 주어져 있다고 하자. 각 입력이 신경망에 적용될 때마다 신경망으로부터 얻어지는 출력은 목표치와 비교된다. 신경망 파라미터들은 다음과 같은 평균자승 오

차가 최소가 되도록 조정되어야 한다.

$$F(x) = E[e^2] = E[(t-a)^2]$$

위에서 x는 신경망 가중치와 바이어스들로 이루어지는 벡터이다. 신경망의 출력이 여러 개이면

$$F(\mathbf{x}) = E[\mathbf{e}^T\mathbf{e}] = E[(\mathbf{t}-\mathbf{a})^T(\mathbf{t}-\mathbf{a})]$$

LMS 알고리듬에서와 마찬가지로 오차의 제곱에 대한 기대값을 k 번째 반복단계에서의 오차의 제곱으로 대체함으로써 평균자승 오차를 다음과 같이 근사적으로 나타낼 수 있다:

$$\widehat{F}(\mathbf{x}) = [\mathbf{t}(k)-\mathbf{a}(k)]^T[\mathbf{t}(k)-\mathbf{a}(k)] = \mathbf{e}^T(k)\mathbf{e}(k)$$

근사적으로 나타낸 평균자승 오차에 대한 최대하향기울기 알고리듬은 다음과 같다:

$$w_{i,j}^m(k+1) = w_{i,j}^m(k) - \alpha\frac{\partial\hat{F}}{\partial w_{i,j}^m}$$

$$b_i^m(k+1) = b_i^m(k) - \alpha\frac{\partial\hat{F}}{\partial b_i^m}$$

위에서 α는 학습률이다. 사슬규칙(chain rule)으로부터

$$\frac{\partial\hat{F}}{\partial w_{i,j}^m} = \frac{\partial\hat{F}}{\partial n_i^m}\cdot\frac{\partial n_i^m}{\partial w_{i,j}^m}$$

$$\frac{\partial\hat{F}}{\partial b_i^m} = \frac{\partial\hat{F}}{\partial n_i^m}\cdot\frac{\partial n_i^m}{\partial b_i^m}$$

m 번째 층에서

$$\mathbf{n}^m = W^m\mathbf{a}^{m-1} + \mathbf{b}^m$$

이다. 혹은 $\mathbf{a}^{m-1}\in R^{s^{m-1}}\times 1$, $\mathbf{b}^m\in R^{s^m}\times 1$, $\mathbf{n}^m\in R^{s^m}\times 1$, $W\in R^{s^m\times s^{m-1}}$ 이므로

$$n_i^m = \sum_{j=1}^{s^{m-1}} w_{i,j}^m a_j^{m-1} + b_i^m$$

따라서

$$\frac{\partial n_i^m}{\partial w_{i,j}^m} = a_j^{m-1}, \quad \frac{\partial n_i^m}{\partial b_i^m} = 1$$

이제 m 번째 층에서 i 번째 원소 n_i^m에 대한 $\hat{F}$의 민감도(sensitivity)를 r_i^m이라 하면

$$r_i^m = \frac{\partial \hat{F}}{\partial n_i^m}$$

이다. 이를 이용하면

$$\frac{\partial \hat{F}}{\partial w_{i,j}^m} = r_i^m a_j^{m-1}$$

$$\frac{\partial \hat{F}}{\partial b_i^m} = r_i^m$$

이들 관계로부터 근사적인 최대하향기울기 알고리듬은 다음과 같이 나타낼 수 있다:

$$w_{i,j}^m(k+1) = w_{i,j}^m(k) - \alpha r_i^m a_j^{m-1}$$

$$b_i^m(k+1) = b_i^m(k) - \alpha r_i^m$$

벡터-행렬을 이용하면

$$W^m(k+1) = W^m(k) - \alpha \boldsymbol{r}^m (\boldsymbol{a}^{m-1})^T$$

$$\boldsymbol{b}^m(k+1) = \boldsymbol{b}^m(k) - \alpha \boldsymbol{r}^m$$

위에서 $$\boldsymbol{r}^m = \frac{\partial \hat{F}}{\partial \boldsymbol{n}^m} = \begin{bmatrix} \frac{\partial \hat{F}}{\partial n_1^m} \\ \frac{\partial \hat{F}}{\partial n_2^m} \\ \vdots \\ \frac{\partial \hat{F}}{\partial n_{s^m}^m} \end{bmatrix}$$

민감도 $\boldsymbol{r}^m$을 계산하기 위해서는 다시 사슬규칙을 적용한다. 이 과정에서 m 번째 층에서의 민감도 $\boldsymbol{r}^m$은 m+1 번째 층에서의 민감도 $\boldsymbol{r}^{m+1}$로부터 계산되므로 이러한 계산과정에 역전파라는 이름이 붙여졌다. $\frac{\partial \boldsymbol{n}^{m+1}}{\partial \boldsymbol{n}^m}$은 다음과 같은 Jacobian 행렬을 이룬다:

$$\frac{\partial \boldsymbol{n}^{m+1}}{\partial \boldsymbol{n}^m} = \begin{bmatrix} \frac{\partial n_1^{m+1}}{\partial n_1^m} & \frac{\partial n_1^{m+1}}{\partial n_2^m} & \cdots & \frac{\partial n_1^{m+1}}{\partial n_{s^m}^m} \\ \frac{\partial n_2^{m+1}}{\partial n_1^m} & \frac{\partial n_2^{m+1}}{\partial n_2^m} & \cdots & \frac{\partial n_2^{m+1}}{\partial n_{s^m}^m} \\ \vdots & \vdots & \cdots & \vdots \\ \frac{\partial n_{s^{m+1}}^{m+1}}{\partial n_1^m} & \frac{\partial n_{s^{m+1}}^{m+1}}{\partial n_2^m} & \cdots & \frac{\partial n_{s^{m+1}}^{m+1}}{\partial n_{s^m}^m} \end{bmatrix}$$

Jacobian 행렬의 i, j 번째 원소를 고려하여 보면 $\boldsymbol{a}^m = \boldsymbol{f}^m(\boldsymbol{n}^m)$으로부터

$$\frac{\partial n_i^{m+1}}{\partial n_j^m} = \frac{\partial\left(\sum_{l=1}^{s^m} w_{i,l}^{m+1} a_l^m + b_i^{m+1}\right)}{\partial n_j^m} = w_{i,j}^{m+1} \frac{\partial a_j^m}{\partial n_j^m}$$

$$= w_{i,j}^{m+1} \frac{\partial f^m(n_j^m)}{\partial n_j^m} = w_{i,j}^{m+1} \dot{f}^m(n_j^m)$$

따라서 Jacobian 행렬은 다음과 같이 나타낼 수 있다:

$$\frac{\partial \boldsymbol{n}^{m+1}}{\partial \boldsymbol{n}^m} = W^{m+1} \dot{F}^m(\boldsymbol{n}^m)$$

위에서

$$\dot{f}^m(n_j^m) = \frac{\partial f^m(n_j^m)}{\partial n_j^m}$$

$$\dot{F}^m(\boldsymbol{n}^m) = \begin{bmatrix} \dot{f}^m(n_1^m) & 0 & \cdots & 0 \\ 0 & \dot{f}^m(n_2^m) & \cdots & 0 \\ \vdots & \vdots & \cdots & \vdots \\ 0 & 0 & \cdots & \dot{f}^m(n_{s^m}^m) \end{bmatrix}$$

이를 이용하면

$$\begin{aligned} \boldsymbol{r}^m &= \frac{\partial \hat{F}}{\partial \boldsymbol{n}^m} = \left(\frac{\partial \boldsymbol{n}^{m+1}}{\partial \boldsymbol{n}^m}\right)^T \frac{\partial \hat{F}}{\partial \boldsymbol{n}^{m+1}} = \dot{F}^m(\boldsymbol{n}^m)(W^{m+1})^T \frac{\partial \hat{F}}{\partial \boldsymbol{n}^{m+1}} \\ &= \dot{F}^m(\boldsymbol{n}^m)(W^{m+1})^T \boldsymbol{r}^{m+1} \end{aligned}$$

민감도는 마지막 층으로부터 첫 번째 층으로 $\boldsymbol{r}^M \to \boldsymbol{r}^{M-1} \to \cdots \to \boldsymbol{r}^2 \to \boldsymbol{r}^1$ 의 순서로 순차적으로 계산된다. 이를 위해서는 먼저 초기값 $\boldsymbol{r}^M$을 구할 필요가 있다.

$$r_i^M = \frac{\partial \hat{F}}{\partial n_i^M} = \frac{\partial[(\boldsymbol{t}-\boldsymbol{a})^T(\boldsymbol{t}-\boldsymbol{a})]}{\partial n_i^M} = \frac{\partial\left[\sum_{j=1}^{s^M}(t_j-a_j)^2\right]}{\partial n_i^M} = -2(t_i-a_i)\frac{\partial a_i}{\partial n_i^M}$$

그런데

$$\frac{\partial a_i}{\partial n_i^M} = \frac{\partial a_i^M}{\partial n_i^M} = \frac{\partial f^M(n_i^M)}{\partial n_i^M} = \dot{f}^M(n_i^M)$$

이므로

$$r_i^M = -2(t_i-a_i)\dot{f}^M(n_i^M)$$

이로부터

$$\boldsymbol{r}^M = -2\dot{F}^M(\boldsymbol{n}^M)(\boldsymbol{t}-\boldsymbol{a})$$

이상의 역전파 계산과정을 요약해 보면 다음과 같다:

$$
\begin{aligned}
a^0 &= p \\
a^{m+1} &= f^{m+1}(W^{m+1}a^m + b^{m+1}) \quad (m = 0, 1, \cdots, M-1) \\
a &= a^M \\
r^M &= -2\dot{F}^M(n^M)(t-a) \\
r^m &= \dot{F}^m(n^m)(W^{m+1})^T r^{m+1} \quad (m = M-1, \cdots, 2, 1) \\
W^m(k+1) &= W^m(k) - \alpha r^m (a^{m-1})^T \\
b^m(k+1) &= b^m(k) - \alpha r^m
\end{aligned}
$$

보기 B-1. 함수근사 신경망(1)

그림 B-6에 보인 바와 같은 신경망을 이용하여 다음과 같은 함수 g(p)를 근사하고자 한다. 역전파 계산과정의 처음 단계를 보여라. 아울러 역전파를 계산하는 MATLAB 프로그램을 작성하여 보라.

$$g(p) = 1 + \sin\left(\frac{\pi}{4}p\right) \qquad -2 \le p \le 2$$

신경망 가중치와 바이어스의 초기값은

$$W^1(0) = \begin{bmatrix} -0.3 \\ -0.4 \end{bmatrix}, \quad b^1(0) = \begin{bmatrix} -0.5 \\ -0.1 \end{bmatrix}, \quad W^2(0) = [0.1 \ \ -0.2], \quad b^2(0) = [0.5]$$

로 하며 학습률 $\alpha = 0.1$로 한다.

풀이

초기의 입력값으로 p=1을 선택한다. 그러면 $a^0 = p = 1$ 이므로 첫 번째 층으로부터의 출력은

$$
\begin{aligned}
a^1 &= f^1(W^1a^0 + b^1) = f^1\left(\begin{bmatrix} -0.3 \\ -0.4 \end{bmatrix}[1] + \begin{bmatrix} -0.5 \\ -0.1 \end{bmatrix}\right) = f^1\left(\begin{bmatrix} -0.8 \\ -0.5 \end{bmatrix}\right) \\
&= \begin{bmatrix} \dfrac{1}{1+e^{0.8}} \\ \dfrac{1}{1+e^{0.5}} \end{bmatrix} = \begin{bmatrix} 0.31 \\ 0.38 \end{bmatrix}
\end{aligned}
$$

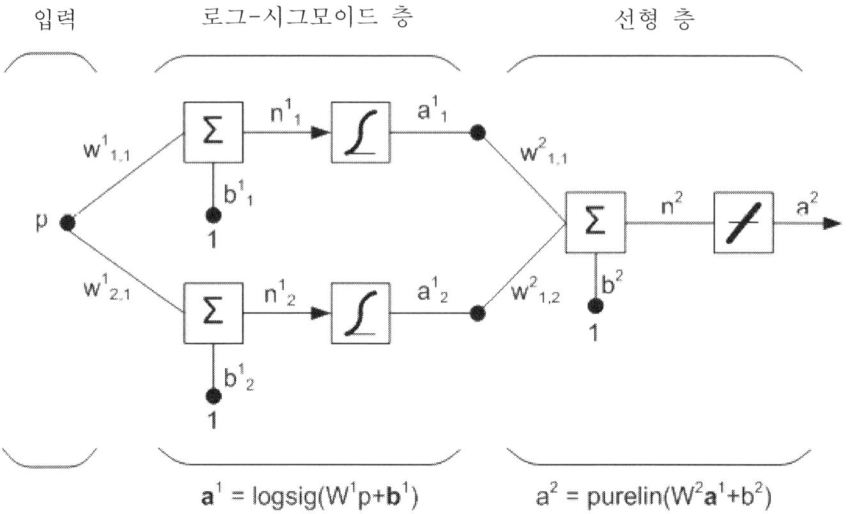

그림 B-6. 2층 함수근사 신경망

두 번째 층으로부터의 출력은

$$a^2 = f^2(W^2a^1 + b^2) = f^2\left([0.1 \ -0.2]\begin{bmatrix}0.31\\0.38\end{bmatrix} + [0.5]\right) = 0.455$$

목표치 값은 p=1 일 때

$$t = 1+\sin\frac{\pi p}{4} = 1+\sin\frac{\pi}{4} = 1.707$$

따라서 오차는

$$e = t-a = 1.707-0.455 = 1.252$$

다음은 민감도를 역전파시키는 단계이다. 이를 위해서는 전달함수 $f^1(n) = \frac{1}{1+e^{-n}}$ 과 $f^2(n) = n$ 의 미분 $\dot{f}^1(n)$과 $\dot{f}^2(n)$을 구하여야 한다.

$$\dot{f}^1(n) = \frac{d}{dn}\left(\frac{1}{1+e^{-n}}\right) = \frac{e^{-n}}{(1+e^{-n})^2} = \left(1-\frac{1}{1+e^{-n}}\right)\left(\frac{1}{1+e^{-n}}\right) = (1-a^1)a^1$$

$$\dot{f}^1(n) = \frac{d}{dn}(n) = 1$$

그런데

$$r^2 = -2\dot{F}^2(n^2)(t-a) = -2\dot{f}^2(n^2)(t-a) = -2(1)(1.252) = -2.504$$

아울러

$$r^1 = \dot{F}^1(n^1)(W^2)^T r^2 = \begin{bmatrix}(1-a_1^1)a_1^1 & 0 \\ 0 & (1-a_2^1)a_2^1\end{bmatrix}\begin{bmatrix}0.1 \\ -0.2\end{bmatrix}[-2.504]$$
$$= \begin{bmatrix}(1-0.31)(0.31) & 0 \\ 0 & (1-0.38)(0.38)\end{bmatrix}\begin{bmatrix}0.1 \\ -0.2\end{bmatrix}[-2.504] = \begin{bmatrix}-0.0536 \\ 0.118\end{bmatrix}$$

이로부터

$$W^2(1) = W^2(0) - \alpha r^2 (a^1)^T = [0.1 \ \ -0.2] - (0.1)(-2.504)[0.31 \ \ 0.38] = [0.1776 \ \ -0.1048]$$
$$b^2(1) = b^2(0) - \alpha r^2 = 0.5 - (0.1)(-2.504) = 0.7504$$
$$W^1(1) = W^1(0) - \alpha r^1 (a^0)^T = \begin{bmatrix}-0.3 \\ -0.4\end{bmatrix} - (0.1)\begin{bmatrix}-0.0536 \\ 0.118\end{bmatrix}(1) = \begin{bmatrix}-0.2946 \\ -0.4118\end{bmatrix}$$
$$b^1(1) = b^1(0) - \alpha r^1 = \begin{bmatrix}-0.5 \\ -0.1\end{bmatrix} - (0.1)\begin{bmatrix}-0.0536 \\ 0.118\end{bmatrix} = \begin{bmatrix}-0.4946 \\ -0.1118\end{bmatrix}$$

이로써 역전파 알고리듬의 첫 번째 단계가 완결된다. 다음에 다른 입력 p를 선택한 다음 다시 동일한 과정을 반복한다. 반복계산과정은 신경망의 출력과 목표치 사이의 차이가 어떤 허용값 이내에 도달할 때까지 계속된다.

MATLAB을 이용하여 위의 계산과정을 수행하여 보면 다음과 같다. 역전파 계산의 수행은 backpro_ex1 함수에서 이루어진다. 이 함수의 수행을 위해서는 입력벡터 하나의 원소수 np, 각 층마다의 뉴런수 nr, 층의 수 nl, 입력벡터 p, 목표치 벡터 t, 그리고 학습률 alpha를 지정해 주어야 한다. 이들 파라미터들의 지정은 프로그램 exB_1.m에서 이루어진다. 만일 층의 총 수를 3개, 각 층의 뉴런 수를 각각 3, 4 및 2 개로 하고자 한다면 exB_1.m에서 nl=3, nr=[3 4 2] 로 설정한다. 1단계의 계산과정만을 알아보고자 하므로 n=1로 설정한다.

```
% exB_1.m : Example B-1
np = 1;
nr = [2 1];
nl = 2;
p = 1;
t = 1.707;
alpha = 0.1;
W(1) = {[-0.3 -0.4]'}; W(2) = {[0.1 -0.2]};
b(1) = {[-0.5 -0.1]'}; b(2) = {[0.5]};
n = 1;
[W b a r nstep] = backpro(np, nr, nl, p, t, alpha, W, b, n)
```

수행결과는 다음과 같다.

```
>> exB_1
a =
    [2x1 double]
a =
    [2x1 double]    [0.4555]
e = 1.2515
W =
    [2x1 double]    [1x2 double]
b =
    [2x1 double]    [0.7503]
a =
    [2x1 double]    [0.4555]
r =
    [2x1 double]    [-2.5030]
nstep =  1
```

가중치와 바이어스 값들을 확인하여 보기로 한다. 다음에 보인 바와 같이 앞에서 계산한 결과와 MATLAB으로부터 얻은 결과들은 서로 일치함을 알 수 있다.

```
>> W{1}
ans =
   -0.2946
   -0.4118
>> W{2}
ans =
    0.1776   -0.1055
>> b{1}
ans =
   -0.4946
   -0.1118
>> b{2}
ans =
    0.7503
>> a{1}
ans =
    0.3100
    0.3775
>> a{2}
ans =  0.4555
>> r{1}
ans =
   -0.0535
    0.1176
>> r{2}
ans = -2.5030
```

■

프로그램 exB_1.m에서 이용된 프로그램 backpro.m은 일반적인 역전파 계산을 수행하는 프로그램이다. backpro.m은 마지막 층을 제외한 모든 층들의 전달함수가 시그모이드 함수이고 마지막 층의 전달함수는 선형인 경우에만 적용된다. 그러나 층이 하나일 경우에는 전달함수는 시그모이드 함수인 것으로 간주한다.

```
% backpro.m : perform backpropagation calculation steps
function [W b a r kcount] = backpro(np, nr, nl, p, t, alpha, W, b, kc)

% Input parameters :
%   np : number of elements of an input vector
%   nr : number of nodes in i-th layer (ex.: [2 3 1])
%   nl : number of layers(including output layer)
%   p : input data (each column of p consists a single input vector)
%   t : target values
%   alpha : learning rate
%   W : initial values of weighting parameters
%   b : initial values of biases
%   kc : number of computing steps required

% Convergence checking parameters
kmax = kc;
eps = 1.0e-3;

% Start backpropagation update
k = 1;
kcount = 1;
[irow icol] = size(p);
[trow tcol] = size(t);

while(1)
    if (k > icol)
        k = k - icol;
    end

    % Compute layer outputs
    for i = 1 : nl
        if (i == 1)
            la = p(:,k);
```

```
        else
            la = a{i-1};
        end
        n = W{i} * la + b{i};
        if (i < nl || nl == 1)
            a(i) = {sigmoid(n)}; % sigmoid transfer function in hidden
layers
                                    % single layer : T.F. is assumed to be
sigmoid
        else
            a(i) = {lineart(n)}; % linear transfer function in the
output layer
        end
    end
    aout = a{nl};

    % Error
    e = t(:,k) - aout;
    [erow ecol] = size(e);

    % Sensitivity at each layer
    Fdot = eye(nr(nl));
    r(nl) = { -2 * Fdot * e };  % sensitivity at the last layer(linear
T.F.)
    for j = nl-1 : -1 : 1
        Fdot = eye(nr(j));
        for m = 1 : nr(j)
            Fdot(m,m) = (1 - a{j}(m))*a{j}(m);
        end
        r{j} = Fdot * W{j+1}' * r{j+1};
    end
    if (nl == 1)   % single layer: T.F. is sigmoid
        Fdot = (1 - a{1}(1))*a{1}(1);
```

```
        r(nl) = { -2 * Fdot * e };
    end

    % Update weighting matrices and biases
    for j = 1 : nl
        if j == 1
            ma = p(:,k);
        else
            ma = a{j-1};
        end
        W{j} = W{j} - alpha * r{j} * ma';
        b{j} = b{j} - alpha * r{j};
    end

    if (kcount >= kmax)
        break;
    end

    % check convergence
    sum = 0;
    for j = 1 : erow
        sum = sum + e(j)*e(j);
    end
    if ((sum < eps) || k > kmax)
        break;
    end
    k = k + 1;
    kcount = kcount + 1;
end
```

보기 B-2. 함수근사 신경망(2)

역전파 수행함수 backpro.m을 이용하여 **보기 7-1**을 다시 수행하여라. 입력 p는 −2로부터 2까지 0.2씩 증가하는 것으로 설정한다.

풀이

backpro 함수를 구동하는 프로그램은 다음과 같이 구성할 수 있다.

```
% exB_2.m : Example B-2
np = 1;
nr = [2 1];
nl = 2;
p = [-2:0.2:2] ;
t = 1 + sin(pi.*p/4);
alpha = 0.1;
W(1) = {[-0.3 -0.4]'}; W(2) = {[0.1 -0.2]};
b(1) = {[-0.5 -0.1]'}; b(2) = {[0.5]};
n = 1000;
[W b a r kcount] = backpro(np, nr, nl, p, t, alpha, W, b, n)
```

수행결과는 다음과 같다. 70번째 계산단계에서 수렴함을 알 수 있다.

```
>> exB_2
W =
    [2x1 double]    [1x2 double]
b =
    [2x1 double]    [0.8478]
a =
    [2x1 double]    [0.3828]
r =
    [2x1 double]    [-0.0588]
kcount =
    70
```

가중치와 바이어스 값들은 다음과 같이 확인하여 볼 수 있다.

```
>> W{1}
ans =
    0.2120
   -0.6631
>> W{2}
ans =
    0.1325   -0.8281
>> b{1}
ans =
   -0.5294
   -0.1096
>> b{2}
ans =
    0.8478
```

■

역전파 알고리듬이 수렴한다고 해서 가장 최적의 해가 얻어졌다고 확신할 수는 없다. 여러 가지 서로 다른 초기조건들을 적용하였을 때에도 동일한 해가 얻어지는 경우 이 해는 최적 해라고 간주할 수 있다. 또한 신경망이 일반화될 수 있기 위해서는 신경망의 파라미터 수는 훈련 데이터 집합의 데이터 수보다 작아야 한다.

연습문제

B.1) 전달함수가 선형인 다층 신경망은 단일층 신경망과 대등함을 보여라.

B.2) 모델식이 $y(k+1)=f(y(k))$ 로 주어지는 어떤 시스템에서 최종시간 k=K에서의 출력 y(K)가 같은 시점에서의 목표치 t에 최대한 근접하도록 초기조건 y(0)를 정하

고자 한다. 사슬규칙을 이용하는 y(0)의 계산과정을 유도하여라. 최대 하향경사 알고리듬을 이용하며 성능함수는 $F(y(0)) = [t - y(K)]^2$ 로 한다.

B.3) 그림 B-7에 보인 2층 신경망에서 가중치와 바이어스의 초기값은

$$w^1 = 1,\ b^1 = 1,\ w^2 = -2,\ b^2 = 1$$

과 같으며 입력값과 목표치는 (p=1, t=1) 이다.

(1) 오차의 제곱 e^2를 모든 가중치와 바이어스들의 함수로 나타내어라.

(2) (1)의 결과를 이용하여 초기 가중치 및 바이어스에서의 $\frac{\partial e^2}{\partial w^1}$을 구하여라.

(3) 역전파 알고리듬을 이용하여 (2)를 다시 수행하고 두 결과들을 비교하여 보라.

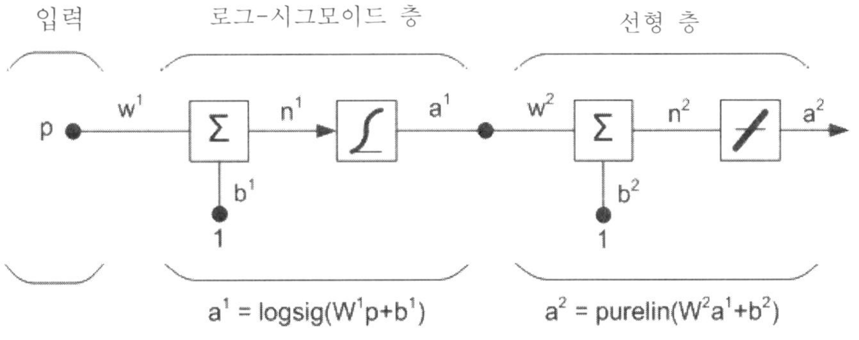

그림 B-7. 2층 신경망

B.4) 탄-시그모이드 전달함수

$$f(n) = \text{tansig}(n) = \frac{e^n - e^{-n}}{e^n + e^{-n}}$$

의 미분을 간략하게 나타내어 보라.

B.5) 그림 B-8에 보인 신경망에서 가중치와 바이어스의 초기값은

$$w^1(0) = -1,\ b^1(0) = 1, w^2(0) = -2,\ b^2(0) = 1$$

이며 입력과 목표치는 (p=-1, t=1) 이다. 학습률 $\alpha = 1$로 하여 역전파 알고리듬의 계산을 한 단계만 수행하여 보라.

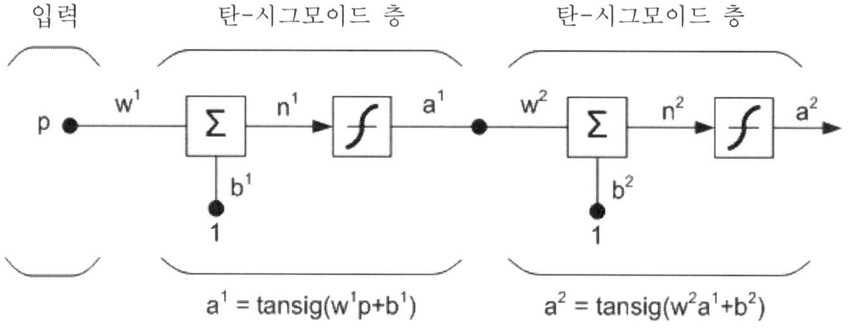

그림 B-8. 탄-시그모이드 2층 신경망

B.6) 그림 B-9에 보인 선형 재귀 신경망에서 가중치 w_1과 w_2를 보정하여 주는 알고리듬을 유도하여라.

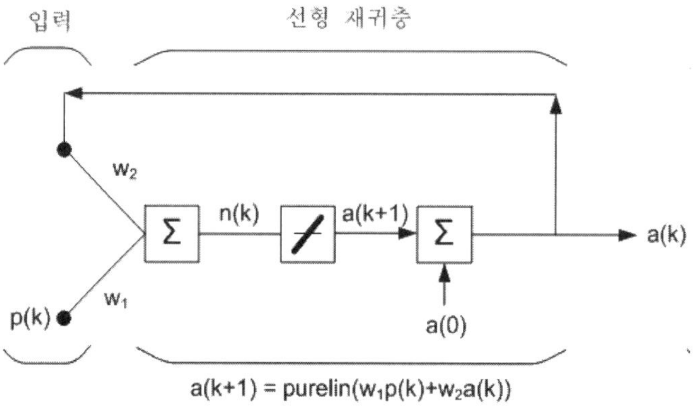

그림 B-9. 선형 재귀 신경망

B.7) 그림 B-10에 보인 시그모이드 단일층 신경망에 대하여 두 단계의 역전파 알고리듬 계산을 수행하여라. 입력값 및 목표치와 가중치 및 바이어스의 초기값들은 다음과 같으며 학습률은 0으로 둔다(즉 가중치와 바이어스는 보정이 되지 않으며 출력, 오차 및 민감도만을 계산한다).

$$\{(p_1 = [-3]),\ t_1 = [0.5])\},\ \{(p_2 = [2]),\ t_2 = [1])\},\ w(0) = 0.4,\ b(0) = 0.15$$

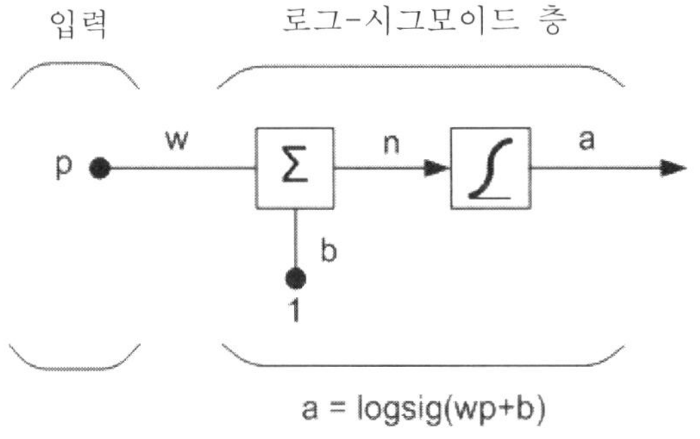

그림 B-10. 시그모이드 단일층 신경망

연습문제 풀이

B.1 (풀이)

다층 신경망에서

$$\begin{aligned}
a^1 &= W^1 p + b^1 \\
a^2 &= W^2 a^1 + b^2 = W^2 W^1 p + (W^2 b^1 + b^2) \\
a^3 &= W^3 a^2 + b^3 = W^3 W^2 W^1 p + (W^3 W^2 b^1 + W^3 b^2 + b^3) \\
&\vdots \\
a^M &= (W^M W^{M-1} \cdots W^2 W^1) p + (W^M W^{M-1} \cdots W^2) b^1 + (W^M W^{M-1} \cdots W^3) b^2 + \cdots + b^M
\end{aligned}$$

이제

$$W = W^M W^{M-1} \cdots W^2 W^1$$
$$b = (W^M W^{M-1} \cdots W^2) b^1 + (W^M W^{M-1} \cdots W^3) b^2 + \cdots + b^M$$

이라 두면

$$a = a^M = Wp + b$$

이는 단일층 신경망의 출력이다.

B.2 (풀이)

$$\frac{\partial F(y(0))}{\partial y(0)} = \frac{\partial [t - y(K)]^2}{\partial y(0)} = -2[t - y(K)] \frac{\partial y(K)}{\partial y(0)}$$

이제

$$r(k) \equiv \frac{\partial y(k)}{\partial y(0)}$$

라 두면 사슬규칙으로부터

$$r(k+1) = \frac{\partial y(k+1)}{\partial y(0)} = \frac{\partial y(k+1)}{\partial y(k)} \cdot \frac{\partial y(k)}{\partial y(0)} = \frac{\partial y(k+1)}{\partial y(k)} \cdot r(k)$$

$y(k+1) = f(y(k))$ 이므로

$$\frac{\partial y(k+1)}{\partial y(k)} = \frac{\partial f(y(k))}{\partial y(k)} = \dot{f}(y(k))$$

따라서

$$r(k+1) = \dot{f}(y(k))\ r(k)$$

k=0 일 때 r(k)의 정의로부터

$$r(0) = \frac{\partial y(0)}{\partial y(0)} = 1$$

요약한다면

$$r(0)=1$$
$$r(k+1)=\dot{f}(y(k))r(k) \qquad (k=0,1,\cdots,K-1)$$
$$\frac{\partial F(y(0))}{\partial y(0)}=-2[t-y(K)]\cdot r(K)$$

B.3 (풀이)

(1) $n^1=w^1p+b^1, a^1=\dfrac{1}{1+e^{-n^1}}=\dfrac{1}{1+e^{-(w^1p+b^1)}}$

$$n^2=w^2a^1+b^2=\frac{w^2}{1+e^{-(w^1p+b^1)}}+b^2$$
$$a^2=n^2=\frac{w^2}{1+e^{-(w^1p+b^1)}}+b^2$$

따라서

$$e^2=(t-a)^2=\left[t-\frac{w^2}{1+e^{-(w^1p+b^1)}}-b^2\right]^2$$

입력값 및 가중치와 바이어스의 초기값들을 대입하면

$$a^1=\frac{1}{1+e^{-2}}=0.8808, \quad n^2=(-2)(0.8808)+1=-0.7616$$
$$a^2=n^2=-0.7616, \ \ e=t-a^2=1-(-0.7616)=1.7616$$

(2) $\dfrac{\partial e^2}{\partial w^1}=2\cdot e\cdot(-w^2)\dfrac{pe^{-(w^1p+b^1)}}{[1+e^{-(w^1p+b^1)}]^2}=\dfrac{2(1.7616)(2)(1)e^{-2}}{(1+e^{-2})^2}=0.7398$

(3) $\dot{F}^2(\mathbf{n}^2)=1, \ \dot{F}^1(\mathbf{n}^1)=a^1(1-a^1)$

따라서 민감도는

$$\mathbf{r}^2=-2\dot{F}^2(\mathbf{n}^2)(\mathbf{t}-\mathbf{a})=-2(1)(1-(-0.7616))=-3.5232$$
$$\mathbf{r}^1=\dot{F}^1(\mathbf{n}^1)(W^2)^T\mathbf{r}^2=a^1(1-a^1)w^2r^2=(0.8808)(1-0.8808)(-2)(-3.5232)=0.7398$$

이는 (2)에서 얻은 결과와 동일하다.

B.4 (풀이)

$$\frac{df(n)}{dn} = \frac{(e^n + e^{-n})^2 - (e^n - e^{-n})^2}{(e^n + e^{-n})^2} = 1 - \left(\frac{e^n - e^{-n}}{e^n + e^{-n}}\right)^2 = 1 - (a)^2$$

B.5 (풀이)

$$n^1 = w^1 p + b^1 = (-1)(-1) + 1 = 2$$
$$a^1 = \frac{e^{n^1} - e^{-n^1}}{e^{n^1} + e^{-n^1}} = \frac{e^2 - e^{-2}}{e^2 + e^{-2}} = 0.964$$
$$n^2 = w^2 a^1 + b^2 = (-2)(0.964) + 1 = -0.928$$
$$a^2 = \frac{e^{-0.928} - e^{0.928}}{e^{-0.928} + e^{0.928}} = -0.7297$$

따라서

$$e = t - a^2 = 1 - (-0.7297) = 1.7297$$

탄-시그모이드 전달함수의 경우

$$F(\boldsymbol{n}) = f(n) = \frac{e^n - e^{-n}}{e^n + e^{-n}}, \quad \dot{F}(\boldsymbol{n}) = \dot{f}(n) = 1 - (a)^2$$

따라서

$$\boldsymbol{r}^2 = -2\dot{F}^2(\boldsymbol{n}^2)(\boldsymbol{t} - \boldsymbol{a}) = -2[1 - (a^2)^2]e = -2(1 - 0.7297^2)(1.7297) = -1.6174$$
$$\boldsymbol{r}^1 = \dot{F}^1(\boldsymbol{n}^1)(W^2)^T \boldsymbol{r}^2 = [1 - (a^1)^2] w^2 r^2 = (1 - 0.964^2)(-2)(-1.6174) = 0.2287$$
$$w^2(1) = w^2(0) - \alpha r^2 a^1 = (-2) - (1)(-1.6174)(0.964) = -0.441$$
$$w^1(1) = w^1(0) - \alpha r^1 a^0 = (-1) - (1)(0.2287)(-1) = -0.7713$$
$$b^2(1) = b^2(0) - \alpha r^2 = 1 - (1)(-1.6174) = 2.6174$$
$$b^1(1) = b^1(0) - \alpha r^1 = 1 - (1)(0.2287) = 0.7713$$

B.6 (풀이)

먼저 성능함수를 정의한다.

$$\hat{F}(\boldsymbol{x}) = [t(k) - a(k)]^2 = [e(k)]^2$$

가중치의 보정에 최대 하향경사 알고리듬을 적용한다면

$$\Delta w_i = -\alpha \frac{\partial \hat{F}(\boldsymbol{x})}{\partial w_i}$$

그런데

$$\frac{\partial \hat{F}(\boldsymbol{x})}{\partial w_i} = \frac{\partial}{\partial w_i}[t(k) - a(k)]^2 = -2[t(k) - a(k)]\frac{\partial a(k)}{\partial w_i}$$

이므로 $\frac{\partial a(k)}{\partial w_i}$만 구하면 된다. **그림 7-23**에서

$$a(k+1) = w_1 p(k) + w_2 a(k)$$

이므로

$$\frac{\partial a(k+1)}{\partial w_1} = p(k) + w_2 \frac{\partial a(k)}{\partial w_1}$$
$$\frac{\partial a(k+1)}{\partial w_2} = a(k) + w_2 \frac{\partial a(k)}{\partial w_2}$$

초기값은 가중치의 함수가 아니므로

$$\frac{\partial a(0)}{\partial w_1} = \frac{\partial a(0)}{\partial w_2} = 0$$

이제 a(0)=1 이라면

$$a(1) = w_1 p(0) + w_2 a(0) = w_1 p(0) + w_2$$
$$\frac{\partial a(1)}{\partial w_1} = p(0) + w_2 \frac{\partial a(0)}{\partial w_1} = p(0)$$
$$\frac{\partial a(1)}{\partial w_2} = a(0) + w_2 \frac{\partial a(0)}{\partial w_2} = 1$$

그러므로 첫 번째 가중치 보정은

$$\Delta w_i = -\alpha \frac{\partial \hat{F}(\boldsymbol{x})}{\partial w_i} = -\alpha(-2)[t(k) - a(k)]\frac{\partial a(k)}{\partial w_i} = 2\alpha[t(1) - a(1)]\frac{\partial a(1)}{\partial w_i}$$

로부터

$$\Delta w_1 = 2\alpha[t(1) - a(1)]p(0)$$
$$\Delta w_2 = 2\alpha[t(1) - a(1)]$$

에 따라 이루어진다.

B.7 (풀이)

첫 단계의 계산은 다음과 같다.

$$a = \frac{1}{1+e^{-n}} = \frac{1}{1+e^{-(0.4(-3)+0.15)}} = 0.2592$$
$$e = t - a = 0.5 - 0.2592 = 0.2408$$
$$r = -2\dot{f}(n)e = -2a(1-a)e = -2(0.2592)(1-0.2592)(0.2408) = -0.0925$$

보정방향은 기울기와 반대(음)이므로 가중치의 경우 $-rp = -(-0.0925)(-3) = -0.2774$, 바이어스의 경우 $-r = -(-0.0925) = 0.0925$ 이다. 두 번째 계산으로부터 다음 결과를 얻는다.

$$a = \frac{1}{1+e^{-n}} = \frac{1}{1+e^{-(0.4(2)+0.15)}} = 0.7211$$
$$e = t - a = 1 - 0.7211 = 0.2789$$
$$r = -2\dot{f}(n)e = -2a(1-a)e = -2(0.7211)(1-0.7211)(0.2789) = -0.1122$$

다음에 보인 MATLAB 프로그램 probB_7.m은 위에 보인 두 단계의 역전파 계산을 수행하여 준다. probB_7.m에서 학습률 alpha는 0으로 두고 파라미터 n을 2로 정하여 준다.

```
% probB_7.m : Problem B-7
clear all
np = 1;
nr = 1;
nl = 1;
p = [-3 2];
t = [0.5 1];
alpha = 0;
W(1) = {0.4};
```

```
b(1) = {0.15};
n = 2;

[W b a r kcount] = backpro(np, nr, nl, p, t, alpha, W, b, n)
```

프로그램 probB_7.m의 수행결과는 다음과 같다.

```
>> probB_7
a =
    [0.2592]
e =
    0.2408
r =
    [-0.0925]
a =
    [0.7211]
e =
    0.2789
r =
    [-0.1122]
W =
    [0.4000]
b =
    [0.1500]
a =
    [0.7211]
r =
    [-0.1122]
```

즉 첫 번째 계산단계로부터 출력 a=0.2592, 오차 e=0.2408, 민감도 r=−0.0925가 얻어지며 두 번째 계산단계로부터 a=0.7211, e=0.2789, r=−0.1122가 얻어진다. 이들은 앞에서 직접 계산해 본 결과들과 일치한다.

C. 컴퓨터 프로그램

C.1. BoilerEff.m

```
% BoilerEff.m : 보일러 효율 parameter 계산
% coal유량 (ton/h)

Coal = [20.3   21.3   21.0   21.1   20.6   21.1   20.2   20.4   21.7
        21.3 21.6     21.9   21.7   21.8   22.1   21.9   21.9   21.9
        21.4   21.6   21.4 21.8     21.6   22.2   21.4   17.4   16.9
        17.1   17.1   17.2   16.1   16.6 17.2     16.1   17.1   17.0
        16.4   17.4   17.1   20.6   21.7   22.0   22.2  21.9  22.4  22.2
        21.9   22.4   22.0   22.3   22.3   22.1   22.1   22.9   21.9
        22.6   22.2   21.7   22.0   22.0   21.7   22.3   21.9   21.8
        22.0 20.6     21.6   21.9   22.6   21.7   21.7   21.6   21.4
        21.7   21.5   21.8 21.9     22.0   21.8   21.9   21.5   21.7
        21.5   21.9   15.2   15.5   15.4 15.0     15.5   15.9   16.3
        16.5   17.2   21.6   22.0   21.7   21.9   21.9  22.0  21.8  21.2
        22.0   21.4   21.5   21.3   21.0   20.5   21.2   21.5   21.3
        21.7   21.2   21.8   21.6   21.9   21.9   21.5   21.7   21.4
        21.3 21.4     21.4   21.8   21.6   22.0   21.8   21.4   21.9
        21.7   21.9   21.0 21.7     22.0   22.0   21.7   22.0   22.2
        22.2   22.0   22.1   22.0   21.9 22.2     21.8   22.2   21.7
        21.7   22.1   21.6   21.4   21.8   21.9   22.5  21.8  21.9  21.3
        22.2   22.2   21.9   21.7   21.7   20.7   21.8   21.5   20.7
        21.9   22.1   21.5   19.9   21.3   20.3   21.5   22.2   21.1
        21.2 21.2     21.3   21.9   21.7   21.8   21.7   21.7   21.7
        21.3   21.7   21.0 21.5     21.1   20.9   21.3   21.1   21.2
        21.1   20.8   21.6   21.2   21.0 21.8     21.3   21.1   22.1
        22.0   21.5   21.9   21.4   21.7   21.9 21.5 22.1 21.8   22.0
        21.6   22.2   21.6   21.2   21.9   21.9   21.9 21.9 21.5 21.7
```

```
        21.7    22.0    21.9    21.8    21.3    21.7    21.9    22.3    21.8
22.4    21.4    21.5    21.5    21.4    20.8    20.9    20.7    20.6    20.0
        20.5 20.1       20.3    20.1    17.4    16.7    16.8    17.6    17.4
        17.5    17.1    17.5 17.3       17.4    17.0    17.8    17.5    17.3
        18.3    19.1    19.5    19.0    19.7 20.0       19.8    20.4    20.3
        19.5    19.8    19.8    19.3    20.3    20.6    20.5 20.8       21.0
        21.0    21.3    20.6    21.0    20.8    21.8    21.6    21.3    21.8
        21.4    22.2    21.1    21.1    21.7    21.8    21.7    21.4    21.2
        21.4 21.3       21.3    21.5    20.7    21.7    21.3    21.3    21.8
        21.5    21.3 21.2 20.4 18.3     19.0    18.9    19.8];

% BFW 유량 (ton/h)

BFW = [159.5 163.7  165.8   161.6   162.9   162.4   158.7   157.6   164.0
        168.3   164.1   168.2   165.2   172.0   166.8   170.8   164.6   165.4
        166.0   170.4   165.3   164.4   168.5   160.0   158.9   112.7   112.2
        120.4   114.4   109.9   109.0   112.9   112.6   117.6   114.3   113.4
        117.8   117.1   116.8   136.6   169.9   170.3   168.9   165.5   166.2
        168.2   171.6   167.0   169.8   169.8   169.5   175.1   170.5   168.8
        167.9   169.7   168.5   168.4   172.8   172.4   172.1   170.4   170.4
        171.3   173.4   164.2   172.0   170.2   168.7   173.3   172.3   173.3
        173.2   173.0   173.4   173.4   170.2   172.0   173.9   175.5   173.0
        174.9   172.4   175.4   126.6   124.9   123.1   124.7   125.1   132.9
        132.2   127.9   138.0   176.8   174.5   173.2   173.4   173.1   172.6
...
177.4   174.8   174.1   171.8   174.4   170.4   173.9   167.1   173.0   172.6
        175.8   171.8   172.0   177.9   175.4   176.5   176.0   171.7   175.8
        176.8   169.0   173.5   176.6   173.3   179.1   173.5   170.6   175.1
        171.2   174.5   171.4   165.4   175.5   173.9   175.9   174.5   179.9
        174.1   174.8   179.5   175.7   174.8   173.2   174.4   175.3   176.5
        172.9   175.4   175.0   172.7   173.7   174.5   180.3   171.8   177.8
        177.2   173.6   182.6   177.0   171.0   175.2   163.2   175.8   173.8
        166.8   171.1   173.2   179.5   171.5   165.4   178.4   164.3   173.8
```

```
        178.8   171.9   171.1   176.2   173.6   170.7   175.8   172.4   181.2
        178.2   177.1   174.1   176.3   173.8   174.4   170.7   174.5   170.7
        172.4   178.3   174.2   171.6   176.2   173.6   174.8   177.4   169.5
...
        179.1   181.9   173.0   178.0   174.0   169.9   171.7   172.9   173.2
        170.2   175.1   169.4   174.6   169.6   170.4   177.3   182.5   171.2
        174.9   172.2   173.7   176.4   178.0   176.7   176.8   172.5   174.4
        175.6   176.7   174.8   177.4   174.5   175.5   170.0   167.8   170.6
        167.9   173.9   164.4   166.2   164.0   166.5   165.0   129.5   127.0
        126.8   136.1   138.0   134.0   137.6   129.3   135.3   135.4   138.0
        135.3   139.8   139.5   134.8   149.1   148.1   147.9   147.2   151.9
        155.1   153.7   154.9   157.9   157.5   154.6   151.6   155.3   155.4
        160.5   156.1   164.8   171.6   163.8   167.4   160.2   168.9   162.8
        165.1   165.2   163.2   160.9   164.0   165.7   165.5   161.2   160.7
        161.4   165.9   161.4   162.2   162.1   159.5   161.0   164.6   159.4
...
        166.0   163.1   164.4   160.1   163.6   164.5   161.2   153.9   135.0
        140.0   149.0   149.0];


% steam 유량 (ton/h)
        Steam = [167.9 171.2 170.6   170.4   172.1   171.8   164.8   164.5
        170.2   172.7   171.9   174.7   172.8   179.3   177.2   176.4   174.9
        174.2   172.5   175.1   168.0   171.1   172.3   169.6   167.9   118.7
        118.3   119.3   118.3   116.9   115.7   117.4   119.1   118.1   116.7
        117.6   118.3   121.7   122.0   141.1   174.3   173.9   175.7   174.2
        174.0   173.5   178.1   175.2   174.5   178.2   173.4   176.4   176.6
        172.9   172.3   176.1   175.8   173.8   176.9   176.7   176.8   174.5
        175.7   178.5   177.9   170.9   177.6   179.4   177.9   180.3   180.5
        180.0   178.8   179.2   178.2   179.1   179.9   178.9   179.5   180.8
        178.5   180.0   176.4   180.4   128.1   129.1   128.9   127.4   129.4
        134.8   135.1   134.8   142.6   180.3   181.3   179.5   179.9   178.8
        180.3
```

```
181.9   179.7   180.0   180.8   180.1   174.3   173.1   180.0   177.9
181.0   180.6   179.6   184.0   180.1   182.8   180.7   182.7   183.1
181.9   176.3   176.7   181.3   181.1   180.5   181.0   180.8   180.3
180.6   179.8   179.8   172.5   182.3   179.3   180.3   180.3   178.4
179.1   179.4   181.2   179.8   180.1   180.6   180.2   180.4   182.6
178.9   182.9   180.0   178.8   180.1   180.9   181.9   179.7   180.3
182.5   181.2   184.1   180.9   179.1   179.8   171.3   180.7   180.6
172.6   179.8   184.1   183.9   180.2   170.0   180.3   171.9   180.9
181.6   180.6   182.4   183.0   179.9   183.5   182.2   180.0   184.9
181.6   181.6   181.0   182.3   181.1   180.1   175.2   174.1   175.9
177.7   182.4   178.5   175.4   185.3   183.2   177.5   178.7   174.7
183.5   183.1   176.9   182.0   178.5   180.2   181.2   180.2   179.3
180.1   183.7   175.2   180.3   175.2   174.9   177.3   183.6   178.2
180.1   178.7   179.8   179.0   180.0   179.6   178.7   177.6   178.1
179.4   179.7   179.9   181.3   177.8   176.0   176.9   172.5   170.2
171.6   171.5   167.5   167.9   165.8   166.7   166.6   135.9   135.0
136.1   131.7   141.1   138.0   139.0   135.3   139.2   139.0   136.9
135.3   143.3   143.1   137.6   150.1   150.7   155.0   149.6   157.1
157.9   156.2   160.2   158.6   155.8   157.6   155.9   154.1   160.4
162.1   162.8   166.2   167.2   168.3   165.8   163.2   166.0   166.7
170.0   167.3   166.9   168.8   167.7   166.1   169.0   165.7   162.1
166.0   166.8   166.8   165.3   165.1   163.2   163.4   165.0   165.1
167.9   165.1   165.2   166.0   166.8   164.9   162.7   155.5   137.8
141.0   145.3   151.1];


% steam 온도
        TempSteam = [516.0   516.0   517.0   516.0   516.0   517.0   514.0
515.0   516.0   517.0   516.0   516.0   516.0   518.0   516.0   518.0
517.0   517.0   516.0   517.0   517.0   517.0   518.0   517.0   516.0
510.0   512.0   512.0   512.0   511.0   511.0   511.0   511.0   509.0
510.0   510.0   510.0   510.0   511.0   512.0   516.0   518.0   518.0
518.0   518.0   518.0   520.0   519.0   519.0   521.0   520.0   520.0
```

```
    521.0  518.0  519.0  519.0  519.0  518.0  519.0  520.0  520.0
    520.0  520.0  521.0  521.0  518.0  519.0  521.0  520.0  520.0
    520.0  519.0  520.0  521.0  518.0  521.0  521.0  520.0  521.0
    521.0  519.0  520.0  519.0  520.0  514.0  514.0  513.0  512.0
    513.0  514.0  513.0  514.0  515.0  519.0  519.0  518.0  519.0
    520.0  520.0  521.0  521.0  519.0  517.0  514.0  515.0  515.0
    514.0  515.0  515.0  514.0  514.0  515.0  516.0  515.0  517.0
    518.0  520.0  520.0  521.0  519.0  520.0  519.0  520.0  520.0
    520.0  519.0  519.0  518.0  518.0  518.0  516.0  516.0  515.0
    516.0  517.0  518.0  520.0  520.0  520.0  520.0  520.0  520.0
    520.0  520.0  520.0  520.0  520.0  520.0  520.0  520.0  520.0
    520.0  520.0  520.0  520.0  520.0  520.0  520.0  520.0  520.0
    520.0  520.0  520.0  520.0  520.0  520.0  520.0  520.0  520.0
    520.0  520.0  520.0  520.0  520.0  520.0  520.0  520.0  520.0
    520.0  520.0  520.0  520.0  520.0  520.0  520.0  520.0  520.0
    520.0  520.0  520.0  520.0  520.0  520.0  520.0  520.0  520.0
    520.0  520.0  520.0  520.0  520.0  520.0  520.0  520.0  520.0
    520.0  520.0  520.0  520.0  520.0  520.0  520.0  520.0  520.0
    520.0  520.0  520.0  520.0  520.0  520.0  520.0  520.0  520.0
    520.0  520.0  520.0  520.0  520.0  520.0  520.0  520.0  520.0
    520.0  520.0  520.0  520.0  520.0  520.0  520.0  520.0  520.0
    520.0  520.0  515.0  514.0  515.0  517.0  516.0  516.0  515.0
    518.0  517.0  518.0  515.0  517.0  517.0  517.0  515.0  518.0
    516.0  518.0  517.0  518.0  518.0  517.0  518.0  518.0  517.0
    518.0  518.0  517.0  517.0  517.0  518.0  519.0  517.0  519.0
    518.0  518.0  517.0  518.0  518.0  518.0  518.0  518.0  519.0
    518.0  518.0  518.0  518.0  517.0  518.0  518.0  518.0  519.0
    517.0  516.0  517.0  518.0  518.0  517.0  518.0  518.0  518.0
    518.0  519.0  517.0  517.0  509.0  512.0  513.0  510.0];

% BFW 온도
    TempBFW = [124.0  122.0  124.0  122.0  124.0  121.0  123.0
```

123.0	125.0	125.0	123.0	123.0	123.0	123.0	123.0	125.0
123.0	124.0	122.0	124.0	123.0	124.0	124.0	125.0	122.0
125.0	126.0	125.0	125.0	125.0	125.0	125.0	125.0	124.0
124.0	123.0	124.0	123.0	124.0	124.0	121.0	123.0	123.0
122.0	123.0	124.0	124.0	124.0	121.0	124.0	122.0	124.0
123.0	124.0	123.0	125.0	122.0	125.0	123.0	124.0	124.0
125.0	123.0	125.0	123.0	125.0	123.0	124.0	124.0	124.0
123.0	124.0	123.0	125.0	124.0	124.0	124.0	124.0	123.0
123.0	123.0	123.0	124.0	124.0	125.0	126.0	126.0	126.0
126.0	125.0	125.0	125.0	124.0	123.0	124.0	124.0	124.0
124.0	122.0	125.0	124.0	124.0	122.0	122.0	123.0	125.0
122.0	123.0	124.0	125.0	122.0	125.0	122.0	124.0	123.0
123.0	122.0	123.0	121.0	123.0	123.0	125.0	123.0	123.0
122.0	123.0	121.0	124.0	123.0	124.0	123.0	122.0	120.0
125.0	122.0	125.0	123.0	124.0	123.0	124.0	122.0	125.0
122.0	124.0	123.0	124.0	124.0	124.0	121.0	124.0	124.0
124.0	121.0	124.0	122.0	125.0	124.0	124.0	123.0	123.0
123.0	123.0	121.0	124.0	123.0	126.0	123.0	125.0	123.0
125.0	124.0	124.0	122.0	125.0	125.0	125.0	124.0	125.0
123.0	125.0	123.0	125.0	123.0	125.0	123.0	124.0	124.0
125.0	123.0	125.0	123.0	126.0	122.0	124.0	123.0	126.0
123.0	125.0	127.0	125.0	126.0	125.0	124.0	124.0	122.0
124.0	123.0	124.0	122.0	126.0	126.0	126.0	124.0	127.0
125.0	125.0	123.0	124.0	123.0	126.0	123.0	126.0	125.0
126.0	124.0	124.0	122.0	125.0	123.0	125.0	123.0	126.0
122.0	124.0	122.0	125.0	122.0	126.0	124.0	125.0	125.0
124.0	123.0	129.0	129.0	129.0	129.0	129.0	129.0	129.0
129.0	128.0	128.0	128.0	129.0	128.0	128.0	128.0	128.0
128.0	128.0	128.0	128.0	127.0	128.0	128.0	128.0	128.0
128.0	128.0	127.0	128.0	128.0	128.0	127.0	127.0	128.0
128.0	128.0	128.0	127.0	127.0	127.0	127.0	127.0	127.0
128.0	127.0	127.0	127.0	127.0	127.0	127.0	127.0	127.0
127.0	127.0	127.0	127.0	127.0	127.0	127.0	127.0	127.0

```
127.0   127.0   126.0   127.0   128.0   128.0   128.0   128.0          ];

% ECO 입구압력 (kg/cm2)
        PressECO = [129 130 130    130    130    130    130    1 3 1
        130    130  128     130    130    130    130    131    1 3 0
        131    131    130    130  130     130    131    130    1 3 0
        123    123    121    121    125    125  125      124    1 2 4
        123    123    123    123    123    130    130    130      130
        130    129    130    129    129    130    130    130    1 3 0
        130  130      130    131    130    131    130    131    1 3 1
        130    130    131  130      130    130    131    132    1 3 2
        131    132    130    131    131  131      132    132    1 3 1
        131    130    130    130    125    125    125  125      1 2 5
        125    125    125    125    130    131    131    132    1 3 2
        130    130    132    131    132    132    132    131    1 3 2
        131  132      132    131    132    132    132    131    1 3 0
        131    131    132  130      132    132    131    130    1 3 1
        130    132    130    131    131  130      130    130    1 3 0
        132    132    131    131    131    132    130  131      1 3 0
        131    131    130    130    131    130    132    130    1 3 0
        131    132    131    130    130    130    130    130    1 3 0
        130  130      132    132    131    133    131    131    1 3 1
        130    132    130  130      130    130    130    130    1 3 0
        131    131    132    131    131 132       132    131    1 3 0
        130    132    131    132    131    130    131  131      1 3 2
        130    130    129    133    130    132    132    132131 1 3 0
        133    132    132    132    130    130    132    132    1 3 2
        132  132      132    132    132    132    132    131    1 3 2
        131    130    130  130      130    131    131    130    1 3 0
        130    132    130    132    128  128      108    130    1 3 0
        126    130    128    127    128    130    126  129      1 2 7
        127    127    127    126    128    129    130    129    1 3 0
```

```
127     129     130     130     129     130     130     130     1 3 0
131   130       130     130     130     130     130     130     1 3 0
131     130     132   130       130     131     131     130     1 3 0
130     130     130     130     132   132       132     131     1 3 0
132     130     131     131     131     132     132   130       1 3 0
130     130];

% Steam 압력 (kg/cm2)
        PressSteam=[112.0       113.0   112.0   113.0   113.0   1 1 4 .0
114.0   113.0   114.0   113.0   114.0   116.0   114.0   112.0   1 1 3 .0
113.0   113.0   113.0   113.0   113.0   111.0   111.0   112.0   1 1 1 .0
112.0   113.0   113.0   111.0   112.0   111.0   114.0   114.0   1 1 2 .0
113.0   108.0   112.0   111.0   113.0   112.0   112.0   113.0   1 1 1 .0
113.0   113.0   113.0   112.0   114.0   113.0   113.0   114.0   1 1 2 .0
113.0   110.0   113.0   111.0   114.0   113.0   114.0   114.0   1 1 3 .0
113.0   112.0   113.0   113.0   114.0   112.0   114.0   114.0   1 1 3 .0
112.0   114.0   115.0   114.0   112.0   115.0   111.0   112.0   1 1 3 .0
112.0   112.0   114.0   113.0   112.0   112.0   112.0   113.0   1 1 2 .0
111.0   114.0   113.0   113.0   111.0   112.0   112.0   114.0   1 1 4 .0
115.0   113.0   114.0   113.0   111.0    111.0  114.0   114.0   1 1 3 .0
114.0   111.0   114.0   114.0   114.0   115.0   111.0   115.0   1 1 3 .0
114.0   113.0   113.0   114.0   113.0   111.0   113.0   114.0   1 1 4 .0
113.0   113.0   112.0   112.0   113.0   113.0   113.0   112.0   1 1 3 .0
111.0   114.0   112.0   111.0   113.0   112.0   115.0   112.0   1 1 4 .0
112.0   113.0   113.0   114.0   113.0   114.0   113.0   113.0   1 1 4 .0
113.0   112.0   114.0   112.0   113.0   112.0   113.0   115.0   1 1 3 .0
113.0   112.0   113.0   113.0   112.0   114.0   115.0   114.0   1 1 4 .0
116.0   114.0   114.0   113.0   112.0   112.0   115.0   114.0   1 1 3 .0
114.0   113.0   113.0   112.0   113.0   111.0   114.0   113.0   1 1 5 .0
112.0   115.0   111.0   113.0   112.0   113.0   112.0   115.0   1 1 3 .0
113.0   112.0   112.0   113.0   112.0   115.0   114.0    114.0  1 1 3 .0
112.0   113.0   114.0   115.0   110.0   114.0   114.0   113.0   1 1 2 .0
115.0   111.0   114.0   113.0   113.0   113.0   114.0   114.0   1 1 4 .0
```

```
        113.0  115.0  114.0  114.0  114.0  114.0  113.0  115.0  113.0
        114.0  113.0  115.0  111.0  114.0  112.0  116.0  115.0  116.0
        113.0  116.0  114.0  115.0  111.0  114.0  110.0  112.0  113.0
        112.0  114.0  111.0  113.0  112.0  112.0  114.0  114.0  115.0
        115.0  115.0  112.0  115.0  114.0  115.0  115.0  110.0  111.0
        114.0  113.0  117.0  114.0  112.0  112.0  113.0  114.0  113.0
        112.0  113.0  111.0  111.0  114.0  112.0  112.0  113.0  113.0
        114.0  113.0  112.0  112.0  113.0  110.0  112.0  112.0  114.0
        113.0  114.0  113.0  116.0  110.0  112.0  110.0  111.0  110.0
  114.0 112.0  109.0  114.0  114.0  114.0  111.0  116.0  113.0];

H_water=2.1825 + 0.024684*PressECO + 4.1816*TempBFW
       +0.00036041*PressECO.*TempBFW;
H_steam=2496.4 -3.9836*PressSteam + 2.0095*TempSteam
       +0.0054233*PressSteam.*TempSteam;
H_coal=28000 ; %(31271+25351)/2;
etaB=(Steam.*H_steam - BFW.*H_water)./(H_coal*Coal);
x=1:312;
for i=1:length(Coal)
    F(i,1)=1;
    F(i,2)=Coal(i);
    F(i,3)=(Coal(i))^2;
    F(i,4)=(Coal(i))^3;
end
PseudoInverseF=inv(F'*F)*F';
PseuInvF=pinv(F);
B=etaB*PseuInvF';
for k=1:length(Coal)
    etaRgB(k)=B(1)+B(2)*Coal(k)+B(3)*(Coal(k))^2+B(4)*(Coal(k))^3;
end
plot(x,etaB,'k'),xlabel('Data Point'),ylabel('Eta')
pause
R2_F_steam=(etaRgB.*Coal*H_coal + BFW.*H_water)./H_steam;
```

```
plot(x,Steam,'k',x,R2_F_steam,'r:'),xlabel('Data    Point'),ylabel('q_s    (Steam
production    rate)'),legend('Steam    flow    rate(operation)','Steam    flow
rate(simulation)')
```

C.2 Boilermodel.m

```
% Boilermodel.m : parameteric coal boiler model
function res = Boilermodel(zin)

% 요구되는 routine : BoilerEff.m (효율식 계수계산)
% inputs :
%       coal유량 (ton/h)
%       BFW 유량 (ton/h)
%       steam 온도
%       BFW 온도
%       ECO 입구압력 (kg/cm2)
%       Steam 압력 (kg/cm2)
% outputs :
%       효율 (res(1))
%       수증기 생산량 (res(2))

Coal = zin(1); % coal유량 (ton/h)

BFW = zin(2); % BFW 유량 (ton/h)
        TempSteam = zin(3); % steam 온도
                TempBFW = zin(4); % BFW 온도
                        PressECO = zin(5); % ECO 입구압력 (kg/cm2)
                                PressSteam = zin(6); % Steam 압력 (kg/cm2)
                                        H_water      =      2.1825      +
0.024684*PressECO + 4.1816*TempBFW
     +0.00036041*PressECO*TempBFW;
H_steam = 2496.4 - 3.9836*PressSteam + 2.0095*TempSteam
```

```
    +0.0054233*PressSteam*TempSteam;
H_coal = 28000 ; %(31271+25351)/2;
EffPar = BoilerEff;
eta = EffPar(1) + EffPar(2)*Coal + EffPar(3)*(Coal^2) +
EffPar(4)*(Coal^3);
Steam = (eta*Coal*H_coal + BFW*H_water) / H_steam;
res(1) = eta;
res(2) = Steam;
```

C.3 FlueAnal

```
function w = FlueAnal(din)
% (c) Yeong-Koo Yeo
% January 2, 2004

% Assign input variables
RH = din(1);
Ta = din(2);
Pa = din(3);
dO2 = din(4);
dCO2 = din(5);
dSO2 = din(6);

% Excess air(%)
dN2 = 100 - dO2 - dCO2 - dSO2;
a = 100 * ( dO2 / dN2 ) / (0.2614 - ( dO2 / dN2 ));

% Fuel formula (CxHySz)
vx = 1;
vy = 4 * ( 100*(dO2/dCO2)/a - 1 - dSO2/dCO2 );
vz = dSO2/dCO2;
```

```
v = min([vx, vy, vz]);
x =  vx / v ;
y =  vy / v ;
z =  vz / v ;

%-----------------------------------------
% Basis : 1 kg fuel
%-----------------------------------------
% Fuel 중의 각 성분량 (kg/kg fuel)
mC = 12*x / (12*x + y + 32*z);
mH = y / (12*x + y + 32*z);
mS = 32*z / (12*x + y + 32*z);

% Flue gas 성분량 (kg)
mCO2 = 44*x / (12*x + y + 32*z);
mSO2 = 64*z / (12*x + y + 32*z);
mH2O = 9*y / (12*x + y + 32*z);
mO2 = a * (32*x + 8*y + 32*z) / (12*x + y + 32*z) / 100;
mN2 = 3.3478 * ( 1 + a/100 ) * (32*x + 8*y + 32*z) / (12*x + y +
32*z);

% Dry air 및 수분량
dAir = 4.3478 * ( 1 + a/100 ) * (32*x + 8*y + 32*z) / (12*x + y +
32*z);
Ps = exp( 11.960884 - 3970.5981/(Ta + 232.92492) );
Pwf = Ps * RH / 100;
mwa = 2.7043 * (1 + a/100) * (Pwf/(Pa - Pwf)) * (32*x + 8*y + 32*z) /
(12*x + y + 32*z);
mAir = dAir + mwa;
msf = 0.025;    % atomizing steam : fixed
mStackH2O = mH2O + mwa + msf;

% 총 배기가스양
```

```
mStack = mCO2 + mSO2 + mStackH2O + mO2 + mN2

% 배기가스 성분 몰 수
molO2 = a * (32*x + 8*y + 32*z)/32/100/(12*x + y + 32*z);
molN2 = 0.11956 * (1 + a/100) * (32*x + 8*y + 32*z)/(12*x + y +
32*z);
molSO2 = z / (12*x + y + 32*z);
molCO2 = x / (12*x + y + 32*z);
molH2O = (y/2) / (12*x + y + 32*z);

% Assign output variables
w(1) = x;
w(2) = y;
w(3) = z;
w(4) = mC;
w(5) = mH;
w(6) = mS;
w(7) = a;
w(8) = dAir;
w(9) = Ps;
w(10) = Pwf;
w(11) = mwa;
w(12) = mAir;
w(13) = mCO2;
w(14) = mSO2;
w(15) = mH2O;
w(16) = mO2;
w(17) = mN2;
w(18) = molO2;
w(19) = molN2;
w(20) = molSO2;
w(21) = molCO2;
w(22) = molH2O;
```

```
w(23) = mStack;
```

C.4 LPTurbine

```
function res = LPTurbine(din)
% (c) Yeong-Koo Yeo
% March 6, 2004
%
% inputs :
%       din(1) : inlet steam pressure Pi (bar)
%       din(2) : outlet steam pressure Po (bar)
%       din(3) : outlet steam rate Wou (kg/hr)
%       din(4) : 유출부 단면적 A (m^2)
%       din(5) : chest volume V (m^3)
%       din(6) : polytropic 효율 n_inf
%
% outputs :
%       res(1) : Pou (outlet pressure after nozzle, bar)
%       res(2) : Tou (temp. after nozzle, deg.C)
%       res(3) : n (overall efficiency)
%       res(4) : hou (enthalpy after nozzle, J/kg)
%       res(5) : Pw (power generated, W)

% assign input variables :
Pi = din(1);
Po = din(2);
Wou = din(3);
A = din(4);
V = din(5);
```

```
n_inf = din(6);

% Gas constants :
Rj = 461.5;    % J/(kg-K)
Rp = 8314.34;  % m^3-Pa/(kgmol-K)

% unit conversion :
Po = Po * 10^5;    % bar to Pascal
Pi = Pi * 10^5;    % bar to Pascal
Wou = Wou / 3600;  % (kg/s)
Pavg = (Po + Pi)/2;

% average heat capacity (J/(kg-K))
Cp = 2000 + 0.00015*Pavg;

% Antoine eqn to give inlet and outlet temp.(deg.C)
Ti = -3858.3568/(log(0.00001*Pi) - 11.734649) - 229.21651;
To = -3858.3568/(log(0.00001*Po) - 11.734649) - 229.21651;

% enthalpy correlation (J/kg)
hi = 2501600 + 1772.778*Ti + 1.1111111*Ti*Ti - 0.013786009*Ti*Ti*Ti;
ho = 2501600 + 1772.778*To + 1.1111111*To*To - 0.013786009*To*To*To;

% density at outlet temp. (kg/m^3)
rho = 18*Po / (Rp*(To + 273.15));

% Cp/Cv ratio and parameter m
gam = Cp / (Cp - Rj);
```

```
m = gam / (gam - n_inf*(gam-1)) ;

% solve nozzle equation
rhs = (Wou^2*(m-1)) / (2*A^2*rho*Po*n_inf*m);
c1 = 2/m;
c2 = (m+1)/m;
syms w;
fun = w^c1 - w^c2 - rhs;
w = solve(fun);
r = max(double(w));

% output variables
Pou = r * Po/10^5;  % (bar)
z = r^(n_inf * (gam-1)/gam);
Tou = To * z;
Dhi = Cp * (To + 273.15) * (gam^(Rj/Cp) - 1);  % (J/kg)
n = (1-z) / (1-r^((gam-1)/gam));   % overall efficiency
Pw = abs(n * Dhi * Wou);     % power developed
hou = ho + Cp*(Tou - To);  % outlet enthalpy
res = [Pou  Tou  n  hou  Pw];
```

C.5 Turbine

```
function res = Turbine(din)
% (c) Yeong-Koo Yeo
% March 4, 2004
```

```
% parameters :
R = 461.5;
Cp = 2430;
n_inf = 0.8;
A = 0.0032;     % 유출부 단면적
V = 5.664;      % chest volume

% assign input variables
x0  = din(1);
rho = din(2);
hin = din(3);
Tin = din(4);
Wou = din(5);

% perfect gas relations
gam = Cp / (Cp - R) ;
m = gam / (gam - n_inf*(gam-1)) ;
h0 = x0 / rho ;
T0 = (h0 - hin)/Cp + Tin;   % steam outlet temp.
P0 = R * rho * T0;

% solve nozzle equation
rhs = (Wou^2*(m-1)) / (2*A^2*rho*P0*n_inf*m);
c1 = 2/m;
c2 = (m+1)/m;
syms w;
fun = w^c1 - w^c2 - rhs;
w = solve(fun);
x = double(w);
```

```
% find output variables
Pou = x * P0;
z = x^(n_inf * (gam-1)/gam);
Tou = T0 * z;
Dhi = Cp * T0 * (gam^(R/Cp) - 1);
n = (1-z) / (1-x^((gam-1)/gam));  % overall efficiency
P = abs(n * Dhi * Wou);     % power developed
hou = h0 + Cp*(Tou - T0);  % outlet enthalpy
res = [Pou Tou n P hou];
```

C.6 Steam distribution

```
# include <windows.h>
# include <ole2.h>
# include <iostream.h>
# include <conio.h>
# include <iomanip.h>
# include <math.h>
# include <stdio.h>
# include <stdlib.h>
# include <fstream.h>
# define CCONV _stdcall
# define NOMANGLE

typedef struct
{
            double check;
            double up;
            double down;
            double in;
            double out;
```

```
            double w;
            double out_max;
            double out_min;
            double convert_to_in;
            double convert_to_w;
}Deheat;
typedef struct
{
        double check;
        double option_const_ls;
        double option_const_ms;
        double ss;
        double ms_before;
        double ms_after;
        double ls_before;
        double ls_after;
        double sc;                  //      터빈에서 유출되는 응축수 량
        double e;                   //      터빈에서 생산하는 전기량
        double e_desire;
        double w_ls;
        double w_ms;
        double ss_max;
        double ss_min;
        double ms_after_max;
        double ms_after_min;
        double ls_after_max;
        double ls_after_min;
        double ms_before_max;
        double ms_before_min;
        double ls_before_max;
        double ls_before_min;
        double sc_max;
        double sc_min;
```

```
        double e_max;
        double e_min;
        double convert_to_after_ls;
        double convert_to_after_ms;
        double convert_to_w_ls;
        double convert_to_w_ms;
}MainTurbine;

typedef struct
{
        double check;
        double order;
        double ss;
        double hs;
        double sc;                      //      터빈에서 유출되는 응축수 량
        double e;                       //      터빈에서 생산하는 전기량
        double ss_max;
        double ss_min;
        double hs_max;
        double hs_min;
        double sc_max;
        double sc_min;
        double e_max;
        double e_min;
}MinorTurbine;

typedef struct
{
        double check;
        double ssgen;                   //      보일러 스팀 생산량
        double ssgen_backup;
        double oil;                     //      BC-oil 사용량
        double gen_max;                 //      보일러 스팀 최대생산량
```

```
        double gen_min;              //      보일러 스팀 최소생산량
        double cbd;                  //      continuous blow down
        double hph;
        double sah;
        double dea;                  //      DEAERATOR 스팀 사용량
        double oilheater;
        double atm;                  //      Atomizing 스팀 사용량
        double flash;                //      Atomizing 스팀 사용량
} SSBoiler;

typedef struct
{
        double check;
        double hsgen;                //      보일러 스팀 생산량
        double hsgen_backup;
        double oil;                  //      BC-oil 사용량
        double gen_max;              //      보일러 스팀 최대생산량
        double gen_min;              //      보일러 스팀 최소생산량
        double cbd;                  //      continuous blow down
        double hph;
        double sah;
        double dea;                  //      DEAERATOR 스팀 사용량
        double oilheater;       //      oilheater 스팀 사용량
        double atm;                  //      Atomizing 스팀 사용량
        double flash;                //      Atomizing 스팀 사용량
}HSBoiler;

typedef struct
{
        double check;
        double up;
        double  down;
        double e;                    //      모터 한대당 사용 전력
```

```
        double stm;                          //      터빈 1대당 사용하는 스팀양
        double tot_mtr;           //      사용가능한 모터 총갯수
        double tot_tbn;           //      사용가능한 터빈 총갯수
        double use_mtr;                      //      현재 사용중인 모터 갯수
        double use_tbn;                      //      현재 사용중인 터빈 갯수
}Motor;

typedef struct
{
        double bal_ls;
        double bal_ms;
        double bal_hs;
        double bal_ss;
        double bal_sc;
        double bal_ssblr;
        double bal_hsblr;

        double eff_ls;
        double eff_ms;
        double eff_hs;
        double eff_ss;
        double eff_blr;
}Balance;

const int n_d = 5;
const int n_m = 13;

bool balance_check(Balance &Bal, SSBoiler &SSBlr, HSBoiler &HSBlr);
bool fail_rule_check(Deheat Dht[],SSBoiler &SSBlr,HSBoiler &HSBlr,
Balance &Bal);

void increase_downsteam_to_ls(Deheat Dht[], MainTurbine &MainTbn,
Motor Mtr[], Balance &Bal);
```

```
void decrease_downsteam_to_ls(Deheat Dht[], MainTurbine &MainTbn,
Motor Mtr[], Balance &Bal);
void increase_downsteam_to_ms(Deheat Dht[], MainTurbine &MainTbn,
Motor Mtr[], Balance &Bal);
void decrease_downsteam_to_ms(Deheat Dht[], MainTurbine &MainTbn,
Motor Mtr[], Balance &Bal);
void increase_downsteam_to_hs(Deheat Dht[], MinorTurbine MinorTbn[],
HSBoiler &HSBlr, Motor Mtr[], Balance &Bal);
void decrease_downsteam_to_hs(Deheat Dht[], MinorTurbine MinorTbn[],
HSBoiler &HSBlr, Motor Mtr[], Balance &Bal);
void increase_downsteam_to_ss(SSBoiler &SSBlr, Balance &Bal);

void decrease_downsteam_to_ss(SSBoiler &SSBlr, Balance &Bal);

void incrs_downsteam_of_deheat(int n_down, int n_up, Deheat deheat[],
Balance &balance);
void decrs_downsteam_of_deheat(int n_down, int n_up, Deheat deheat[],
Balance &balance);
void incrs_something(double &max, double &value, double &bal1);
void decrs_something(double &min, double &value, double &bal1);
void incrs_downsteam_of_mainturbine (int n_down, MainTurbine &turbine,
Balance &balance);
void decrs_downsteam_of_mainturbine (int n_down, MainTurbine &turbine,
Balance &balance);
void incrs_downsteam_of_minorturbine (MinorTurbine &turbine, Balance
&balance);
void decrs_downsteam_of_minorturbine (MinorTurbine &turbine, Balance
&balance);
bool adapt_mainturbine_ok( MainTurbine &tbn );
bool adapt_minorturbine_ok( MinorTurbine &tbn );
void incrs_downsteam_motor_from_H_to_L(Motor motor[], Balance &balance);
void incrs_downsteam_motor_from_M_to_L(Motor motor[], Balance &balance);
void incrs_downsteam_motor_from_H_to_M(Motor motor[], Balance &balance);
```

```
void decrs_downsteam_motor_from_H_to_L(Motor motor[], Balance &balance);
void decrs_downsteam_motor_from_M_to_L(Motor motor[], Balance &balance);
void decrs_downsteam_motor_from_H_to_M(Motor motor[], Balance &balance);
void incrs_downsteam_change_e_to_steam ( Motor &mtr, double &bal_down,
double &bal_up);
void decrs_downsteam_change_steam_to_e ( Motor &mtr, double &bal_down,
double &bal_up);

void incrs_elec_motor_from_M_to_L(Motor motor[], Balance &balance);
void decrs_elec_motor_from_M_to_L(Motor motor[], Balance &balance);
void incrs_elec_motor_from_H_to_L (Motor motor[], Balance &balance);
void incrs_elec_motor_from_H_to_M (Motor motor[], Balance &balance);
void incrs_elec_motor_from_H_to_SC(Motor motor[], Balance &balance);
void decrs_elec_motor_from_H_to_L (Motor motor[], Balance &balance);
void decrs_elec_motor_from_H_to_M (Motor motor[], Balance &balance);
void decrs_elec_motor_from_H_to_SC(Motor motor[], Balance &balance);
void incrs_elec_change_steam_to_e ( Motor &mtr, double &bal_down, double
&bal_up);
void decrs_elec_change_e_to_steam ( Motor &mtr, double &bal_down, double
&bal_up);
void incrs_downsteam_of_HSBlr(HSBoiler &boiler, Balance &balance);
void decrs_downsteam_of_HSBlr(HSBoiler &boiler, Balance &balance);

NOMANGLE void CCONV StmDistribute(Deheat Dht[], MinorTurbine
MinorTbn[], Motor Mtr[], MainTurbine &MainTbn, SSBoiler &SSBlr,
HSBoiler &HSBlr, Balance &Bal, double &FailCheck)
{
        int m = 0 ;
        FailCheck = 0;

        SSBlr.ssgen_backup = 0;
        HSBlr.hsgen_backup = 0;
```

```
    do
    {
        if ( Bal.bal_ls < (-1. * Bal.eff_ls) )
            increase_downsteam_to_ls(Dht, MainTbn, Mtr, Bal);
                if ( Bal.bal_ls > Bal.eff_ls )
            decrease_downsteam_to_ls(Dht, MainTbn, Mtr, Bal);
            if ( Bal.bal_ms < (-1. * Bal.eff_ms) )
            increase_downsteam_to_ms(Dht,    MainTbn,    Mtr,
Bal);       if ( Bal.bal_ms > Bal.eff_ms )
            decrease_downsteam_to_ms(Dht,    MainTbn,    Mtr,
Bal);       if ( Bal.bal_hs < (-1. * Bal.eff_hs) )
          increase_downsteam_to_hs(Dht, MinorTbn, HSBlr, Mtr,
Bal);
        if ( Bal.bal_hs > Bal.eff_hs )
          decrease_downsteam_to_hs(Dht, MinorTbn, HSBlr, Mtr,
Bal);

        if ( Bal.bal_ss < (-1. * Bal.eff_ss) )
            increase_downsteam_to_ss(SSBlr, Bal);

        if ( Bal.bal_ss > Bal.eff_ss )
            decrease_downsteam_to_ss(SSBlr, Bal);

        m++;
        FailCheck = m;
        //      check fail rule of min,max
        if ( fail_rule_check (Dht, SSBlr, HSBlr, Bal))
        {
            FailCheck = 9999;
            break;
        }
        if ( m == 100 )
        {
```

```
                FailCheck = 1111;
                break;
            }

    } while ( balance_check(Bal, SSBlr, HSBlr) );
}

bool balance_check(Balance &Bal, SSBoiler &SSBlr, HSBoiler &HSBlr)
{
    Bal.bal_ssblr = SSBlr.ssgen - SSBlr.ssgen_backup;
    Bal.bal_hsblr = HSBlr.hsgen - HSBlr.hsgen_backup;
    SSBlr.ssgen_backup = SSBlr.ssgen;
    HSBlr.hsgen_backup = HSBlr.hsgen;
    if ( fabs(Bal.bal_ls) <= Bal.eff_ls )
        if ( fabs(Bal.bal_ms) <= Bal.eff_ms )
            if ( fabs(Bal.bal_hs) <= Bal.eff_hs )
                if ( fabs(Bal.bal_ss) <= Bal.eff_ss )
                    if    (    fabs(Bal.bal_ssblr)    <=
Bal.eff_blr )
                        if   (   fabs(Bal.bal_hsblr)   <=
Bal.eff_blr )
                            return false;
    return true;
}

bool   fail_rule_check(Deheat   Dht[],SSBoiler   &SSBlr,HSBoiler   &HSBlr,
Balance &Bal)
{
    if( Bal.bal_ls > Bal.eff_ls )
        for ( int i = 0 ; i < n_d ; i++ )
          if ( (Dht[i].down == 4) && (Dht[i].up == 1) )
            if ( (Dht[i].out == Dht[i].out_min) && (Dht[i].check
= 1) )
```

```
                                        return true;
        if( (-1.*Bal.bal_ls) > Bal.eff_ls )
          for ( int i = 0 ; i < n_d ; i++ )
            if ( (Dht[i].down == 4) && (Dht[i].up == 1) )
                if ( (Dht[i].out_max == Dht[i].out) &&(Dht[i].check = 1)
)
                                        return true;
        if( Bal.bal_ms > Bal.eff_ms )
          for ( int i = 0 ; i < n_d ; i++ )
                if ( (Dht[i].down == 3) && (Dht[i].up == 1) )
                  if ( (Dht[i].out == Dht[i].out_min)&&(Dht[i].check = 1)
)
                                        return true;
        if( (-1.*Bal.bal_ms) > Bal.eff_ms )
          for ( int i = 0 ; i < n_d ; i++ )
                if ( (Dht[i].down == 3) && (Dht[i].up == 1) )
                  if ( (Dht[i].out_max == Dht[i].out)&&(Dht[i].check =
1) )
                                        return true;
        if( Bal.bal_hs > Bal.eff_hs )
                if ( (HSBlr.hsgen == HSBlr.gen_min) &&(HSBlr.check =
1) )
                                        return true;
        if( (-1.*Bal.bal_hs) > Bal.eff_hs )
                if ( (HSBlr.hsgen == HSBlr.gen_max)&&(HSBlr.check =
1) )
                                        return true;
        if( Bal.bal_ss > Bal.eff_ss )
                if ( (SSBlr.ssgen == SSBlr.gen_min) &&(SSBlr.check =
1) )
                                        return true;
        if( (-1.*Bal.bal_ss) > Bal.eff_ss )
                if ( (SSBlr.ssgen == SSBlr.gen_max) &&(SSBlr.check =
```

```
1) )
                                        return true;
      return false;
}


void increase_downsteam_to_ss(SSBoiler &SSBlr, Balance &Bal)
{
  if ( SSBlr.check == 1 )
  {
      double  SSBlroiltemp            =  0.069885       *  SSBlr.ssgen  -
0.077024;
      double SSBlrcbdtemp        = 0.01          * SSBlr.ssgen ;
      double SSBlrhphtemp        = 0.13          * SSBlr.ssgen ;
      double SSBlrsahtemp        = 0.038         * SSBlr.ssgen ;
      double SSBlrdeatemp        = 0.0927        * SSBlr.ssgen ;
      double  SSBlratmtemp            =  0.0106         *  SSBlr.ssgen  -
0.0117  ;
      double SSBlroilheatertemp = 0.004        * SSBlr.ssgen - 0.0044
;
      incrs_something ( SSBlr.gen_max, SSBlr.ssgen, Bal.bal_ss);

      SSBlr.oil        = 0.069885    * SSBlr.ssgen - 0.077024;
      SSBlr.cbd         = 0.01        * SSBlr.ssgen ;
      SSBlr.hph         = 0.13        * SSBlr.ssgen ;
      SSBlr.sah         = 0.038       * SSBlr.ssgen ;
      SSBlr.dea         = 0.0927      * SSBlr.ssgen ;
      SSBlr.atm         = 0.0106      * SSBlr.ssgen - 0.0117  ;
      SSBlr.oilheater = 0.004        * SSBlr.ssgen - 0.0044  ;
      Bal.bal_ms -= (SSBlr.hph - SSBlrhphtemp) ;
      Bal.bal_ms -= (SSBlr.sah - SSBlrsahtemp) ;
      Bal.bal_ms -= (SSBlr.atm - SSBlratmtemp) ;
      Bal.bal_ls -= (SSBlr.dea - SSBlrdeatemp) ;
```

```
        Bal.bal_ls -= (SSBlr.oilheater - SSBlroilheatertemp) ;
        }
}

void decrease_downsteam_to_ss(SSBoiler &SSBlr, Balance &Bal)
{
        if ( SSBlr.check == 1 )
        {
        double  SSBlroiltemp            = 0.069885      * SSBlr.ssgen -
0.077024;
        double SSBlrcbdtemp         = 0.01          * SSBlr.ssgen ;
        double SSBlrhphtemp         = 0.13          * SSBlr.ssgen ;
        double SSBlrsahtemp         = 0.038         * SSBlr.ssgen ;
        double SSBlrdeatemp         = 0.0927        * SSBlr.ssgen ;
        double  SSBlratmtemp            = 0.0106        * SSBlr.ssgen -
0.0117  ;
        double SSBlroilheatertemp = 0.004          * SSBlr.ssgen - 0.0044
;
        decrs_something ( SSBlr.gen_min, SSBlr.ssgen, Bal.bal_ss);
        SSBlr.oil        = 0.069885    * SSBlr.ssgen - 0.077024;
        SSBlr.cbd         = 0.01         * SSBlr.ssgen ;
        SSBlr.hph         = 0.13         * SSBlr.ssgen ;
        SSBlr.sah         = 0.038        * SSBlr.ssgen ;
        SSBlr.dea         = 0.0927       * SSBlr.ssgen ;
        SSBlr.atm         = 0.0106       * SSBlr.ssgen - 0.0117  ;
        SSBlr.oilheater = 0.004        * SSBlr.ssgen - 0.0044  ;
        Bal.bal_ms -= (SSBlr.hph - SSBlrhphtemp) ;
        Bal.bal_ms -= (SSBlr.sah - SSBlrsahtemp) ;
        Bal.bal_ms -= (SSBlr.atm - SSBlratmtemp) ;
        Bal.bal_ls -= (SSBlr.dea - SSBlrdeatemp) ;
        Bal.bal_ls -= (SSBlr.oilheater - SSBlroilheatertemp) ;
        }
}
```

```
void increase_downsteam_to_hs(Deheat Dht[], MinorTurbine MinorTbn[],
HSBoiler &HSBlr, Motor Mtr[], Balance &Bal)
{
        incrs_downsteam_of_deheat (2,1,Dht,Bal);
        if ( Bal.bal_hs < (-1. * Bal.eff_hs) )
                incrs_downsteam_of_minorturbine    (MinorTbn[1],    Bal);

        if ( Bal.bal_hs < (-1. * Bal.eff_hs) )
                incrs_downsteam_of_minorturbine    (MinorTbn[0],    Bal);

        if ( Bal.bal_hs < (-1. * Bal.eff_hs) )
                incrs_elec_motor_from_H_to_L(Mtr, Bal);
        if ( Bal.bal_hs < (-1. * Bal.eff_hs) )
                incrs_elec_motor_from_H_to_M (Mtr, Bal);
        if ( Bal.bal_hs < (-1. * Bal.eff_hs) )
                incrs_elec_motor_from_H_to_SC (Mtr, Bal);
        if ( Bal.bal_hs < (-1. * Bal.eff_hs) )
                incrs_downsteam_of_HSBlr (HSBlr, Bal);
}

void  incrs_elec_motor_from_H_to_L(Motor  motor[],  Balance  &balance)

{
incrs_elec_change_steam_to_e (motor[4], balance.bal_ls, balance.bal_hs);
  if ( balance.bal_hs < (-1. * balance.eff_hs) )
   incrs_elec_change_steam_to_e (motor[6], balance.bal_ls, balance.bal_hs);
  if ( balance.bal_hs < (-1. * balance.eff_hs) )
   incrs_elec_change_steam_to_e (motor[7], balance.bal_ls, balance.bal_hs);
  if ( balance.bal_hs < (-1. * balance.eff_hs) )
    incrs_elec_change_steam_to_e (motor[0], balance.bal_ls, balance.bal_hs);
  if ( balance.bal_hs < (-1. * balance.eff_hs) )
    incrs_elec_change_steam_to_e (motor[3], balance.bal_ls, balance.bal_hs);
```

```
}

void incrs_elec_motor_from_H_to_M(Motor motor[], Balance &balance)
{
  incrs_elec_change_steam_to_e (motor[2], balance.bal_ls, balance.bal_hs);
  if ( balance.bal_hs < (-1. * balance.eff_hs) )
  incrs_elec_change_steam_to_e (motor[8], balance.bal_ms, balance.bal_hs);
  if ( balance.bal_hs < (-1. * balance.eff_hs) )
  incrs_elec_change_steam_to_e (motor[9], balance.bal_ms, balance.bal_hs);
}

void  incrs_elec_motor_from_H_to_SC(Motor  motor[],  Balance  &balance)

{
incrs_elec_change_steam_to_e (motor[10], balance.bal_sc, balance.bal_hs);
}


void decrease_downsteam_to_hs(Deheat Dht[], MinorTurbine MinorTbn[],
HSBoiler &HSBlr, Motor Mtr[], Balance &Bal)
{
decrs_downsteam_of_deheat (2,1,Dht,Bal);
        if ( Bal.bal_hs > Bal.eff_hs )
        decrs_downsteam_of_minorturbine (MinorTbn[1], Bal);

        if ( Bal.bal_hs > Bal.eff_hs )
                decrs_downsteam_of_minorturbine    (MinorTbn[0],    Bal);
                if ( Bal.bal_hs > Bal.eff_hs )
                decrs_elec_motor_from_H_to_L (Mtr, Bal);
        if ( Bal.bal_hs > Bal.eff_hs )
                decrs_elec_motor_from_H_to_M (Mtr, Bal);
        if ( Bal.bal_hs > Bal.eff_hs )
                decrs_elec_motor_from_H_to_SC (Mtr, Bal);
```

```
        if ( Bal.bal_hs > Bal.eff_hs )
                decrs_downsteam_of_HSBlr (HSBlr, Bal);
}

void  decrs_elec_motor_from_H_to_L(Motor  motor[],  Balance  &balance)

{
decrs_elec_change_e_to_steam (motor[4], balance.bal_ls, balance.bal_hs);
if ( balance.bal_hs > balance.eff_hs )
        decrs_elec_change_e_to_steam  (motor[6], balance.bal_ls, balance.bal_hs);
if ( balance.bal_hs > balance.eff_hs )
        decrs_elec_change_e_to_steam (motor[7], balance.bal_ls, balance.bal_hs);
if ( balance.bal_hs > balance.eff_hs )
        decrs_elec_change_e_to_steam  (motor[0], balance.bal_ls, balance.bal_hs);
if ( balance.bal_hs > balance.eff_hs )
        decrs_elec_change_e_to_steam  (motor[3], balance.bal_ls, balance.bal_hs);
}

void decrs_elec_motor_from_H_to_M(Motor motor[], Balance &balance)
{
decrs_elec_change_e_to_steam  (motor[2], balance.bal_ls, balance.bal_hs);
if ( balance.bal_hs > balance.eff_hs )
        decrs_elec_change_e_to_steam (motor[8], balance.bal_ms, balance.bal_hs);
if ( balance.bal_hs > balance.eff_hs )
        decrs_elec_change_e_to_steam (motor[9], balance.bal_ms, balance.bal_hs);
}

void  decrs_elec_motor_from_H_to_SC(Motor  motor[],  Balance  &balance)

{
decrs_elec_change_e_to_steam (motor[10], balance.bal_sc, balance.bal_hs);
}
```

```
void incrs_downsteam_of_HSBlr(HSBoiler &boiler, Balance &balance)
{
if ( boiler.check == 1 )
        incrs_something ( boiler.gen_max, boiler.hsgen, balance.hal_hs);
}

void decrs_downsteam_of_HSBlr(HSBoiler &boiler, Balance &balance)
{
if ( boiler.check == 1 )
        decrs_something ( boiler.gen_min, boiler.hsgen, balance.bal_hs);
}

void incrs_downsteam_of_minorturbine (MinorTurbine &turbine, Balance
&balance)
{
double backup_ss = turbine.ss;
double backup_hs = turbine.hs;
double backup_sc = turbine.sc;
double backup_e      = turbine.e;
double backup_bal_hs = balance.bal_hs;
double backup_bal_ss = balance.bal_ss;
if ( (turbine.check == 1)&&(turbine.hs < turbine.hs_max) )
{
        incrs_something ( turbine.hs_max, turbine.hs, balance.bal_hs);
        turbine.ss = turbine.hs + turbine.sc ;
        if ( turbine.order == 1)      //      GT501
                turbine.e   = (1./3.029)*(turbine.ss - 0.7629*turbine.hs -
21.38);
        if ( turbine.order == 0)      //      GT201
                turbine.e   = (1./2.924)*(turbine.ss - 0.7588*turbine.hs -
23.83);
        balance.bal_hs += (turbine.hs - backup_hs);
        balance.bal_ss -= (turbine.ss - backup_ss);
```

```
        if(adapt_minorturbine_ok(turbine))
        {
                turbine.ss      = backup_ss;
                turbine.hs      = backup_hs;
                turbine.sc      = backup_sc;
                turbine.e       = backup_e;
                balance.bal_hs = backup_bal_hs;
                balance.bal_ss = backup_bal_ss;
        }
}

void decrs_downsteam_of_minorturbine (MinorTurbine &turbine, Balance
&balance)
{
double backup_ss = turbine.ss;
double backup_hs = turbine.hs;
double backup_sc = turbine.sc;
double backup_e      = turbine.e;
double backup_bal_hs = balance.bal_hs;
double backup_bal_ss = balance.bal_ss;
if ( (turbine.check == 1) && (turbine.hs > turbine.hs_min) )
{
        decrs_something ( turbine.hs_max, turbine.hs, balance.bal_hs);
        turbine.ss = turbine.hs + turbine.sc ;
        if ( turbine.order == 1)     //      GT501
                turbine.e   = (1./3.029)*(turbine.ss - 0.7629*turbine.hs -
21.38);
        if ( turbine.order == 2)     //      GT201
                turbine.e   = (1./2.924)*(turbine.ss - 0.7588*turbine.hs -
23.83);
        balance.bal_hs += (turbine.hs - backup_hs);
        balance.bal_ss -= (turbine.ss - backup_ss);
        if(adapt_minorturbine_ok(turbine))
```

```
        {
                turbine.ss      = backup_ss;
                turbine.hs      = backup_hs;
                turbine.sc      = backup_sc;
                turbine.e       = backup_e;
                balance.bal_hs = backup_bal_hs;
                balance.bal_ss = backup_bal_ss;
        }
}

bool adapt_minorturbine_ok( MinorTurbine &tbn )
{
if ( (tbn.hs >= tbn.hs_min) && (tbn.hs <= tbn.hs_max) )
        if ( (tbn.ss >= tbn.ss_min) && (tbn.ss <= tbn.ss_max) )
                if ( (tbn.sc >= tbn.sc_min) && (tbn.sc <= tbn.sc_max) )
                        if ( (tbn.e >= tbn.e_min) && (tbn.e <= tbn.e_max)
)
                                return false;
        return true;
}

void increase_downsteam_to_ms(Deheat Dht[], MainTurbine &MainTbn,
Motor Mtr[], Balance &Bal)
{
incrs_downsteam_of_deheat (3,2,Dht,Bal);
if ( Bal.bal_ms < (-1. * Bal.eff_ms) )
        incrs_downsteam_of_mainturbine (3, MainTbn, Bal);
if ( Bal.bal_ms < (-1. * Bal.eff_ms) )
        incrs_downsteam_motor_from_H_to_M(Mtr, Bal);
if ( Bal.bal_ms < (-1. * Bal.eff_ms) )
        incrs_elec_motor_from_M_to_L (Mtr, Bal);
if ( Bal.bal_ms < (-1. * Bal.eff_ms) )
        incrs_downsteam_of_deheat (3,1,Dht,Bal);
```

```
}

void incrs_downsteam_motor_from_H_to_M(Motor motor[], Balance &balance)
{
incrs_downsteam_change_e_to_steam  (motor[2], balance.bal_ms, balance.bal_hs);
if ( balance.bal_ms < (-1. * balance.eff_ms) )
incrs_downsteam_change_e_to_steam (motor[8],  balance.bal_ms, balance.bal_hs);
if ( balance.bal_ms < (-1. * balance.eff_ms) )
incrs_downsteam_change_e_to_steam (motor[9],  balance.bal_ms, balance.bal_hs);
}

void  incrs_elec_motor_from_M_to_L(Motor  motor[],  Balance  &balance)

{
incrs_elec_change_steam_to_e (motor[5], balance.bal_ls, balance.bal_ms);
}

void  incrs_elec_change_steam_to_e  (  Motor  &mtr,  double  &bal_down,
double &bal_up)
{
if ( (mtr.check == 1) && (mtr.stm > fabs(bal_up) ) )
{
while( ( mtr.use_mtr < mtr.tot_mtr) && ( mtr.use_tbn > 0 ) && (mtr.stm
> fabs(bal_up) ) )
{
        mtr.use_tbn -= 1;
        mtr.use_mtr += 1;
        bal_down -= mtr.stm;
        bal_up += mtr.stm;
}
}

void  decrease_downsteam_to_ms(Deheat  Dht[],  MainTurbine  &MainTbn,
```

```
Motor Mtr[], Balance &Bal)
{
decrs_downsteam_of_deheat (3,2,Dht,Bal);
if ( Bal.bal_ms > Bal.eff_ms )
        decrs_downsteam_of_mainturbine (3, MainTbn, Bal);
if ( Bal.bal_ms > Bal.eff_ms )
        decrs_downsteam_motor_from_H_to_M (Mtr, Bal);
if ( Bal.bal_ms > Bal.eff_ms )
        decrs_elec_motor_from_M_to_L (Mtr, Bal);
if ( Bal.bal_ms > Bal.eff_ms )
        decrs_downsteam_of_deheat (3,1,Dht,Bal);
}

void decrs_downsteam_motor_from_H_to_M(Motor motor[], Balance
&balance)
{
decrs_downsteam_change_steam_to_e (motor[2], balance.bal_ms,
balance.bal_hs);
if ( balance.bal_ms > balance.eff_ms )
        decrs_downsteam_change_steam_to_e (motor[8], balance.bal_ms,
balance.bal_hs);
if ( balance.bal_ms > balance.eff_ms )
        decrs_downsteam_change_steam_to_e (motor[9], balance.bal_ms,
balance.bal_hs);
}

void decrs_elec_motor_from_M_to_L(Motor motor[], Balance &balance)
{
decrs_elec_change_e_to_steam (motor[5], balance.bal_ls, balance.bal_ms);
}

void decrs_elec_change_e_to_steam ( Motor &mtr, double &bal_down,
double &bal_up)
```

```
{
if ( (mtr.check == 1) && (mtr.stm > fabs(bal_up)) )
{
while( ( mtr.use_tbn < mtr.tot_tbn) && ( mtr.use_mtr > 0 ) && (mtr.stm
> fabs(bal_up) ) )
        {
                mtr.use_tbn += 1;
                mtr.use_mtr -= 1;
                bal_down += mtr.stm;
                bal_up -= mtr.stm;
        }
}

void decrease_downsteam_to_ls(Deheat Dht[], MainTurbine &MainTbn,
Motor Mtr[], Balance &Bal)
{
decrs_downsteam_of_deheat (4,3,Dht,Bal);
if ( Bal.bal_ls > Bal.eff_ls )
        decrs_downsteam_of_mainturbine (4, MainTbn, Bal);
if ( Bal.bal_ls > Bal.eff_ls )
        decrs_downsteam_motor_from_H_to_L( Mtr, Bal);
if ( Bal.bal_ls > Bal.eff_ls )
        decrs_downsteam_motor_from_M_to_L( Mtr, Bal);
if ( Bal.bal_ls > Bal.eff_ls )
        decrs_downsteam_of_deheat (4,1,Dht,Bal);
}

void decrs_downsteam_motor_from_H_to_L(Motor motor[], Balance
&balance)
{
decrs_downsteam_change_steam_to_e (motor[4], balance.bal_ls,
balance.bal_hs);
if ( balance.bal_ls > balance.eff_ls )
```

```
        decrs_downsteam_change_steam_to_e  (motor[6],     balance.bal_ls,
balance.bal_hs);
if ( balance.bal_ls > balance.eff_ls )
        decrs_downsteam_change_steam_to_e  (motor[7],     balance.bal_ls,
balance.bal_hs);
if ( balance.bal_ls > balance.eff_ls )
        decrs_downsteam_change_steam_to_e(motor[0],       balance.bal_ls,
balance.bal_hs);
if ( balance.bal_ls > balance.eff_ls )
        decrs_downsteam_change_steam_to_e  (motor[3],     balance.bal_ls,
balance.bal_hs);
}

void    decrs_downsteam_motor_from_M_to_L(Motor    motor[],    Balance
&balance)
{
decrs_downsteam_change_steam_to_e        (motor[5],        balance.bal_ls,
balance.bal_ms);
}

void   decrs_downsteam_change_steam_to_e   (   Motor   &mtr,   double
&bal_down, double &bal_up)
{
if ( (mtr.check == 1) && (mtr.stm > fabs(bal_down)) )
{
while( ( mtr.use_mtr < mtr.tot_mtr) && ( mtr.use_tbn > 0 ) && (mtr.stm
> fabs(bal_down) ) )
   {
        mtr.use_tbn -= 1;
        mtr.use_mtr += 1;
        bal_down -= mtr.stm;
        bal_up += mtr.stm;
    }
```

```
}

void decrs_downsteam_of_mainturbine (int n_down, MainTurbine &turbine,
Balance &balance)
{
double temp;
double temp2;
double backup_ss              = turbine.ss;
double backup_ms_before = turbine.ms_before;
double backup_ms_after        = turbine.ms_after;
double backup_ls_before = turbine.ls_before;
double backup_ls_after= turbine.ls_after;
double backup_sc              = turbine.sc;
double backup_e                        = turbine.e;
double backup_w_ms            = turbine.w_ms;
double backup_w_ls            = turbine.w_ls;
double backup_bal_ls   = balance.bal_ls;
double backup_bal_ms = balance.bal_ms;
double backup_bal_ss   = balance.bal_ss;
if ( (n_down == 4) && (turbine.check == 1)&&(turbine.ls_after_min <
turbine.ls_after) )
{
       decrs_something     (     turbine.ls_after_min     ,turbine.ls_after,
balance.bal_ls);
       turbine.ls_before = turbine.ls_after /( turbine.convert_to_after_ms);
       if(turbine.option_const_ls = 1)
       {
       temp = turbine.ms_after ;
       turbine.ms_before = ( turbine.ss   - 2.6667*turbine.e_desire -
0.4663 * turbine.ls_before - 24 ) / (0.6586) ;
       turbine.sc = turbine.ss - turbine.ms_before - turbine.ls_before;
       turbine.ms_after           =           turbine.ms_before           *
turbine.convert_to_after_ms;
```

```
        balance.bal_ms += (turbine.ms_after - temp);
        }
        if(turbine.option_const_ls = 3)
        {
        temp = turbine.ss;
        turbine.ss     =          2.6667     *     turbine.e_desire     +
0.6586*turbine.ms_before + 0.4663 * turbine.ls_before + 24 ;
        turbine.sc = turbine.ss - turbine.ms_before - turbine.ls_before ;
        balance.bal_ss -= (turbine.ss - temp);
        }
        if(turbine.option_const_ls = 5)
        {
        temp = turbine.ms_after ;
        temp2 = turbine.ss;
        turbine.ms_before = ( 2.6667 * turbine.e_desire  - turbine.sc +
(0.4663-1)*turbine.ls_before + 24 )/ (1-0.6586) ;
        turbine.ss = turbine.sc + turbine.ms_before + turbine.ls_before ;
        turbine.ms_after          =          turbine.ms_before          *
turbine.convert_to_after_ms;
        balance.bal_ss -= (turbine.ss - temp);
        balance.bal_ms += (turbine.ms_after - temp);
        }
}
if ( (n_down == 3) &&(turbine.check == 1)&&(turbine.ms_after_max >
turbine.ms_after) )
{
decrs_something     (     turbine.ms_after_max     ,turbine.ms_after,
balance.bal_ms);
turbine.ms_before = turbine.ms_after /( turbine.convert_to_after_ms);
if(turbine.option_const_ms = 1)
{
temp = turbine.ls_after ;
turbine.ls_before   =   (   turbine.ss   -   2.6667   *   turbine.e_desire   -
```

```
0.6586*turbine.ms_before - 24 ) / (0.4663) ;
turbine.sc = turbine.ss - turbine.ms_before - turbine.ls_before  ;
turbine.ls_after = turbine.ls_before * turbine.convert_to_after_ls;
balance.bal_ls += (turbine.ls_after - temp);
}
if(turbine.option_const_ms = 4)
{
temp = turbine.ss;
turbine.ss = 2.6667 * turbine.e_desire + 0.6586 * turbine.ms_before +
0.4663 * turbine.ls_before  + 24  ;
turbine.sc = turbine.ss - turbine.ms_before - turbine.ls_before  ;
balance.bal_ss -= (turbine.ss - temp);
}
if(turbine.option_const_ms = 5)
        {
        temp = turbine.ms_after ;
        temp2= turbine.ss;
        turbine.ls_before =  ( (1.- 0.6586) * turbine.ms_before - 2.6667
* turbine.e_desire + turbine.sc -24 )/(0.4663 - 1. ) ;
        turbine.ss = turbine.sc + turbine.ms_before + turbine.ls_before  ;
        turbine.ls_after = turbine.ls_before * turbine.convert_to_after_ls;
        balance.bal_ss -= (turbine.ss - temp);
        balance.bal_ls += (turbine.ls_after - temp);
        }
}
turbine.e               = turbine.e_desire;
turbine.w_ms  = turbine.ms_before * turbine.convert_to_w_ms;
turbine.w_ls   = turbine.ls_before * turbine.convert_to_w_ls;
if(adapt_mainturbine_ok(turbine))
{
        turbine.ss                      = backup_ss;
        turbine.ms_before       = backup_ms_before ;
        turbine.ms_after        = backup_ms_after      ;
```

```
        turbine.ls_before      = backup_ls_before  ;
        turbine.ls_after = backup_ls_after      ;
        turbine.sc                = backup_sc          ;
        turbine.e                 = backup_e                ;
        turbine.w_ms         = backup_w_ms;
        turbine.w_ls         = backup_w_ls;
        balance.bal_ls = backup_bal_ls;
        balance.bal_ms = backup_bal_ms;
        balance.bal_ss = backup_bal_ss;
}

void decrs_downsteam_of_deheat(int n_down, int n_up, Deheat deheat[],
Balance &balance)
{
double temp_in = 0;
for ( int i = 0 ; i < n_d ; i++ )
{
        if ( (deheat[i].down == n_down) && (deheat[i].up == n_up) )
        {
        if ( (deheat[i].out > deheat[i].out_min) && (deheat[i].check ==
1) )
        {
        if (n_down == 4 )
        decrs_something ( deheat[i].out_min, deheat[i].out, balance.bal_ls);
        if (n_down == 3 )
        decrs_something    (     deheat[i].out_min,     deheat[i].out,
balance.bal_ms);
        if (n_down == 2 )
        decrs_something    (     deheat[i].out_min,     deheat[i].out,
balance.bal_hs);
        temp_in = deheat[i].in;
        deheat[i].in = ( deheat[i].out ) * ( deheat[i].convert_to_in );
        deheat[i].w  = ( deheat[i].out ) * ( deheat[i].convert_to_w  );
```

```
			if (n_up == 3 )
				balance.bal_ms -= (deheat[i].in - temp_in );
			if (n_up == 2 )
				balance.bal_hs -= (deheat[i].in - temp_in );
			if (n_up == 1 )
				balance.bal_ss -= (deheat[i].in - temp_in);
			}
		}
}

void decrs_something(double &min, double &value, double &bal1)
{
if ( ( value - min ) >= fabs(bal1) )
{
		value -= fabs(bal1);
		bal1 = 0 ;
}
else
{
		bal1 -= ( value - min ) ;
		value = min	;
}

void increase_downsteam_to_ls(Deheat Dht[], MainTurbine &MainTbn,
Motor Mtr[], Balance &Bal)
{
		incrs_downsteam_of_deheat (4,3,Dht,Bal);
			if ( Bal.bal_ls < (-1. * Bal.eff_ls) )
			incrs_downsteam_of_mainturbine (4, MainTbn, Bal);

		if ( Bal.bal_ls < (-1. * Bal.eff_ls) )
			incrs_downsteam_motor_from_H_to_L(Mtr, Bal);
		if ( Bal.bal_ls < (-1. * Bal.eff_ls) )
```

```
            incrs_downsteam_motor_from_M_to_L (Mtr, Bal);
        if ( Bal.bal_ls < (-1. * Bal.eff_ls) )
            incrs_downsteam_of_deheat (4,1,Dht,Bal);

}

void    incrs_downsteam_motor_from_H_to_L(Motor    motor[],    Balance
&balance)
{
incrs_downsteam_change_e_to_steam          (motor[4],      balance.bal_ls,
balance.bal_hs);
if ( balance.bal_ls < (-1. * balance.eff_ls) )
incrs_downsteam_change_e_to_steam      (motor[6],          balance.bal_ls,
balance.bal_hs);
if ( balance.bal_ls < (-1. * balance.eff_ls) )
incrs_downsteam_change_e_to_steam      (motor[7],          balance.bal_ls,
balance.bal_hs);
if ( balance.bal_ls < (-1. * balance.eff_ls) )
incrs_downsteam_change_e_to_steam      (motor[0],          balance.bal_ls,
balance.bal_hs);
if ( balance.bal_ls < (-1. * balance.eff_ls) )
incrs_downsteam_change_e_to_steam      (motor[3],          balance.bal_ls,
balance.bal_hs);
}

void    incrs_downsteam_motor_from_M_to_L(Motor    motor[],    Balance
&balance)
{
incrs_downsteam_change_e_to_steam         (motor[5],       balance.bal_ls,
balance.bal_ms);
}

void    incrs_downsteam_change_e_to_steam    (    Motor    &mtr,    double
```

```
&bal_down, double &bal_up)
{
if ( (mtr.check == 1) && (mtr.stm > fabs(bal_down)) )
{
while( ( mtr.use_tbn < mtr.tot_tbn) && ( mtr.use_mtr > 0 ) && (mtr.stm
> fabs(bal_down) ) )
        {
        mtr.use_tbn += 1;
        mtr.use_mtr -= 1;
        bal_down += mtr.stm;
        bal_up -= mtr.stm;
        }
        }
}

void incrs_downsteam_of_mainturbine (int n_down, MainTurbine &turbine,
Balance &balance)
{
double temp;
double temp2;
double backup_ss            = turbine.ss;
double backup_ms_before = turbine.ms_before;
double backup_ms_after      = turbine.ms_after;
double backup_ls_before = turbine.ls_before;
double backup_ls_after= turbine.ls_after;
double backup_sc            = turbine.sc;
double backup_e                     = turbine.e;
double backup_w_ms          = turbine.w_ms;
double backup_w_ls          = turbine.w_ls;
double backup_bal_ls   = balance.bal_ls;
double backup_bal_ms = balance.bal_ms;
double backup_bal_ss   = balance.bal_ss;
```

```
if ( (n_down == 4) && (turbine.check == 1) &&(turbine.ls_after_max > turbine.ls_after) )
{
incrs_something ( turbine.ls_after_max ,turbine.ls_after, balance.bal_ls);
turbine.ls_before = turbine.ls_after /( turbine.convert_to_after_ms);
if(turbine.option_const_ls = 1)
        {
        temp = turbine.ms_after ;
        turbine.ms_before = ( turbine.ss  - 2.6667*turbine.e_desire - 0.4663 * turbine.ls_before - 24 ) / (0.6586) ;
        turbine.sc = turbine.ss - turbine.ms_before - turbine.ls_before;
        turbine.ms_after = turbine.ms_before * turbine.convert_to_after_ms;
        balance.bal_ms += (turbine.ms_after - temp);
        }
        if(turbine.option_const_ls = 3)
        {
                temp = turbine.ss;
                turbine.ss = 2.6667 * turbine.e_desire + 0.6586*turbine.ms_before + 0.4663 * turbine.ls_before + 24 ;
                turbine.sc = turbine.ss - turbine.ms_before - turbine.ls_before ;
        balance.bal_ss -= (turbine.ss - temp);
        }
        if(turbine.option_const_ls = 5)
        {
                temp = turbine.ms_after ;
                temp2 = turbine.ss;
                turbine.ms_before = ( 2.6667 * turbine.e_desire  - turbine.sc + (0.4663-1)*turbine.ls_before + 24 )/ (1-0.6586) ;
                turbine.ss = turbine.sc + turbine.ms_before + turbine.ls_before ;
                turbine.ms_after = turbine.ms_before * turbine.convert_to_after_ms;
                balance.bal_ss -= (turbine.ss - temp);
                balance.bal_ms += (turbine.ms_after - temp);
```

```
        }
}
if ( (n_down == 3) &&(turbine.check == 1)&&(turbine.ms_after_max >
turbine.ms_after) )
        {
        incrs_something ( turbine.ms_after_max ,turbine.ms_after,
balance.bal_ms);
        turbine.ms_before = turbine.ms_after /( turbine.convert_to_after_ms);
        if(turbine.option_const_ms = 1)
        {
                temp = turbine.ls_after ;
                turbine.ls_before = ( turbine.ss - 2.6667 * turbine.e_desire -
0.6586*turbine.ms_before - 24 ) / (0.4663) ;
                turbine.sc = turbine.ss - turbine.ms_before - turbine.ls_before
;
                turbine.ls_after = turbine.ls_before * turbine.convert_to_after_ls;
                balance.bal_ls += (turbine.ls_after - temp);
        }
        if(turbine.option_const_ms = 4)
        {
                temp = turbine.ss;
                turbine.ss = 2.6667 * turbine.e_desire + 0.6586 *
turbine.ms_before + 0.4663 * turbine.ls_before + 24 ;
                turbine.sc = turbine.ss - turbine.ms_before - turbine.ls_before
;
                balance.bal_ss -= (turbine.ss - temp);
        }
        if(turbine.option_const_ms = 5)
        {
                temp = turbine.ms_after ;
                temp2= turbine.ss;
                turbine.ls_before = ( (1.- 0.6586) * turbine.ms_before -
2.6667 * turbine.e_desire + turbine.sc -24 )/(0.4663 - 1. ) ;
```

```
                turbine.ss = turbine.sc + turbine.ms_before + turbine.ls_before
;
                turbine.ls_after = turbine.ls_before * turbine.convert_to_after_ls;
                balance.bal_ss -= (turbine.ss - temp);
                balance.bal_ls += (turbine.ls_after - temp);
        }
}
turbine.e                   = turbine.e_desire;
turbine.w_ms        = turbine.ms_before * turbine.convert_to_w_ms;
turbine.w_ls        = turbine.ls_before * turbine.convert_to_w_ls;

if(adapt_mainturbine_ok(turbine))
{
        turbine.ss                      = backup_ss;
        turbine.ms_before       = backup_ms_before ;
        turbine.ms_after = backup_ms_after        ;
        turbine.ls_before= backup_ls_before   ;
        turbine.ls_after  = backup_ls_after        ;
        turbine.sc                      = backup_sc             ;
        turbine.e                       = backup_e                    ;
        turbine.w_ms            = backup_w_ms;
        turbine.w_ls            = backup_w_ls;
        balance.bal_ls = backup_bal_ls;
        balance.bal_ms = backup_bal_ms;
        balance.bal_ss = backup_bal_ss;
}

bool adapt_mainturbine_ok( MainTurbine &tbn )
{
if((tbn.ls_before >= tbn.ls_before_min) && (tbn.ls_before <= tbn.ls_before_max)
)
if((tbn.ms_before>=tbn.ms_before_min)&&(tbn.ms_before <= tbn.ms_before_max)
)
```

```
if ( (tbn.ss >= tbn.ss_min) && (tbn.ss <= tbn.ss_max) )
if ( (tbn.sc >= tbn.sc_min) && (tbn.sc <= tbn.sc_max) )
if ( (tbn.e >= tbn.e_min) && (tbn.e <= tbn.e_max) )
        return false;
return true;
}

void incrs_downsteam_of_deheat(int n_down, int n_up, Deheat deheat[], Balance
&balance)
{
double temp_in = 0;
for ( int i = 0 ; i < n_d ; i++ )
{
if ( (deheat[i].down == n_down) && (deheat[i].up == n_up) )
{
  if ( (deheat[i].out < deheat[i].out_max) && (deheat[i].check == 1) )
  {
    if (n_down == 4 )
       incrs_something ( deheat[i].out_max, deheat[i].out, balance.bal_ls);
    if (n_down == 3 )
         incrs_something ( deheat[i].out_max, deheat[i].out, balance.bal_ms);
    if (n_down == 2 )
         incrs_something ( deheat[i].out_max, deheat[i].out, balance.bal_hs);
         temp_in = deheat[i].in;
         deheat[i].in = ( deheat[i].out ) * ( deheat[i].convert_to_in );
         deheat[i].w  = ( deheat[i].out ) * ( deheat[i].convert_to_w  );
         if (n_up == 3 )
                 balance.bal_ms -= (deheat[i].in -temp_in );
                 if (n_up == 2 )
                         balance.bal_hs -= (deheat[i].in -temp_in );
                 if (n_up == 1 )
                         balance.bal_ss -= (deheat[i].in -temp_in);
         }
```

```
}

void incrs_something( double &max ,double &value, double &ball)
{
        if ( ( max - value ) >= fabs(ball) )
        {
                value += fabs(ball);
                ball = 0 ;
        }
        else
        {
                ball += ( max - value ) ;
                value = max  ;
        }
}
```

색 인

B

E

G

H

L

N

T

W

ㄱ

ㅋ

ㅌ

ㅍ

ㅎ

역자약력

여영구

1979년 : 서울대학교 화학공학과 (공학사)
1982년 : 서울대학교 화학공학과 (공학석사)
1986년 : AUBURN대학교 화학공학과 (공학박사)
1993년 : KIST 책임연구원
현　재 : 한양대학교 화학공학과 교수
주요 저서 : 공정제어공학(한양내 출판부), 석유화학공업(CRI화학경제연구원)
한국 화학공학의 과제 (금빛 출판사), 화학공학열역학(도서출판아진)

김래현

1974. 3. - 1978. 2 : 한양대학교 화학공학 공학사
1978. 3. - 1980. 2 : 서울대학교 화학공학 공학석사
1980. 3. - 1984. 2 : 서울대학교 화학공학 공학박사
1988. 6. - 1989. 8 : UC 버클리대학교 화학공학 POST - DOC.
1998. 7. - 1999. 7 : Univ. of South Carolina 객원교수
2000. 4. - 현재 : 서울산업대학교 대학원 교학부장

-MATLAB 활용-

유틸리티 시스템의 최적 운용

A-JIN

저자와의 협의 인지 생략

인　　쇄 : 2007년 7월 26일
발　　행 : 2007년 7월 31일
공　　저 : 여영구 · 김래현
발 행 처 : 도서출판 아진
135-010
서울시 강남구 논현동 148-19 한미빌딩 201호
TEL:02-737-0663 FAX:02-737-0664
Homepage:ajin.to
E-mail:kgb@ajin.to
발 행 인 : 김 근 배
등록번호 : 제300-1995-56호
ISBN : 978-89-5761-224-8 93530

- 본 도서는 산업자원부 지정 서울산업대학교 에너지 기술인력양성센터에 의해 편찬되었습니다. -

가격 20,000원